# 善悪の彼岸

フリードリヒ・ニーチェ
丘沢静也 訳



講談社学術文庫

# 目次

# 凡例

・この本は、Friedrich Nietzsche: ***Jenseits von Gut und Böse.*** *Vorspiel einer Philosophie der Zukunft*【JGB】(1886) の全訳です。底本には、Friedrich Nietzsche: *Sämtliche Werke.* **K**ritische **S**tudien**a**usgabe【KSA】, Bd. 5, München: Deutscher Taschenbuch Verlag, 1980 を用いました。ちなみにこの KSA は、Friedrich Nietzsche: *Werke.* **K**ritische **G**esamt**a**usgabe【KGA】, herausgegeben von Giorgio Colli und Mazzino Montinari, Berlin/New York: de Gruyter, 1967ff. をベースにした普及版です。

・原文におけるゲシュペルト（隔字体）は、太字で示しました。

・原文の（ ）は、訳文中でもそのまま（ ）にしました。

・傍点は、原文にはありません。平仮名がつづいて読みづらい場合などに、アクセントとして使っています。

・訳者による補足・注記を〔 〕で挿入しました。

・原文では、ラテン語、フランス語、イタリア語、ギリシャ語などが引用されています。その読みをルビにしています。ただし、JGB39 と JGB48 でのフランス語の長い引用は、ルビを省略しています。「さらりと、軽やかで、でたらめであれ」JGB59 と言うニーチェに免じて、不統一をどうぞお許しください。

・今日の感覚では、明らかに差別的な表現が散見されますが、本書が刊行された時代環境を考え、そのままにしてあります。差別の助長を意図するものではありません。

# 善悪の彼岸

## 未来の哲学の前奏曲

# はじめに

「真理は女である」を前提にするなら——どうだろう？　哲学者が独断屋《ドグマ》であるかぎり、すべての哲学者が女たちをうまく扱えなかったのではないか、という疑いには根拠があるのではないか？　これまですべての哲学者は、恐ろしいほどまじめに、不器用でしつこく、真理に近づこうとしてきたわけだが、そういうまじめさやしつこさこそ、まさに女性を口説く手段としては、ぎこちなく無粋なものだったのではないか？　たしかに、女性が落とされることはなかった。——そしてどんな種類の独断論《ドグマ》も、悲しそうで勇気のない姿勢で立っている。そもそも、まだ立っている**として**の話だが！　というのも、「お、転んだぞ」とか、「独断論《ドグマ》、みんな倒れてる」とか、それどころか「おお、みんな虫の息だ」とか、嘲笑《あざわら》って言い立てる者がいるからだ。まじめな話、つぎのように期待する理由はたっぷりある。哲学において独断《ドグマ》はすべて、どんなに荘重な顔をしていても、どんなに最終的かつ究極的だという顔をしていても、お上品な子ども騙《だま》し、初心者の仕事にすぎなかったのではないか、と。これまで独断屋《ドグマ》は、荘重で無制約な哲学者の建物を建ててきたが、いったいその礎石には、**どんなものを**使うだけで十分だったのか。もしかするとごく近い将来、私たちはそれをくり返し理解するようになるかもしれない。——それは、大昔から民間に伝わっている迷信のようなものかもしれない（たとえば魂という迷信は、主観の迷信そして「私というもの」の迷信として、今日でもあいかわらず迷惑な問題を引き起こしている）。あるいはそれは、文法の陣営に誘惑された言葉遊びのようなものかもしれない。あるいはそれは、とても狭い、とても個人的な、とても人間的な・あまりにも人間的な事実の、大胆な一般化なのかもしれない。独断屋《ドグマ》の哲学は、数千年まで先の約束にすぎなかったのだろう。それは、ずっと以前の占星術に似ている。占星術に奉仕するためには、それまでのどんな本物の学問のためよりも、もしかすると多くの労働とお金と英知と忍耐が費やされてきたのだ。――占星術とその「超世俗的な」要求のおかげで、アジアとエジプトには巨大建築様式が生まれた。あらゆる巨大なものは、自分の永遠の要求を人類の心に書き込むためには、まず、恐怖を呼び起こすような、とんでもない異様な顔をして、地上をぶらぶら歩いてまわる必要があるようだ。そのような異様な顔が、独断屋《ドグマ》の哲学だった。たとえばアジアのヴェーダーンタ説とか、ヨーロッパのプラトニズムである。私たちはそれらの哲学に感謝を忘れてはならない。たとえこれまで、あらゆる間違いのうち、もっとも悪質で、もっとも退屈で、もっとも危険な間違いが、独断屋《ドグマ》の間違いであったと、つまり、純粋な精神と善そのものというプラトンの発明であったと、確認せざるをえないとしても。しかし今や、その間違いは克服され、ヨーロッパはその悪夢から解放されて大きく息を吸い、少なくとも以前より健康な――眠りを楽しめるようになった。そこで私たちこそが、**私たちの課題はまさに目を覚ましていることなのだが**、その間違いに対する闘いによって大きく育《はぐく》まれたすべての力を相続する者なのだ。たしかに、プラトンがやったように精神や善について語ることは、真理を逆立ちさせ、あらゆる生の根本条件である**パースペクティブ**を自分から否定することだった。医者の顔をして、こんな質問をしてもいいだろう。「古代のもっとも美しい作物であるプラトンに、どこからあんな病気がとりついたんでしょう？　やっぱり、あの悪いソクラテスに堕落させられたんでしょうかね？　ソクラテスって、やっぱり若者を堕落させる人だったんでしょうか？　だから、ドクニンジンを飲んで当然だったのかな？」――しかし、プラトンに対する闘いは、または、もっとわかりやすく「大衆」向きにいえば、何千年にもわたるキリスト教・教会の圧力に対する闘いは――というのもキリスト教は「大衆」版プラトニズムであるのだから――、ヨーロッパで、それまで地上になかったようなすばらしい緊張を精神にもたらした。こんなに張りつめた弓なら、今や、もっとも遠くにある標的でも射ることができる。もちろん、ヨーロッパ人はこの緊張を緊急事態だと感じている。そしてすでに2回、弓を緩めることが大規模に試みられた。1回目はイエズス会の精神によって、2回目は民主的な啓蒙主義によって。――たとえば啓蒙主義は、出版の自由と新聞の購読に助けられて、精神がそう簡単に「緊急」だと感じなくなるような状況を、実際つくることができるかもしれない！（ドイツ人は、火薬を発明した――のは、お見事です！　けれどもそれを帳消しにしてしまった――のは、新聞を発明したから）。しかし私たちは、イエズス会員でもなく、民主主義者でもなく、十分なドイツ人でもない。私たちは、**良きヨーロッパ人**であり、自由な、**とても**自由な人間である。――私たちはまだ持っているのだ。緊急事態の精神を、そして張りつめた精神の弓を！　そしてもしかすると矢も、課題も、ことによると？**標的**までをも……

**シルス＝マリーア、**オーバーエンガディーン
1885年6月

# 第1部　哲学者たちの先入観について

## 1

真理への意思。それはまだ私たちをいくつかの冒険へと誘惑するだろう。真理を求めようとする姿勢は昔から有名で、これまであらゆる哲学者によって畏敬の念をもって語られてきた。どんな質問を、この意思はこれまで私たちに出してきたのだろう！　なんとも奇妙で、悪質で、いかがわしい質問だ！　それを話せば、もう長い物語になってしまう。――しかも物語は、たった今はじまったばかりのように見えないか？　そのうち私たちが不信感をもち、我慢できなくなり、我慢しきれず顔をそむけることになったとしても、不思議ではないだろう？　逆に**私たちのほうが**〔質問屋の〕このスフィンクスから、質問することを学ぶことになったとしても、不思議ではないだろう？　いったい**誰が**、ここで私たちに質問しているのだろう？　いったい私たちのなかにある**何が**、「真理へ」意思しているのだろう？――実際、この意思の動因についての質問を前にして、私たちは長いあいだ立ち止まっている。――そしてついに、もっと根本的な質問を前にして、身動きできずに立ち止まっている。私たちは、「真理への意思」の**価値**について質問した。「私たちが真理をほしがっている」と仮定するなら、**どうして**非真理の**ほうを**ほしがら**ない**のか？　そして不確実のほうを？　それどころか無知のほうを？——真理の価値の問題が私たちの前に出てきた。——あるいは、私たちのほうがその問題の前に出ていったのだろうか？　その問題と私たちのどちらが、ここではオイディプスなのか？　どちらがスフィンクスなのか？〔スフィンクスは、人間の頭とライオンの胴体をもった怪獣で、旅人に謎をかけ、解けない旅人を食べていた。「朝は4足、昼は2足、夜は3足になるものは何か？」と謎をかけられたオイディプスが、「それは人間だ」と正しく答えると、スフィンクスは山から身を投げて死んだと伝えられている〕どうやらこれは質問と疑問符のデートみたいだ。——そして、こう思ってもらえないだろうか？　結局、この問題はこれまで出されたことがなかったかのように、どうしても思えてしまうのだと、考えるべきではないのだろうか？——この問題は、はじめて私たちが見て、目に焼きつけ、**冒険**しようとしているものであるかのように？　というのも、これは冒険なのだから。そしてもしかしたら、この冒険より大きな冒険はないのかもしれない。

## 2

「何かあるものは、その反対のものからどうやって生じたり**するのでしょう**か？　たとえば真理が、間違いから？　または真理への意思が、だまそうとする意思から？　または私心のない行動が、利己心から？　または賢者の太陽のような目が、貪欲な心から？　そんなふうに生じることはありません。そんなことを夢見る人は、阿呆です。いやはや阿呆よりタチが悪い。最高の価値をもつものには、それとは別の、**固有の**起源があるにちがいありません。──この世は移ろいやすく、誘惑だらけで、ウソにまみれ、取るに足りない。狂気と欲望でごった返している、そんな世界から、最高の価値をもつものを導き出すことはできません！　むしろ存在のふところ、移ろわないもの、隠された神、〔カントの〕「物自体」──**そういうところにこそ**、最高の価値をもつものの根拠があるにちがいない。そういうところ以外にはない！」──このような判断の仕方から、典型的な先入観が生まれてくるわけだが、あらゆる時代の形而上学者たちは、その先入観によって自分の正体をさらけ出している。この種の価値評価が、形而上学者たちのすべての論理手続き《プロシージャ》の背景にある。彼らのこの「信念」から出発して、彼らは、彼らの「知」を、つまり、最終的には荘重に「真理」という洗礼名がつけられる何かあるものを、手に入れようと努力する。**いろんな価値がいろいろ対立していると考えること**が、形而上学者たちの根本の信念だ。まさにこの出発点である敷居で疑うことが、もっとも必要なことだったのに、形而上学者たちのなかでもっとも用心深い者でさえ、そのことを思いつかなかった。〔デカルトのように〕「あらゆることについて疑うべきである《デ・オムニブス・ドゥビタンドゥム》」にかんして自画自賛していたにもかかわらず。つまり疑ってもよかったことがあるのだ。まず第1に、いろんな対立はそもそも存在しているのか？　第2に、形而上学者たちが太鼓判を押した、あの通俗的な価値評価と価値対立は、もしかすると前景《フォアグラウンド》評価にすぎないのではないか？　暫定的なパースペクティブにすぎないのではないか？　もしかすると、さらにそれに加えて片隅から見れば、もしかすると下から見れば、画家たちがよく使う表現を拝借すると、いわばカエルのパースペクティブではないのか？　真なるものや、真理を求める姿勢や、私心のなさには、たしかに価値が認められるだろう。しかし、見かけや、だまそうとする意思や、利己心や、欲望には、あらゆる生にとって、より高くて、より根本的な価値があると認めざるをえないだろう、ということがあるかもしれない。それどころか、崇拝されている良きものの価値をつくっている**もの**が、まさに、一見それとは正反対で悪質なものと、いかがわしい仕方で親戚であり、結ばれていて、ホックで留められていて、もしかすると本質まで似ているのかもしれない、ということすらあるだろう。もしかしたら！——けれども、わざわざ誰が、そんなに危険な「もしかしたら」のことを気にかけるだろう！　そのためには、新しい種類の哲学者たちの到着を待つ必要がある。これまでの哲学者たちとは何かしら別の、逆の趣味と傾向をもっている哲学者たち、——あらゆる意味において危険な「もしかしたら」の哲学者たち。——そして大まじめに言えば、私には、そのような新しい哲学者たちがやって来るのが見えるのだ。

## 3

私はずいぶん長いあいだ、哲学者たちの行間や指先をながめてきた。そのおかげで思えることなのだが、意識的な思考の大部分も、本能の活動のひとつに数える必要がある。しかも、哲学の思考の場合でさえ。遺伝や「生まれつき」にかんして学習し直したように、ここでも学習し直す必要があるのだ。出産という行為は、遺伝の前史およびその後の展開の全局面において、ほとんど注目されることがない。それと同じように「意識」も、何かしら決定的な意味において、本能に**対立するものとして持ち出される**ことはほとんどない。――哲学者の意識的な思考のほとんどは、哲学者の本能によって、こっそり導かれているのであり、特定の軌道を走らされているのだ。あらゆる論理の背後でも、そして独裁者のような顔をしている論理活動の背後でも、価値評価が後ろ盾になっている。もっとはっきり言えば、ある種の命を維持するために生理的な要求が働いているのだ。たとえば、「確かなもののほうが、不確かなものより価値がある」とか、「見かけのほうが、「真実」より価値がない」とか。そういう評価は、**私たち**にとっては調整能力があるので大事ではあるが、前景《フォアグラウンド》評価にすぎないのではないだろうか。私たちのような存在をまさに維持してくれるような、一種の愚か《ニエズリ》さにすぎないのではないだろうか。もっともこれは、「かならずしも人間が「万物の尺度」〔プロタゴラス〕ではない」を前提にしての話だが……

## 4

判断がまちがっていても、私たちはそれを、判断というものに対する異議だとは思わない。そう言うと、私たちの新しい言語がもしかすると非常に奇妙なものに聞こえるかもしれない。問題は、どれくらい判断が生を促進するものであり、命を維持するものであり、種《しゅ》を維持するものであり、ことによると種《しゅ》を改良さえするものであるか、ということである。原則として私たちは、次のように主張する傾向がある。どんなにまちがった判断でも（ここには〔カントの〕アプリオリな総合判断も含まれるが）、私たちにとってなくてはならぬものである、と。人間は、論理によるフィクションを妥当としないでは、生きていられないだろう、と。人間は現実を、まったくのフィクションである絶対者や自己同一者の世界と比べて判断しないでは、生きていられないだろう、と。人間は、たえず世界を数によって偽造しないでは、生きていられないだろう、と。——つまり、まちがった判断を断念することは、生きることを断念することであり、命を否定することではないか、と。非真理を生の条件として容認すること。もちろんこれは、私たちが馴染んでいる価値感情に対して、危険なやり方で抵抗することである。だから、こういう冒険をする哲学は、それだけですでに善悪の彼岸に立っているのだ。

## 5

どうしてすべての哲学者を、なかば不信の目で、なかば軽蔑の目で見てしまいたくなるのだろう？　それは、哲学者たちが無邪気だということを、何度も私たちが嗅ぎつけるからではない。――哲学者たちは、じつにしばしば、じつに簡単に、つかみ損なっては道に迷ってしまう。要するに大人げなく、子どもなのだ。――不信と軽蔑の目を避けられないのは、哲学者たちに誠実さが欠けているからだ。それなのに連中はそろいもそろって、真実を求める姿勢が遠くから問題にされただけで、すぐに大騒ぎして高潔な顔をしてみせる。連中はみんなそろって、自分たちの見解は、冷静で、純粋で、何の問題もない弁証法がひとりでに展開することによって発見・獲得されたものであるかのような顔をする。（連中とちがって、どんなランクの神秘主義者たちでも、はるかに誠実であり、細工をしない。――「「霊感」を受けた」と言うのだから――）。実際のところ哲学者たちの、先取りされた命題とか、思いつきとか、「ひらめき」とかは、たいてい哲学者たちの心からの願いを篩《ふるい》にかけて抽出したものであり、それを哲学者たちが、後から探した理由や根拠によって弁護しているわけだ。――連中はそろいもそろって弁護士なのである。自分から弁護士だと名乗ろうとはしないが、たいていは、自分の先入観に「真理」という洗礼名をあたえて、ずる賢くその代弁をしている。――そして連中は、良心の勇気からは**非常に**遠いところにいるので、それを、まさにそれを白状したりしない。また、勇気という良い趣味からは非常に遠いところにいるので、敵または味方に警告するためであれ、悪ふざけして自分で自分を嘲笑するためであれ、それを理解してもらおうともしない。老カントは、〔モリエールの喜劇『タルチュフまたはペテン師』の〕タルチュフのように、堅苦しいと同時にお上品な偽善によって、私たちを弁証法の抜け道へと誘うのだが、その抜け道は、彼の〔無条件に「……せよ」と命じるモラルの〕「定言命令」に通じている。精確に言えば、そそのかして彼の「定言命令」へ連れていく。——その芝居は、私たち口うるさい者を微笑ませてくれる。年取ったモラリストやお説教好きの優雅な策略を見破ることは、小さくない喜びだからだ。あるいはスピノザは、なんとあの〔『エティカ』という〕数学的形式のチチンプイプイによって、自分の哲学に——つまり結局のところ、言葉どおりに解釈すれば、「**自分の**知恵に対する愛」に——青銅のような甲冑と仮面をかぶせたのだが、それは、この〔哲学という〕無敵の処女である〔武装した〕守護神《パラス・アテナ》を敢えて一瞥することによって攻撃しようとする者の、勇気を最初から挫《くじ》くためだった。——どんなに自分が臆病で攻撃されやすい者であるのか、ということを暴露しているのが、隠遁している病人〔スピノザ〕のその仮装なのだ！

## 6

次第に私は、これまでのどんな偉大な哲学も何だったのか、気づくようになった。つまりそれは、その哲学を始めた人の自己告白であり、望まれもせずメモもされなかった回想録のようなものである。同様に、モラルの（またはアンモラルの）意図こそが、どの哲学においても、その哲学の命の本来の芽であり、その芽から毎回、植物が育っていたのだ。ひとりの哲学者が形而上学でかけ離れた意見を述べていることがあるが、いったいどうしてそんなことになったのか。それを説明するためには、実際、良い（そして利口な）方法がある。いつも最初に、「それが（**その哲学者が**——）どういうモラルを目指しているのですか」と、たずねればいいのだ。そういうわけだから私は、「認識への衝動」が哲学の父である、とは思わない。別の衝動が、哲学の場合でも他の場合でも、認識（または誤認！）をただ道具のように使ってきただけなのだ、と考えている。人間の根本衝動をながめるとき、それがまさに哲学においてどの程度まで、**インスピレーションをあたえる**精霊として（またはデーモンや妖精《コボルト》として——）働いてきたのだろうか、に注目すれば、気づくだろう。あらゆる衝動が哲学を駆り立ててきたのだ、と。——そして、どの衝動も例外なくひとつひとつが、嬉々として**自分**を、存在の最終目的として、他のすべての衝動たちの正当な**主人**として見せたがっているのだ、と。というのも、どんな衝動にも支配欲があるのだから。そして**支配欲のある者**として哲学しようとするのだから。——もちろん、学者たちの場合は、もともと学問的な人たちの場合は、事情が違うかもしれない——「ましな事情」かもしれない、と言ってもいいが——。その場合は実際、認識への衝動のようなものが存在しているのかもしれない。それは、独立した小さな時計仕掛けのようなもので、しっかりネジを巻いてやれば、学者がもっているそれ以外のすべての衝動がまったく関与して**いなくても**、勝手に勇敢に働きつづける。だから、学者が本来もっている「利害関心」は、普段は学問とはまったく別のところに、たとえば家族とか、金儲けとか、政治にある。それどころか、学者のその小さな衝動マシンが学問のどの分野に置かれることになっても、また、「有望な」若手がすぐれた文献学者になろうが、キノコ学者になろうが、化学者になろうが、ほとんどどうでもいいのである。――その若手が何になろうと、その「何」はその若手の**目印にはなら**ないのだ。逆に哲学者の場合、本人に無関係なものは何ひとつない。とくに哲学者のモラルが、**その哲学者が何者であるか**、を決定する明らかな証明書となる。――つまり、その哲学者のもっとも深いところに生まれつきそなわっている衝動たちが、どんな序列の秩序のなかに置かれているのか、を証明している。

## 7

哲学者たちは、どうしてこんなに意地悪になれるのだろう！　エピクロスがプラトンとプラトン派に投げつけたジョークほど毒のあるものを、私は知らない。プラトンたちのことをディオニュシオコラケスと呼んだのだ。字面からすると表向きは「ディオニュシオスの追従者」、つまり僭主の取り巻きで、おべっか使いという意味である。にもかかわらず、「連中はみんな**役者**であって、どこにも真実がない」（ディオニュソコラクスは役者の俗称だったのだ）ということまで意味している。そして後者の意味こそが、エピクロスがプラトンに向けて放った悪口なのだ。エピクロスが腹を立てたのは、芝居がかった大げさな流儀だった。プラトンとその弟子たちはそれを心得ていたが、――エピクロスは心得ていなかった！　サモス島出身のこの老教師は、アテナイの小さな園に隠れて暮らし、３００巻の本を書いたのだが、もしかするとそれは？　プラトンに対する怒りと対抗心からではなかったか？――百年たってから、ギリシャは、この園の神エピクロスが何者だったのかを嗅ぎつけた。——だが、本当に嗅ぎつけたのだろうか？——

**8**

どんな哲学にもあるのだが、あるポイントで哲学者の「確信」が舞台に登場する。あるいは、古い神秘劇〔中世のロバ祭りのロバの歌〕から引用すれば、

登場したのは、ロバ《アドヴェタヴィト・アシヌス》
美しくて、じつにたくましい。《プルケル・エト・フォルティシムス》

〔『ツァラトゥストラ』でもロバが嘲笑の対象として登場する。たとえば、「これにたいしてロバが肯定して、ヒヒーンと鳴いた」がくり返されている〕

**9**

「自然にしたがって」君たちは**生き**ようと思ってるのかい？　おお、気高いストア派の君たちは〔通俗的には、エピクロスは快楽主義の代名詞、ストア派は禁欲主義の代名詞として使われることが多い〕、その言葉をひどく裏切ってるんだぞ！　自然のような存在を想像し

てごらん。際限なく浪費し、際限なく冷淡で、意図も配慮もなく、あわれみも正義もなく、実り多くて荒涼としていると同時に不確かな存在なんだよ。無関心《どうでもいいと思うこと》自体が力だと想像してごらん。――どうやって君たちは、「そんな無関心にしたがって」生きることが**できるとでもいう**のかな? 生きるということは――まさに、この自然とは違うものであろうとすること、じゃない? 生きるということは、評価すること、贔屓《ひいき》にすること、不公平であること、限定されていること、関心をもって違いを認めようとすること、じゃない? そして、君たちの命令「自然にしたがって生きろ」が結局、「生にしたがって生きろ」と同じことを意味する、と考えるなら、――君たちもその気になれば、できないわけ**ない**よね?――君たち自身がそれなのに、それでしかないのに、何のためにそれを主義なんかにするわけ?――実際はまったく違う。君たちはうっとりとして、自然から自分たちの掟の規範を読んでいるのだと言っているけれど、すばらしい役者の君たちは自分を裏切って、逆のことをやろうとしているわけだ! 高慢な君たちは、自然に対して、いやはや自然に対してさえ、君たちのモラルを、君たちの理想を押しつけて、そのモラルや理想までが自然のものだ、と言おうとしている。君たちは、「自然が「ストア派にしたがって」自然である」ことを望んでいる。すべての存在を、君たち自身のイメージにしたがって存在させたがっているようだ。――ストア派の哲学は、とてつもなく永遠にすばらしいものであり、一般的なものである、というわけだ! 真理を愛するあまり君たちは、じつに長いあいだ、じつに頑固に、じつに催眠術にかかったみたいに硬直したまま、自然を**まちがって**見る、ということはストア派的に見ることを、自分に強制してきた。その結果、君たちは自然をちがったふうに見ることができなくなっている。――そして君たちは、底なしに不遜だから、ついに精神病院の患者のような期待を吹き込まれている。つまり、君たちは暴君となって自分自身を制圧することができる――ストア派の哲学とは自分に対して暴君となることである――**わけだから**、自然もまた暴君となって自分に自分を制圧させることができる、と君たちは期待するわけだ。しかしストア派の哲学者も、自然の**ひときれ**ではないのか？……しかしこれは、昔からよくある、永遠の物語だ。昔、ストア派の哲学者たちに起きたことは、今日でも、哲学が自分こそが正しいと思いはじめるだけで、たちまち起きている。哲学はいつも自分のイメージで世界を創造している。それ以外のやり方はできない。哲学は、こうして暴君のように制圧する衝動そのものである。力への、「世界創造」への、第一原因《カウサ・プリマ》への、もっとも精神的な意思である。

## 10

今日のヨーロッパではどこでも、「現実の世界〔本当の世界〕と見かけの世界〔目に見える世界〕」の問題が、熱心に、上手に、いや、「ずるく」とさえ言いたいくらいだが、追及されている。その熱心さや上手さには、考えさせられ、耳を傾けるべきところがある。その背景に「真理への意思」しか聞かず、それ以外のものを聞かない者は、とても鋭い耳にはきっと恵まれていない。ごくまれに個々のケースでは実際、そのような真理への意思が、なんらかの奔放な冒険心のある勇気が、ムダな抵抗をしている形而上学者の名誉心が、そこに関わっているのかもしれない。しかしその意思や勇気や名誉心は結局、馬車に山のように積まれた美しい可能性より、あいかわらずひと握りの「確信〔Gewissheit〕」のほうが好きなのだ。ピューリタンのように良心〔Gewissen〕を狂信している者たちさえいるかもしれない。連中は、不確かな何かよりもむしろ、確かな無のうえに死んで横たわりたいのだ。しかしそれはニヒリズムであり、絶望して死ぬほど疲れた魂の徴候である。たとえその種の徳が、どんなに勇敢な身ぶりを見せるとしても。だが、そんな彼らより生きることに貪欲で、生き生きとして、強い思想家たちの場合は、事情がちがう。見かけに**反対して**その敵になり、「パースペクティブ」という言葉をすでに高慢にも口にしている。「地球は静止している」と言っている見かけは信じるに値しないとするのとほぼ同じくらいに、自分自身の体を信じるに値しないとしている。だから、どうやら上機嫌で、自分のもっとも確実な所有物を手放すのである(今のところ自分の体より確実なものを考えられるだろうか?)。この強い思想家たちが、実際のところ、以前は**もっと確実に**所有されていたものを奪回しようとしているのかどうか、それはわからない。たとえば、以前の信仰がもっていた古い所有地のようなもの、もしかしたら「不死の魂」とか、もしかしたら「古い神」とか、要するに、「モダンの考え方」よりは生きやすくしてくれる、つまり、もっと力強く、もっと快活に生きることをさせてくれた考え方を奪回しようとしているのだろうか? ここにはモダンの考え方に対する**不信**がある。昨日や今日つくられたものは、どれも信じられていないのだ。もしかしたらその不信には、ちょっとしたウンザリと嘲笑が混じっているのかもしれない。種々雑多な由来をもつ概念たちのガラクタ《ブリク・ア・ブラク》の山には、もう耐えられませんね。そんなガラクタ《ブリク・ア・ブラク》の山として今日では、いわゆる実証主義が売り出されているのだが。またその不信には、吐き気も混じっているかもしれない。つまり、この種の現実主義の似非《えせ》哲学者たちはみんな、年の市の派手な色合いやボロ切れを連想させ、連中が本気で新しいと言えるものは、その派手な色合いしかないわけで、現代人より贅沢な趣味人がそれを見ると吐き気を催すのだ。この点において私には、これら今日の懐疑的な反「現実」屋にして認識顕微鏡屋たちを正しいとするべきだと思える。これら懐疑的な人たちを**モダンの**現実から追い出している本能には、反論のしようがない。――この人たちの抜け道が後ろ向きだとしても、私たちには関係がない！　この人たちにとって大事なのは、「後ろに」行こうとすることでは**なく**、――**去ろう**としていることなのだ。**もう少しだけ**力があれば、飛べれば、勇気があれば、芸術家であれば、**外に**出ようとするのではないか。――戻ろうとするのではなく！――

## 11

カントがドイツ哲学に及ぼした影響から、目をそらすこと。とくに、カントが自分自身に認めた価値を、賢明にもすり抜けること。今ではどこでもその努力がなされていると、私には思える。カントは、何よりもまず第一に、自分の〔『純粋理性批判』に書いた〕カテゴリー表を誇りに思っていた。その表を手に、こう言った。「これがね、かつて形而上学のために企てられることができたもののうち、もっともむずかしいことなんですよ」——どうか、この「られることができた」を理解していただきたい！　人間のなかに新しい能力を、アプリオリな総合判断の能力を**発見し**たことを、カントは誇りに思っていた。仮に、カント自身がこの点において勘違いしていたとしても、ドイツ哲学の発展と急速な開花は、カントのその誇りにかかっているのだし、また、できることならもっと誇れるものを——そして、いずれにしても「新しい能力」を！——発見しようとする年下の者たちの競争にかかっている。しかしよく考えてみれば、その時が来ているのだ。「アプリオリな総合判断はどのようにして**可能**なのか？」と、カントは自問した。——で、いったいカントは何と答えたか？「**Vermöge eines Vermögens（ある能力のおかげである）**」。だが残念ながらカントは、この3つの単語で答えたのではなく、じつにまわりくどく、じつに厳かに、ドイツ語の深遠な意味と美辞麗句をたっぷり使って答えたものだから、その答えにひそんでいる愉快なドイツ風の愚かさ《ニエズリ・アルマンド》が聞き漏らされてしまった。それどころか人びとは、この新しい能力に喜んで、われを忘れさえした。その歓声が頂点に達したのは、カントが人間のなかにさらにモラルの能力まで発見したときだ。——というのも当時は、ドイツ人にはまだモラルがあり、まったくもって「リアル・ポリティクス」がなかったからだ。——やがてドイツ哲学の蜜月になった。テュービンゲンの神学校の若い神学者〔ヘーゲル、シェリング、ヘルダーリンなど」はみんな、すぐに茂みのなかに入って姿をくらまし、——みんなで「能力」を探した。そしてあらゆるものが見つけ出された。——ドイツ精神が無垢で、豊かで、若かった、あの時代の話だ。ロマン派という意地悪な妖精が、あの時代に息を吹き込み、歌を聞かせたが、当時はまだ、「見つける〔finden〕」と「でっち上げる〔erfinden〕」の区別をつけることを知らなかった！　何より話題になったのが、「超感覚的なもの」に対する能力だった。シェリングはそれに知的直観という洗礼名をさずけ、心の底から敬虔でありたくてたまらないドイツ人に、心の底から歓迎された。大胆で熱狂的なその運動はすべて、思い切って変装して灰色の老人みたいな概念を着ているが、若者がやっていたので、ひどく扱うわけにはいかない。せいぜい、まともに受け止めてやって、たとえばモラルが問題だと憤慨してやればいい。それで十分。みんな年を取るだろう。——そして夢は消えた。みんなが額をこすって考え込む時代になった。今日でもなお額をこすって考え込んでいる。夢を見ていたのだ。先頭に立って最初に夢を見たのが——老カントだった。「ある能力のおかげである」——と言っていた。少なくともそう思っていた。しかしそれは、はたして——答えなのか？　説明なのか？　それとも、むしろ質問の、たんなるくり返しにすぎないのではないか？　「ある能力のおかげである」、つまり、催眠力《ウィルトゥス・ドルミティウァ》のおかげである——と、モリエールの戯曲〔『病は気から』〕であの医者が答えている。

その理由はですね、それに催眠の力があり、《クイア・エスト・イン・エオ・ウィルトゥス・ドルミティウァ》

その力に感覚をまどろませる性質《クユス・エスト・ナトゥラ・センスス・アソウピレ》があるからです。

しかしこのような答えは喜劇にふさわしいものだが、ついに、「アプリオリな総合判断はどのようにして可能なのか？」というカントの質問を、「そのような判断を信じることが、なぜ**必要**なのか？」という別の質問に置き換える時になった。――つまり、私たち人類を維持するためには、このような判断を正しいと**信じる**必要がある、ということを理解する時代になったのだ。だから、当然、このような判断が**まちがった**判断であるかもしれないわけだ！　あるいは、もっとはっきり、大ざっぱに、根本的に言えば、アプリオリな総合判断は、「可能である」わけなどないのだ。私たちには、アプリオリな総合判断をする権利はない。私たちに言わせれば、アプリオリな総合判断は偽の判断にほかならない。ただ、アプリオリな総合判断を正しいと思うことも、たしかに必要である。表の世界《フォアグラウンド》を信じて、目で見ることになるわけで、それは、生のパースペクティブの光学にふさわしいことである。――最後になったが、「ドイツ哲学」が――ここで、ドイツ哲学が引用符を要求する権利があることは、理解してもらえると思うのだが？――ヨーロッパ全体に及ぼした、とてつもない効果を思い出せば、疑うべきでないことがある。つまり、ある種の催眠力《ウィルトゥス・ドルミティヴァ》がそこには関与していたのだ。感覚論〔イギリスの経験論〕が、前世紀〔18世紀〕から今世紀〔19世紀〕に流入して、あいかわらず優勢だったのだが、あらゆる国の暇な貴族、徳の高い人、神秘家、芸術家、4分の3キリスト者、政治的反啓蒙主義者などのあいだでは、ドイツ哲学のおかげで、その感覚論に対する解毒剤が、要するに——「感覚をまどろませるもの《センスス・アソウピレ》」が手に入って、うっとりしていた。……

## 12

唯物論的な原子論といえば、存在する理論のうちで一番見事に論破されたもののひとつである。もしかすると今日のヨーロッパの学者には、この言葉を家で手軽に（つまり略語として）使う場合は別として、まともな意味をこれに認めようとするほど無学な者はいないかもしれない。——これは何といってもあのポーランド人ボスコヴィチ〔「クロアチアのライプニッツ」と物理学者ハイゼンベルクは呼んでいる〕のおかげである。これまでのところボスコヴィチは、ポーランド人コペルニクスとともに、目に見えることを攻撃して、もっとも大きくてすばらしい成功を収めた。つまりコペルニクスは私たちを説得して、すべての感覚とは逆に、地球は静止して〔fest stehen〕**いない**と信じさせてくれたのだが、ボスコヴィチは、地球から離れても確実にある〔feststehen〕究極子を信じることとは、すっぱり手を切れと教えてくれた。「物質」や、「質量」や、地球の残りもので小さなかけらのような原子への信仰とは、絶縁しろ、と。それは、感覚に対してこれまで地上で収めた勝利のなかで最大の勝利だった。——私たちはもっと先へ進む必要がある。「原子論に対する欲求」が、誰も思いもしない領域で、あいかわらず危険な余生を送っているのは、あの有名な「形而上学に対する欲求」と似ているが、その「欲求」に対して——宣戦を布告する必要がある。あらゆる手段を使って情け容赦なく戦うのだ。——まず最初に私たちは、災いをもたらす、あのもうひとつの原子論に、止《とど》めを刺す必要がある。それは、キリスト教がもっとも上手にもっとも長いあいだ教えてきた**魂の原子論**のことだ。私がこの言葉で表わそうとしているのは、魂は不滅で永遠で分割不可能なものであり、〔ライプニッツのいう〕モナド〔単子〕であり、原子である、という例の信仰のことである。**この**信仰は学問から追放されるべきである！ここだけの話だが、追放のときに「魂」そのものを追い払ったり、大昔からあって大いに尊敬するべき仮説を断念したりする必要はまったくない。不器用な自然主義者たちは、「魂」にちょっと触れただけで、魂をなくしてしまうことがよくあるのだが。魂の仮説の新バージョンや洗練への道は、開かれている。「死すべき魂」とか、「多様な主観としての魂」とか、「衝動および情動のカンパニーとしての魂」とかの概念も、そのうち学問の世界でも市民権をもとうとする。**新しい**心理学者は、これまで魂のイメージのまわりに熱帯植物のように生い茂っていた迷信たちに引導を渡すのだが、もちろんそうすることによって自分自身を、いわば新しい荒野のなかへ、新しい不信のなかへ突きとばしたのである。——古い心理学者たちは、もっと快適に、もっと楽しくやっていたかもしれない。——しかし結局、新しい心理学者は、そういうふうにしたせいで、**でっち上げること**〔Erfinden〕が自分の運命だと気がつくのだ。——ことによると？**見つけること**〔Finden〕が自分の運命だと。——

## 13

生理学者たちは、自己保存の衝動が有機体の基本衝動だと設定しているが、その設定をじっくり見直すべきだろう。何よりもまず、生きている物は自分の力を**放出し**ようとする。——生きること自体、権力への意思である。——自己保存は、そのことの間接的で、きわめてよくある**結果**のひとつにすぎない。——要するに、どんな場合でもそうだが、この場合でも、**余計な**目的論的な原則には用心することだ！——自己保存の衝動もそういう原則なのだが（自己保存の衝動は、首尾一貫していないスピノザの功績である。——）。そう命令しているのは、それが方法だからだ。方法ではもともと、原則を少なくする必要がある。

## 14

今、もしかしたら5人か6人の頭がぼんやり気づきはじめたかもしれない。物理学というのは、（言ってよければ、私たち流に！）世界を解釈・整理しているだけのもので、世界を説明しているものでは**ない**のだ、と。けれども物理学は、感覚を信じて営まれるかぎり、解釈・整理よりましなものとして通用する。長い目で見れば、解釈・整理よりましなもの、つまり説明として通用するにちがいない。物理学は、自分の目と指をもっている。物理学は、自分の目で確かめるし、自分の手でつかむこともする。このことは、基本的に〔古代ローマの〕平民のような趣味をもつ時代には、魅力的で、説得力があり、**人びとを納得させる**ように思われる。――たしかに本能的にこのことは、永遠にポピュラーな感覚論がもっている真理規準《カノン》に、合っているのだから。では何が明らかであり、何が「説明されて」いるのか？まず、目で見ることができ、手で触ることができるものが、である。――どんな問題でも、そこまでは追及する必要がある。これとは逆に、プラトンの思考は、感覚に訴えることに**抵抗**しているところが魅力だった。プラトンの思考は、**高貴な**思考だった。――プラトンの思考に魅力を感じた人たちは、もしかしたら、私たちの同時代人の感覚よりも強くて要求が多い感覚をさえ、楽しんでいたのかもしれない。しかしその人たちは、そういう感覚の主人でありつづけることが、より高度な勝利であるとわかっていた。しかも、青白くて冷たくて灰色の概念の網を、カラフルな感覚の渦巻きに――プラトン流にいえば、感覚の賤民に――投げることによって主人でありつづけていたのだが。このようにプラトン流に世界を制圧し、世界を解釈することには、今日の物理学者たちが提供する世界制圧・世界解釈とは別な種類の**楽しみ**があった。同じようにその楽しみは、ダーウィン主義者たちや、生理学者のなかで目的論に反対する人たちが、「最小限の力」と最大限の愚かさという原則によって提供するものとも、別な種類の楽しみだった。「人間にとって、もはや見るもの、手でつかむものがない場所では、もう何も探す必要はない」――もちろんこれは、プラトンの命令とは違う命令である。けれどもこの命令は、無愛想だが働き者の未来の機械工や橋梁工が、**大ざっぱな**

仕事ばかりやらされるときには、まさにぴったりの命令かもしれない。

## 15

生理学をやましい思いをせずに研究するために忘れてはならないことだが、感覚器官は、観念論の哲学でいわれるような意味での現象**ではない**。もしも現象なら、感覚器官は、どんな原因にもなれないだろう！　だから感覚論は少なくとも、調整能力のある仮説である。発見に導く原理であるとまでは言えないが。——しかし、どうだ？「外界は、私たちの器官がつくったものである」とさえ言う人がいるが？　だが、そうだとすると、私たちの体は、その外界のかけらとして、私たちの器官がつくったもの、ということになってしまう！　だが、そうだとすると、私たちの器官そのものが、——私たちの器官がつくったもの、ということになってしまう！　これは、私には、徹底した背理法《レドゥクチオ・アド・アブスルドゥム》であるように思える。もっとも、自己原因《カウサ・スイ》という概念が徹底的な背理である、と仮定したうえでのことだが。こうして外界は、私たちの器官がつくったもの**ではない**、ということになるのでは——？

## 16

無邪気に自分を観察して、「何も介さずに確かなこと」があると信じている人が、あいかわらずいる。たとえば、〔デカルトの〕「われ思う」とか、ショーペンハウアーの迷信のような「われ意思する」とか。あたかも、その場合、認識が対象を「物自体」として、純粋に裸のままつかまえることができるかのようだ。主観の側からも客観の側からも偽造などされずに。だが、「何も介さずに確かである」には、「絶対認識」や「物自体」と同様に、形容矛盾《コントラディクティオ・イン・アドイエクト》がはらまれている、と、私は百回はくり返しておこう。いい加減、言葉には誘惑されないようにするべきだ！　大衆なら、認識とは最後まで知ることである、と思ってもかまわないが、哲学者なら、以下のことを自分に言い聞かせておく必要がある。私が、「われ思う〔私は考える〕」という文において表現されているプロセスを分解すれば、一連の大胆な主張に出くわすことになる。その根拠を説明することは、むずかしい。もしかしたら、説明できないのかもしれない。——たとえば、「考えている者が、**私**である」とか、「考えている者が、そもそも何かであるにちがいない」とか、「考えるとは、原因と考えられるモノの側からの活動であり結果である」とか、「「私というもの」が存在するのだ」とか、最後に「考えるということで表示されるモノが、すでにちゃんとあるのだ」とか。——要するに、「私は、考えるということが何なのかを**知っている**」というのが大胆な主張なのだ。もしも私が、それについてあらかじめ自分で決めていなかったら、私は何を手がかりにして、「これから起きることが、もしかしたら「欲する」とか「感じる」でないかもしれない」と推量すればいいのだろうか？　もう十分だ。あの「私は考える」は、私が私の目下の状態を、私が私について知っている他の状態と**比較する**ことを前提にしているので、私の目下の状態がどういうものであるかが確認されるわけだ。こうやって別の「知っている」にさかのぼるわけだから、「私は考える」という私の目下の状態は、私にとってはどう転んでも、何も介さずに「確かなこと」ではない。――「何も介さずに確かなこと」を、大衆は場合によっては信じるかもしれないが、そのかわり哲学者は、こんな具合に形而上学の一連の質問を手にすることになる。それは、知性が本気になってする良心的な質問で、「私はどこから「考える」という概念をもつようになったのか？」「なぜ私は原因と結果ということを信じているのか？」「どうして私には、「私というもの」について、いやそれどころか「原因としての私というもの」について、さらに「思想の原因としての私というもの」について語る権利があるのか？」勇気のある人は、認識の**直観**のようなものを引き合いに出して、形而上学のそういう質問にただちに答えようとするだろう。「これは少なくとも真実であり、現実であり、確かですよね。私はそう考えます。私にはわかっているんです」と言うのだ。――そういう人は今日、哲学者の顔に、ひとつの微笑とふたつのクエスチョンマークが浮かんでいるのに気づくだろう。「あのですね」と、哲学者はその人にわからせるかもしれない。「どうやら、あなたの勘違いのようですね。ところで、なぜずっと真実なんですかね？」――

## 17

論理学者たちの迷信について、私は飽きることなく、小さな単純な事実をくり返し強調するつもりだ。その迷信をもった論理学者たちは、なかなか認めようとしないのだが、――つまりそれは、思想が来るのは、「思想」が望んだときであって、「私」が望んだときではない、ということだ。だから、主語の「ich（私は）」が述語「denke（考える）」の条件である、と言うことは、事実の**偽造**である。Es denkt（それが考える）〔英語なら、It thinks となる。このes（それ）は、フロイトのEs（エス）につながっている〕。ところが、「この「es（それ）」は、まさにあの古くて有名な「Ich（私というもの）」である」は、控えめにいっても、仮定にすぎず、主張にすぎず、「何も介さずに確かなこと」ではない。結局のところ、すでにその「es denkt（それが考える）」だけでも、余計なことがなされているのだ。すでにこの「es（それが）」は、プロセスの**解釈**を含んでいて、プロセスそのものには属していない。ここでは文法の習慣にしたがって、「考えるということは活動であり、どんな活動にも、活動している者が属しているわけで、したがって――」と推論されることになる。ほぼ同じような図式により、昔の原子論は、働いている「力」に対して、あの小さな塊のような物質、つまり原子を探した。その物質に力が宿り、その物質から力が働いているのだ。もっと厳密に考える頭の持ち主たちは、ようやくそのような「地球の残りもの」なしでやっていくことを学習した。もしかしたらいつかある日、論理学者たちの側でも、（誠実な昔の「Ich（私）」が気化して帰化した）あの小さな「es（それ）」なしで、やっていくことに慣れているかもしれない。

## 18

理論が反駁可能であるということは、じつは、その理論に少なからぬ魅力があるということだ。まさに反駁可能であることによって、理論は鋭敏な頭脳を引きつける。百回も反駁された「自由意思」の理論が生きつづけてきたのは、ひとえにこの反駁可能という魅力のおかげである。――くり返し誰かがやって来ては、自分には理論に反駁できる強さがあると感じるのだ。

## 19

哲学者たちが意思について語るとき、まるで意思が世界で一番よく知られたものであるかのように語るものだ。ショーペンハウアーなどは、「意思のことだけは、もともと私たちが知っているものだ。隅から隅まで知っている。足し算や引き算をしなくても知っている」と教えようとした。しかし私には、くり返しこんなふうに思えるのである。ショーペンハウアーは、この場合でも、哲学者たちがまさによくやっていることを、やっただけではないか。つまり、**大衆の先入観**を頂戴して誇張しただけではないか、と。「意思する」は私には、なんといっても**複雑にからまりあったこと**のように思える。言葉としてひとつになっているにすぎない。――そしてまさにひとつの単語に大衆の先入観が詰め込まれているのだ。その先入観が、どんな時代にもちょっとしか用心しなかった哲学者たちを支配するようになっているのだが。だから、もっと用心深くなろう。「非哲学的に」なろう。――たとえば、どんな「意思する」にも、まず第1に多くの感情が含まれている。つまり、状態の感情だが、その状態から**離れる**という感情、その状態に**向かう**という感情、「離れる」と「向かう」そのものの感情、それからさらにそこに付随する筋肉の感情。この筋肉の感情は、私たちが「腕と脚」を動かすことなく、私たちが「意思する」やいなや、一種の習慣によって動きはじめるものだ。だから、「感じる」、しかも多くの方式で「感じる」が、意思の成分として認められるべきであるように、第2に、「考える」も、意思の成分として認められるべきである。どんな意思という行為においても、考えが司令部として存在している。――そして、その司令部としての考えを「意思する」から分離することができて、まるで分離後には意思が残っている、などと考えるべきではない！　第3に、意思は、「感じる」と「考える」の複合であるだけでなく、なによりも**情動**である。しかも、司令部としての情動である。「意思の自由」と呼ばれるものは、基本的には、服従するしかない者について抱く優越感の情動なのだ。「私は自由だ。「あいつ」は服従するしかない」――この意識が、どんな意思にも刺さっている。同様に、注意するときのあの緊張が、ひとつのものに焦点を定めたときのあのまっすぐな視線が、「今はこれをやって、ほかのことは必要なし」という絶対的なあの価値評価が、命令する者の状態に付属しているもろもろのことが、どんな意思にも刺さっている。

**「意思する」**人間は、――自分のなかにあって服従するものに、または、服従すると思っているものに、命令する。さてここで注目してもらいたいのは、意思にかんして一番不思議なことなのだが、――この意思という多様性をもったものを表わす言葉が、大衆にはひとつしかないのである。「意思する」場合、私たちは、命令する者**であると同時に**服従する者である。そして服従する者として、意思の始動直後に働きはじめる強制・強要・圧迫・抵抗・運動の感情を知っている。その一方で私たちには、「私」という総合概念のおかげで、その二重性を無視したり勘違いしたりする習慣がある。以上のような事情から、「意思する」には、一連の間違った推理がまとわりついているわけで、したがって、意思そのものの価値も誤って評価されてきた。――その結果、「意思する」者は、「行為には意思**さえあれば十分**だ」と固く信じている。ほとんどの場合、命令の効果を、つまり従順さを、つまり行為を**期待**してもよいときにだけ、「意思する」ことがなされた。だからその**見かけ**のせいで、まるでその**効果が必然である**かのような感情が生まれた。これで十分だろう。「意思する」者は、ずいぶん自信をもって、「意思と行為は、ある意味、ひとつである」と思うことになる。――「意思する」ことがうまく実行されたことを、意思そのもののおかげであると思う。そして、すべての成功を連れてくる力の感情が生まれてきたことをうれしく思う。「意思の自由」――これは、「意思する」者の多様な喜びの状態を表わす言葉である。「意思する」者は、命令すると同時に、それを実行する者とひとつになる。――実行する者としては、抵抗に勝ったことを一緒にうれしく思うのだが、「そもそも抵抗を克服したのは自分の意思そのものなのだ」と、ひそかに判断している。命令する者の喜びの感情に加えて、「意思する」者はこうして、実行してうまくいった道具としての喜びの感情を、召使いのような「下位の意思」または下位の魂としての喜びの感情を手に入れる。――なにしろ私たちの体は、多くの魂がつくっているカンパニーにすぎないのだから――。効果とは、私のことなり《レフェ・セ・モワ》〔太陽王ルイ14世は、「国家とは、私のことなり《レタ・セ・モワ》〔＝朕は国家なり〕」と言った〕。ここで起きていることは、うまく建てられていて幸せな共同体なら、どんなところでも起きている。つまり、支配階級が自分を、共同体の成功と同一視しているのである。あらゆる「意思する」は、まさしく命令と服従のことなのだ。それは、すでに述べたように、多くの「魂」がつくっているカンパニーを土台にしている。だから哲学者なら、「意思する」をきちんとモラルの視野のもとで考える権利を手に入れるべきだろう。モラルとは支配関係論のことであり、「生きる」という現象は支配関係のなかで発生する。――

**20**

哲学の個々の概念は、任意のものではなく、勝手に育ったものでもなく、相互関係や親戚関係のなかで育つものだ。個々の概念が思考の歴史に、どんなに突然に、恣意的に登場しているように見えても、それは、大陸の動物相《ファウナ》の全メンバーとまったく同じように、ひとつの体系に属している。結局それは、どんなに異なった哲学者たちでも、**ありとあらゆる**哲学に見られるある種の基本図式を、確かにくり返し踏襲している、ということから明らかだ。目に見えないものに呪縛されて、哲学者たちは環状の同じ軌道を、毎回あらためて堂々めぐりしている。批判的な意思または体系的な意思をもって、おたがいに独自の哲学をやっていると思っているのかもしれない。哲学者たちは、自分のなかの何かあるものに導かれている。何かあるものが特定のオーダーで哲学者たちを駆り立てている。まさしくそれは、あの、概念たちに生まれつき備わっている親戚関係および体系なのだ。哲学者たちの思考は、実際のところ、発見というよりは再認識・再想起である。遠くの太古にある「魂の家族みんなの家」へ帰還・帰郷することである。哲学の概念たちは、魂の家族みんなの家で育って、そこから巣立ったのだ。——哲学するということは、その意味では、最高級の先祖返りのようなものである。インド哲学、ギリシャ哲学、ドイツ哲学はみんな家族のように似ているが、それは簡単に説明がつく。まさに、言語が親戚であるところでは、絶対に避けられないことがある。文法の哲学が共通なので——つまり、似たような文法機能のおかげで、無意識に支配され導かれて——最初からすべてが準備されていた結果、哲学の体系が似たように展開して、似たような順番で並んでいるのだ。まったく同様に避けがたいことだが、世界の解釈について、ある種の別な可能性を探る道も、閉ざされているように見える。ウラル・アルタイ語圏（「たとえば日本語のように」主語の概念が非常にお粗末で未発達の言語圏）の哲学者たちは、インド・ゲルマン語族の人やイスラム教徒とは別なふうに「世界を」のぞき、別な小道を歩いているだろうということは、大いに考えられる。特定の文法機能の呪縛は、つまるところ**生理学的な**価値判断の呪縛であり、人種条件の呪縛なのだ。――と、以上、観念の由来についての〔ジョン・〕ロックの浅はかな見解を退けるために述べた。

## 21

自己原因《カウサ・スイ》は、これまで考え出されたもののうち最高の自己矛盾である。論理による一種のレイプであり、不自然なことだ。けれども高慢な人間は度を過ごして、まさにこのナンセンスに巻き込まれて、恐ろしいほど雁字搦《がんじがら》めになっている。授業を半分しか受けていない人たちの頭は、残念ながら、あいかわらず形而上学の最高級である悟性に支配されているようだが、その悟性において「意思の自由」を求めることは、自分の行動について最終的に全責任を自分で背負おうとすることである。またその責任を、神にも、世界にも、先祖にも、偶然にも、社会にも背負わせないでおこうとすることである。つまりそれは、まさにあの自己原因《カウサ・スイ》であることにほかならない。〔ホラ吹き男爵〕ミュンヒハウゼンも驚くほど無謀に、自分の髪の毛をつかんで虚無の沼から自分を救い出そうとすることにほかならない。仮に誰かが、「自由意思」という有名な概念があか抜けしていない素朴なものだと気づいて、頭からそれを一掃するなら、私としてはさらにお願いしたいことがある。その人の「啓蒙化」をもう一歩進めて、あの「自由意思」という阿呆な概念を逆立ちさせたものをも、頭から一掃してもらいたいのだ。つまり「不自由意思」のことなのだが、この概念によって、原因と結果が濫用されることになる。「原因」と「結果」を誤って**物のように扱う**べきではない。それは自然科学者がやっていることで（今日ではそれを真似して、「考える」ときにも自然科学をやっている人もいるが——）、今流行《はや》りの間抜けな機械いじりの方法で、「結果」が出るまで、原因を押したり突いたりしている。「原因」も「結果」も、たんなる**概念**として使うべきである。つまりそれは、表示や了解を目的とした便宜的なフィクションであって、解明を目的としたものでは**ない**のだ。「それ自体」には、「因果の結びつき」も、「必然性」も、「心理学でいう不自由」も存在せず、「結果が原因のあとに」つづくことも**なく**、それらを支配する「法則」もない。原因を、順番を、相互を、相対を、強制を、数を、法則を、自由を、根拠を、目的をでっち上げたのは、ほかならないこの**私たち**なのだ。そしてこの記号の世界を「それ自体で存在するものとして」ものごとのなかへ歌い込んだり、混ぜ込んだりすれば、私たちがいつもやってきたことの二の舞を演じることになる。つまり**神話のような**ことをやることになる。「不自由意思」というのは神話である。実生活で問題になるのは、**強い**意思と**弱い**意思だけだ。——ある思想家が、すでに「因果の結びつき」や「心理学でいう必然」のなかに、強制や、窮乏や、従順の必要や、圧迫や、不自由のようなものを感じ取っているなら、たいていの場合、もうそれだけで、その思想家自身の欠陥を告げる症候である。まさにそう感じるということで、その思想家の実体が見えてくる。——その人格が見えてくる。これまでの私の観察が正しいとすれば、一般に、「意思の不自由」が問題になるのは、真逆に位置するふたつのサイドからであり、どちらも**人格が**深くかかわっている。一方のサイドでは、自分の責任、**自分を**信じること、**自分の**功績に対する要求権は、どんなことをしても手放さないでおこうとする（虚栄心の強い人種がこちらに属する――）。もう一方のサイドでは、逆にどんなことにも責任をもとうとせず、どんな負い目も引き受けようとしない。心のなかでは自分を軽蔑しているので、自分の責任をどこかに**転嫁**できないものかと考えている。後者のサイドで、本が書かれるなら、今日では犯罪者に配慮するのが習慣になっている。社会主義者のような同情が、この人たちの一番お気に入りの変装だ。そして実際、意思の弱い者たちの宿命論は、「人類の苦悩の宗教《ラ・ルリジオン・ド・ラ・スフランス・ユメヌ》」としてデビューすることができるなら、驚くほど美しくなる。それが**この宿命論の**「良い趣味」である。

## 22

老いぼれの文献学者である私にも言わせてもらいたい。私は意地悪なので、お粗末な解釈術にはどうしても黙ってもらいたいのだ。君たち物理学者は、まるで――であるかのように鼻をふくらませて、「自然は法則にかなったものだ」と言うけれど、それは―― ――ただ、君たちの無理な解釈とお粗末な「文献学」のおかげで、言っているだけのことなんだ。――自然の合法則性というのは、事実ではない。「テキスト」ではない。むしろ、素朴なヒューマニズムに合うよう意味をねじ曲げたものにすぎない。そうやって君たちは、モダンな魂がもっている民主的な本能に精一杯サービスしてるわけだけどさ！「どこでも法則の前では平等である。――この点において自然は、われわれと違わないし、われわれより優れたものでもない」。この言葉の裏には、お行儀のいい下心が見える。つまり、特権があって自分を主人だと思っている者すべてに対して、またもや賤民が敵意を抱いているだけでなく、無神論が以前とは別の、優雅な変装をしているのだ。〔アナキズムのスローガン〕「神など要らん《ニ・ディユー》、主人も要らん《ニ・メートル》」――君たちも、そう望んでいる。だから、「自然の法則、万歳！」と叫ぶのだ。――そうだろ？　しかし、さっきも言ったが、それは解釈であって、テキストではない。だから、真逆の意図と解釈術をもった誰かが、同じ自然からやって来て、同じ現象を見ているとする。そして、力の要求することをまさに暴君のように情け容赦もなく遂行するものが自然である、と読み取るかもしれない。――そういうふうに解釈する人なら、「力の意思」があらゆる局面で見せる「例外を許さない絶対者ぶり」を、君たちの目に焼きつけるので、ほとんどの言葉も、いや「暴君の圧政」という言葉さえ、結局は使い物にならない言葉に思えたり、すでに遠慮がちで穏やかなメタファーに――あまりにも人間的な言葉に――格下げされたように思えたりすることだろう。そして、それにもかかわらず、その人も、この世界については、君たちと同じことを主張することだろう。つまり、「この世界は「必然的」で「計算して予測することができる」経過をたどるのです」と。だがそれは、この世界で法則が支配しているから**ではなく**、まったくもって法則が**欠けている**からである。そしてどの力も、すべての瞬間において、自分で最終責任をとっているのだ。これもまた解釈にすぎない、としてみようか。――すると君たちはまた、せっせと反論しようとするのかな？――だったら、ますます結構なことで。――

## 23

これまでの心理学はみんな、モラルにかんする先入観と心配にこだわってきた。深いところに潜る勇気がなかったのだ。私は心理学というものを、**力への意思にかんする**形態学であり**発達論**であると考えているのだが、――これまでは誰ひとりとしてそれに触れて考えたことさえない。これまで書かれたものは、これまで沈黙されていたことの症状だと認めるとしても、それに触れて考えた形跡すらない。モラルにかんする先入観の暴力は、もっとも精神的な世界、見たところもっとも冷静で、まるで前提などない世界にまで深く及んでいる。――だから、当然わかるように、その暴力は、傷つけ、阻止し、目をくらませ、ねじ曲げる力として働いている。本当の生理・心理学なら、研究者の心のなかにある無意識の抵抗と闘う必要がある。本当の生理・心理学には自分に逆らう「心」がある。すでに「「よい」衝動と「ひどい」衝動はおたがいに依存しあっている」という理論は、より洗練されたインモラルとして、まだ力強く断固としている良心を困らせウンザリさせている。――もっと困らせウンザリさせているのが、「ひどい衝動からよい衝動を導くことができる」という理論だ。しかし、もしも誰かが、「憎しみ、嫉妬、貪欲、所有欲などの情動さえも、「生の家族みんなの家」には根本的・本質的にかならず住んでいるものだから、生がもっと高められるべきものであるなら、それらももっと高められる必要があるのだ」と考えるとしたら、──そんな方向での判断は、その誰かを船酔いのように苦しめることになる。けれども、危険な認識だらけで、巨大な、まだできたての王国では、こんな仮説でも、もっとも苦痛でもっとも見慣れない仮説の足もとにも及ばない。──そして実際、誰もがその気になれば**入れる**のに！──その王国から離れたままでいることには、百もの十分な理由があるのだ。しかし他方、もしもその王国のほうへ船ごと押し流されたなら、さあ！　よし！　しっかり歯をくいしばれ！　目を開けて！　しっかり舵を握るんだ！──私たちはまっすぐ進んでモラルを乗り越えて**離れて**いく。勇気を出してその王国に向かって航行しているうちに、もしかしたら私たち自身のモラルの残りを押しつぶし、粉々にするかもしれない。──しかしそれが**どうした！**　これまで、大胆な旅行者や冒険家の洞察にも、**こんなに深い世界**が開かれたことはなかった。そして、そんなふうにして「犠牲を捧げる」心理学者なら──犠牲といっても、知性の犠牲《サクリファイチオ・デリンテレット》では**ない**。絶対に！──、その犠牲と引き換えに少なくとも、「心理学が、ふたたび学問の女王であると認められる」ことを望んでもいいだろう。ほかの学問は心理学に奉仕し、心理学の準備をするためにあるのだ。というのも、心理学は今やふたたび、根本問題に通じる道なのだから。

# 第2部　自由な精神

## 24

おお、聖なる単純さよ《オー・サンクタ・シンプリキタス》！　なんとも奇妙なまでに単純化し、偽造しながら生きているのが、人間だ！　この不思議な光景に目を奪われたら、どんなに驚いても驚きたりない！　なんと私たちは、私たちのまわりのあらゆるものを、明るく、自由に、軽く、単純にしてきたのだ！　なんと私たちは私たちの感覚に、表面的なものすべてへのフリーパスをあたえることができていたのだ！　なんと私たちは私たちの思考に、気まぐれなジャンプや誤った推理という神のような欲望をあたえることができていたのだ！――私たちは、ほとんど理解できない自由な人生を、心配のない人生を、用心しない人生を、断固とした人生を、快活な人生を、つまり生きることを享受するためには、知らないままでいることが一番なのだが、なんと私たちは最初からそれを理解していたのだ！　そして、知らないでいることは今や確固とした花崗岩のような土台になるのだが、それを土台にしてはじめて、これまでは学問が成立することを許されていた。学問とは、これまでよりはるかに強烈な意思を土台にした、知ろうとする意思のこと。知らないでおこうとする意思、無知への意思、非真理への意思が土台になっているのだ！　学問は、そういう意思とは逆のものではなく、——そういう意思が洗練されたものである！　だから**言葉**も、ここでは別の場所と同様に、不器用さを脱していないので、ただグレードやいろんな微妙な段階の違いがあるだけなのに、逆のことを語りつづけるかもしれない。同様にモラルについては、身にしみついたタルチュフ流の偽善が、今では私たちの切るに切れない「血と肉」になっているので、私たち学のある者が口にする言葉さえまでもが、ねじ曲げられるかもしれない。ここでもあそこでも、私たちにはわかっているので、笑うだけで問題にはしないのだが、まさに最上の学問でも、せいぜいのところ私たちを、この**単純化された**、徹底的に人工の、うまく創作された、うまく偽造された世界に拘留しようとしているだけなのだ。学問は、自由意思ではないが喜んで、間違いを愛しているのである。なぜなら、学問も生きているので、——生きることを愛しているのだから！

## 25

こんなに楽しい前置きを読んでもらったのだから、まじめな言葉も聞き漏らさないでもらいたい。きまじめな人たちに私は言っておきたいのだ。用心してもらいたいのは、君たち、哲学をやっている認識の友。殉教者にならないように！「真理のために」苦しむことがないように！　自分を弁護することさえ、しないように！　そんなことをすると、君たちの良心が汚れたり、微妙な中立がダメになったりする。異議を突きつけられると、君たちは、赤い布を見せられた闘牛のように頑固になる。君たちが、危険と、誹謗と、排斥と、もっと粗暴な敵意と戦い、ついにはこの地上で真理を守る者を演じつくす羽目になれば、君たちは馬鹿になり、獣《けだもの》になり、雄牛になる。——それではまるで「真理」というものが、おぼつかない足取りで歩く無害な人間で、守ってくれる者を必要としているようではないか！　必要とされるのは、まさに君たちなのだが、君たちは、じつに悲しげな姿をした騎士であり、精神が隅っこでクモの巣を張っている紳士なのだ！　結局、君たちもよくわかっているはずだ。そんな**君たち**が正しいのかどうかなど、どうでもいいのだ。また、これまで哲学者が正しかったことなどないのだ。そして、「真理」よりも貴重な「真理を求めようとする姿勢」は、告発者や裁判官の前での仰々しい身ぶりや切り札ではなく、君たちが君たちの体の動き《ことば》やお気に入りの教訓の後ろに（またときには自分自身の後ろに）くっつける小さな疑問符のひとつひとつに含まれているのではないか！　むしろ脇道をするんだ！　逃げて隠れるんだ！　そして仮面をつけて、優雅にふるまい、別人になるのだ！　または少し恐れるのだ！　そして庭を忘れないでもらいたい。黄金の格子柵のある庭を！　そして、夕方になり、その日がすでに思い出になる頃には、自分のまわりに、庭になってくれるような人たちを集めるのだ。——水上の音楽になってくれるような人たちでもいい。**よい**孤独を、自由で、悪ふざけ好きの、軽やかな孤独を選ぶのだ。そういう孤独なら、ある意味、自分がよい人間でいられる権利だって、君たちにあたえてくれるから！　あからさまな暴力を使わずに、長い戦争をやる者は例外なく、なんと有毒で、なんと狡猾で、なんと粗悪な人間なのだろう！　恐れが長くつづき、敵に、そして敵になるかもしれない相手に、長いあいだ注意を払っていると、非常に**個人的に**なってしまうものだ！　そうやって社会ののけ者になった人たちは、そうやって長いあいだ迫害され、ひどく追われてきた人たちは——また、隠遁を余儀なくされた人たちとか、スピノザや〔地動説を唱えて処刑された〕ジョルダーノ・ブルーノのような人たちとかは——、結局はいつも、たとえこのうえなく精神的な仮面をつけて変装しているとしても、もしかしたら自分では知らないまま、洗練された復讐の鬼となって、毒を盛るようになるのだ（ともかく一度、スピノザの倫理学と神学の土台を掘り起こしてみるといい！）——モラルに憤激するのは、哲学者から哲学のユーモアが逃げ出したことの確かなしるしだが、その間抜けぶりについては指摘する必要もないだろう。「真理のために犠牲になる」という哲学者の殉教が白日のもとにさらけ出すのは、哲学者がどういう扇動家であり、どういう役者であるか、ということだ。そして仮に、これまで哲学者には芸人としてのみ好奇心をもってきたとすれば、少なからぬ数の哲学者がどんな具合に退化したのか（「殉教者」に退化したのか、舞台や演壇の叫び屋に退化したのか）見てみたい、という危険な願いが生まれてくることはもちろん理解できる。ただし、そんなことを願うなら、**どんなもの**を目にすることになるのか、いずれにしても覚悟が必要だ。——目にするのは、〔ギリシャ悲劇の後に狂言のように演じられる〕滑稽な半人半獣劇《サテュロス》でしかない。本番の後に演じられる茶番劇《ファルス》でしかない。悲劇の長い本番が**おしまいになった**ということを、引き続き証明するものでしかない。もっとも、どの哲学も生まれたときは長い悲劇だった、ということを前提にしての話だが。——

## 26

選ばれた人間なら誰でも本能的に、自分の城と秘密を求めるものである。そこでなら、一定の人から、多くの人から、ほとんどの人から**解放されて**いる。自分は例外だから、普通の規準の「人間」を忘れることが許される。——ただ例外がひとつある。選ばれた人間が、自分より強い本能によって、まさにその普通の規準の「人間」に出会わされる場合だ。そのとき例外的に大きな意味で認識する者になる。人と交流していると、困って気持ちがいろんな色になる。吐き気がしたり、うんざりしたり、共感したり、陰気になったり、孤独を感じたりして、緑色や灰色にならない人は、たしかに高級な趣味をもった人間ではない。しかしそれは、それらの重荷や不快をどれも背負おうとせず、いつもそれらを避けて、さっき言ったように、自分の城に静かにプライドをもってこもっていることが前提だが。もしもそうなら、ひとつ確かなことがある。その人は認識に向いていない。認識することを定められていない。そういう人は、ある日きっとこう思うだろう。「よい趣味なんか、クソ喰らえ！　普通の規準のほうが例外より、おもしろいぞ。——俺みたいな例外なんかより！」——そして、**下へ**降りていくだろう。何はさておき「中へ」入っていくだろう。**平均的な**人間を研究しようとすれば、時間がかかり、愉快なことではなく、研究のためにたくさん変装し、自分の気持ちを抑え、親しそうにして、お粗末な人づき合いが必要だ。――どんな人づき合いも、自分と似たような者との人づき合いは別として、お粗末なものだが。――そんな研究が、どんな哲学者の伝記でも必要不可欠なピースになる。もしかしたら、もっとも不愉快で、もっとも悪臭を放ち、もっとも幻滅するピースかもしれない。けれども、認識の幸運児にふさわしい運に恵まれる者なら、自分の課題を本当に短縮・軽減してくれる哲学者に出会うことになる。――〔犬のように無欲・無所有を幸福とする〕キュニコス《キュニコス》派と呼ばれている人たちのことだ。この人たちは、自分が動物であること、下品であること、「普通」であることをさっさと認めるだけではない。ちゃんとした機知もそなえているので、**証人たちの前で**自分や自分に似た者について語らずにはいられない。――だからキュニコス派の人たちは、本のなかであっても、自分の糞のうえで転げ回るように転げ回るのだ。キュニコス派の哲学こそ、平俗な魂の持ち主たちが誠実なものに触れる、ただひとつの形式である。だから、より高級な人間なら、より粗野で繊細なキュニコス派の哲学に出会うと、かならず耳を傾ける必要がある。そして目の前で、道化者が恥知らずになったり、学のある半人半獣《サテュロス》が大声を出したときには、かならず「おめでとう」と言う必要がある。吐き気に魅力が混じる場合すらある。つまり無遠慮な半ヤギ半サルに、自然の気まぐれのせいで、天才が結びついている場合があるのだ。たとえば、彼の世紀では、もっとも深く、もっとも炯眼《けいがん》で、もしかしたらもっとも汚くもあった人間、神父《アベ》ガリアーニのように〔フェルディナンド・ガリアーニ

（１７２８―８７年）は啓蒙期イタリアの外交官・経済学者・作家）。――ガリアーニはヴォルテールよりはるかに賢くて、したがってヴォルテールよりずいぶん寡黙でもあった。暗示したように、学問のある頭がサルの体のうえにのっかっていたり、繊細で例外的な悟性が下品な魂のうえにのっかっていることは、すでに頻繁に起きている。――医者たちや、モラルを生理学の立場で研究する人たちのあいだでは、とくにそれはめずらしい事例ではない。そして誰かが、腹を立てずに、むしろ悪意などなく、人間のことを、２種類の欲求をもった腹と1種類の欲求をもった頭であると説くなら、また誰かが、飢えと性欲と虚飾だけを見たり、探したりして、まるでそれらだけが人間を行為に駆り立てる本物のゼンマイであるかのように見**ようとし**ているなら、要するに、人間は「粗末なものである」と――そして**ひどいもの**ですらないと――説いているなら、認識を愛する者としては鋭く熱心に耳を傾けるべきである。憤慨せずに語られているときには、しっかり耳を傾けるべきなのだ。憤慨している人間は、また、いつも自分の歯で自分自身を（またはそのかわりに世界を、または神を、または社会を）ぼろぼろに食いちぎる者は、たしかにモラルで測れば、笑って自己満足している半人半獣《サテュロス》よりは高級な存在かもしれないが、モラル以外のどんな意味でも、半人半獣《サテュロス》よりありきたりで、どうでもいい、非教育的な例である。そして憤慨している者ほど**ウソをつく**人間はいない。――

理解されることは、むずかしい。とくに、こちらはガンジス川のように《ガンガスロトガティ》〔プレスト（きわめて速く）」考えて生きているのに、まわりの人たちがみんな、別のように、つまりカメのように《クルマガティ》〔アダージョ〕、または、せいぜい「カエルのように《マンディカガティ》〔スタッカート〕」考えて生きているときには、むずかしい。——私はまさに自分のほうから、理解されにくくなるよう努力しているのだろうか？——だったら、ちょっとでも丁寧に解釈してくれようとしている厚意にだけでも、心から感謝するべきなのだ。しかし「親友」の場合、いつもあまりにもお気楽で、まさに親友なんだからお気楽でいいだろうと思っているので、前もって親友には、気ままに誤解できる運動場のようなスペースを用意しておくのがいい。——そうしておくと、こちらも笑う余裕がもてる。——または、そんな親友をお払い箱にしてから、——笑うこともできる！

## 28

ある言語から別の言語への翻訳で一番うまくいかないのは、文体のテンポである。文体のベースにあるのは、人種の性格である。生理学的にいえば、人種の「代謝」の平均的なテンポである。忠実に翻訳したつもりなのに、オリジナルが心ならずも共通言語化されることにより、ほとんど偽造品のようになっていることがある。それはただ、オリジナルがもっている勇敢で愉快なテンポを訳し込めなかったからにすぎない。そういうテンポこそが、ものごとや言葉におけるあらゆる危険を飛び超えさせてくれるものなのに。ドイツ人は、ドイツ語のテンポでプレストをほとんど使うことができない。だから、そこから簡単に推測できることだが、自由な、自由精神の思想には、じつに楽しくて大胆不敵なニュアンスがいっぱいあるのに、それを伝えることができないのだ。ドイツ人は、体も良心も、〔喜劇タッチのオペラ・ブッファで滑稽なバスの道化役である〕〔バッソ・〕ブッフォや〔滑稽なサテュロス劇の〕サテュロスには、まるで不向きだが、同様にドイツ人は、〔古代ギリシャの喜劇詩人〕アリストパネスや〔ローマ帝国の廷臣で、猥雑な『サテュリコン』の作者とされる〕ペトロニウスをほとんど翻訳することができない。荘重なもの、べっとりしたもの、儀式ばって不器用なものなら、また、長ったらしくて退屈なタイプの文体なら、あらゆるものがドイツ人のあいだでは多様に過剰に展開している。――これは事実なので私が指摘するのも恐縮だが、ゲーテの散文でさえ、堅苦しさと優しさがミックスしているという点では、その例外ではない。ゲーテの散文は、それが属している「古き良き時代」の鏡像である。そしてそれは、まだ「ドイツ趣味」というものがあった時代の、ドイツ趣味の表現である。ドイツ趣味とは、様式および技巧《イン・モリブス・エト・アルティブス》におけるロココ趣味のことだった。〔ドイツ啓蒙思想の大物〕レッシングが例外なのは、生まれつきレッシングが俳優だったからだ。そのおかげで彼は多くのことを理解し、多くのことに熟達していた。だからこそ〔批判精神に満ちた『歴史批評辞典』を書いたフランス啓蒙思想の先駆け、ピエール・〕ベールの翻訳をしたのだし、できることならディドロやヴォルテールのそばへ逃げ出したかったのだし、さらにできることならローマの喜劇詩人たちのもとへ逃げ出したかった。――レッシングは、テンポにおいても、自由な精神を愛した。ドイツからの逃走を愛した。しかしどのようにしてドイツ語は、レッシングのような人の散文においてさえ、マキアヴェリのテンポをまねることができるのだろうか。マキアヴェリは、その『君主論《プリンチペ》』で、フィレンツェの乾いたすばらしい空気を吸わせてくれるのだが、深刻な問題を奔放なアレグリシモ《アレグロより速く》で論じずにはいられなかった。もしかしたらそこには、どんな逆張りをやってみせるか、という意地悪な職人気質が働いていたかもしれない。――マキアヴェリには、長くて、重くて、固くて、危険な思想があり、ギャロップのテンポがあり、最高のいたずらな気まぐれがある。さて、いったい誰がペトロニウスをドイツ語にまで翻訳してみようとするだろうか。ペトロニウスは、これまでのどんな偉大な音楽家より、発案、思いつき、言葉の点ではプレストの巨匠である。――もしも、ペトロニウスのように、風の足をもち、風のように呼吸して、風のように嘲笑して、すべてを**走ら**せることによって、すべてを健康にして、解放するなら、結局、病気でひどい世界の泥沼など、また「古代の世界」の泥沼など、どうしたというのだ！　さて、アリストパネスのことだが、私たちを晴れやかにし補ってくれるこの人物のおかげで、ギリシャ文化全体は存在したことを**許して**もらえるのだ！　もっともそれは、許すこと、晴れやかにすることを必要としているのが、いったい**どういうこと**なのかが、一番深いところで理解されるとしての話だが。——というわけで私にわかることといえば、**プラトン**の隠遁やスフィンクスの本性などよりも、私に夢を見させてくれたのは、幸せにも伝えられているあの小さな事実《プティ・フェ》なのだ。つまり、人びとの死の床の枕元にあったのは、「聖書」ではなかった。エジプトの本でも、ピタゴラスの本でも、プラトンの本でもなかった。——枕元にあったのは、アリストパネスの本だったのだ。プラトンのような人でさえ、あんなふうに人生を——自分でもノーと言っていたギリシャでの人生を——耐えることができたのは、アリストパネスのような人がいたからだろう！——

## 29

自立していることは、ごく少数の人間の関心事である。——強者の特権である。自立するための最高の権利があるのに、自立する**必要**がないまま、自立を試みようとする人は、それによって証明する。どうやら自分は強いだけでなく、大胆で陽気でもあるらしい、と。その人は迷宮に入っていく。生きていれば出会うはずの危険を千倍にする。そんな危険のうち一番小さな危険ではないが、その人は、どこで、どんなふうにしてかは誰にも目撃されることもなく、道に迷い、ひとりぼっちになり、良心という洞窟でミノタウロスのような怪物に食いちぎられてバラバラにされるのだ〔ミノタウロスは、クレタ島のミノス王の妻パシパエが雄牛に恋して産んだ人身牛頭の怪物。王は名匠ダイダロスに命じて迷宮ラビュリントスを作り、そこにミノタウロスを閉じこめる。この怪物は、毎年アテナイより犠牲として送られる14人の少年少女を食べていたが、アテナイの王子テセウスに退治される」。もしも、そういう人が滅びるとしても、それは、人びとの理解からかけ離れた場所で起きるので、人びとに感じられることも、共感されることもない。——その人は、もう戻ってくることができない！　戻ってきて人びとに同情してもらうこともできない！——

## 30

私たちが手に入れた最高の洞察は、そういうものに縁もなければ理解力もない連中の耳に無断で入り込んだとき、馬鹿話のように、また場合によっては犯罪のように聞こえるにちがいない。——また、そんなふうに聞こえてもらいたいものだ！——顕教的なもの〔部外者にもわかること〕と密教的なもの〔部内者にしかわからないこと〕を、かつて哲学者たちは区別していた。インド人もそうしていたし、ギリシャ人、ペルシャ人、イスラム教徒もそうしていた。要するに、序列の秩序が信じられていて、平等や平等の権利が信じられて**いない**ところでは、そういう区別があった。——その区別が際立つのは、顕教者が外に立って、内からではなく外から見て、評価して、測って、判断するからではない。そんなことより大事な違いは、顕教者が下からものごとを見ているのに対して、——密教者が**上から**ものごとを見

**おろして**いることなのだ！　魂には高山があり、そこから見ると、悲劇でさえ、悲劇のようには見えなくなる。そして世界のあらゆる心痛をひとまとめにすれば、自分の見ている光景に誘導されて、**必然的に**〔みんなが〕同情するようになってしまい、心痛までもが倍になってしまうものかどうか、誰もあえて決めようとしないだろう？……高級な人間にとって栄養や清涼剤になるものは、まるで別種の低級な人間にとっては、ほとんど毒であるにちがいない。下品な男がもっている美徳は、もしかすると哲学者にとっては、悪徳や弱点になるかもしれない。仮に、高品質の人間が、退化して堕落するとしよう。だが彼は、自分が堕落していった低級な世界で、聖者のように尊敬されるのに必要な特性をはじめて手に入れるということがあるかもしれない。本でも、低級な魂、低級な生命力によって読まれるのか、それとも高級な魂、強い生命力によって読まれるのかによって、魂と健康に対する価値が逆になる。前者の場合、本は危険で、バラバラにし、解体するものとなるが、後者の場合は、もっとも勇敢な者たちに、**おのれの**勇敢さを発揮せよ、と司令官が呼びかける。通俗的な本は、いつも悪臭を放つ本だ。小物のにおいが染みついている。大衆が飲んだり食べたりするところでは、また、大衆が崇拝するところでさえ、悪臭がたちこめているものだ。**きれいな**空気を吸おうと思うなら、教会に行くべきではない。——

## 31

ニュアンスの技術こそ、人生で獲得できる最高のものだが、若いときはそのニュアンスの技術をもたないまま崇拝したり、軽蔑したりする。だから、そんな具合に人やものごとをイエスとノーで決めつけてしまったことを、きっと当然ひどく後悔することになる。あらゆる趣味のなかで一番お粗末な趣味は、絶対的なものを愛好することだが、その趣味は、残酷なまでに馬鹿にされ、悪用される。すべてがそういう仕組みになっているので、人間は結局、自分の感情にちょっと手を加えるようになる。むしろあえて手を加えようと試みる。人生という舞台でまともな芸人がやっているように。青春に付きものの怒りと畏怖は、人やものごとをうまい具合に偽造して、偽造された人やものごとにおいて発散されるようにならないかぎり、鎮まらないようだ。——青春とは、そもそも偽造し欺《あざむ》くものなのである。若い魂が、幻滅ばかりして苦しんだあげく、ようやく自分自身を疑って、後になってふり返るとき、若い魂は、その疑いと良心の呵責においてさえ、あいかわらず熱くて荒々しい。今では自分にひどく腹を立て、我慢できずに自分をずたずたに引き裂き、長いあいだ自分が目をくらまされていたことに復讐する。まるで自分で自分の目を見えなくしていたかのようだ！　こんなふうにして、自分の感情が信じられなくなり、自分で自分を罰するのである。自分の熱狂を疑いのムチで拷問する。それどころか、良心にやましさのないことさえ危険なことだと感じる。いわば、自分でベールをかけて隠し、より敏感な誠実さが衰えたかのようだ。そして何よりもまず徒党を組む。「青春」に**対抗する**ことを原則にして徒党を組む。——そして10年後に気がつく。こういうこともまた——青春だったのだ、と！

## 32

人間の歴史のもっとも長い時代を通して——それは先史時代と呼ばれているが——、ある行為の価値・無価値は、その行為の結果から導かれた。そのとき行為そのものは、行為の由来と同様、問題にならなかった。今日でも中国では子どもの面目・不面目は両親に遡って考えられるが、それとほぼ同様に、ある行為の良し悪しを人間に考えるようにさせたのは、成功・不成功を過去に遡って考えさせる力だった。この時期のことを人類の**前モラル**期と呼ぶことにしよう。「自分自身を知れ！」という命令をまだ知らない時期だった。これに対してこの1万年のあいだに、地球上のいくつかの大陸で一歩ずつ前進して、行為の価値は、もはや行為の結果ではなく、行為の由来によって決められるようになった。全体としてそれは大事件だった。視線と尺度がずいぶん洗練されたのだ。貴族的な価値、「由来」への信頼が支配的になり、その影響が知らないうちに出てきたのだ。これは、より狭い意味で**モラル**期と呼ぶことが許される時期の、徽章《バッジ》である。自己認識がこれによって、はじめて試みられたのだ。結果のかわりに由来に注目する。パースペクティブが、なんと転換したのだ！　そして確かにこれは、長い闘いと動揺をへてはじめて手に入れた転換なのだ！　もちろん、まさにこのことによって、宿命的な新しい迷信が、独特に狭い解釈が支配するようになった。ある行為の由来は、きわめて特定の意味において、ある**意図**の由来であると解釈されたのである。「ある行為の価値は、その行為の意図の価値のなかにある」と、誰もがそろって考えるようになった。意図だけが、行為の由来であり前史なのだ。地上ではほとんどごく最近まで、この先入観のもとで、モラルがほめられたり、けなされたり、裁かれたり、また哲学されたりしてきた。――しかし私たちは今日、あらためて自分を見直し人間を深掘りすることによって、あらためて価値を転換してその土台をずらすという決心をする必要に迫られているのではないだろうか。――私たちは、ネガティブにいえば、さしあたりは**モラル外の**時期とでも呼べそうな時期の、敷居のうえに立っているのではないだろうか。今日、少なくとも私たち非モラリストのあいだでは、疑いが頭をもたげてきている。「ある行為の**意図でない**もののなかにこそ、その行為の決定的な価値があるのではないか？」　そして「その行為の意図のすべては、つまり、意図が見て、知って、「意識」できるすべてのことは、まだその行為の表面、皮膚にすぎないのではないか？――行為の皮膚は、すべての皮膚がそうだが、何かあるものを漏らしてはいるが、それ以上に多くのものを**隠している**のではないか？」要するに、意図とは、記号であり徴候にすぎないのではないか。それは、まず解釈を必要とするわけだし、おまけに記号は、あまりにも多くのことを指示しているせいで、記号だけではほとんど何も指示していないことになる。モラルというのは、これまでの意味では、意図のモラルということになるが、先入観のことだった。もしかしたら、せっかちな、とりあえずの先入観だったかもしれない。占星術や錬金術のレベルのものだった。いずれにしても克服される必要があるものだ。モラルの克服。これは、ある意味、モラルが自分で自分を克服することですらある。これが、長いあいだ秘密にされてきたあの仕事の名前だと思えばいい。今日の、もっとも繊細で、もっとも誠実で、おまけにもっとも意地悪な良心たちのために、魂を試す生きた試金石として、とっておかれていた仕事の、名前なのだ。——

## 33

ほかに手はないのだ。隣人のために献身し、自己犠牲になるという感情。自分を捨てるというモラルのすべて。そんなものには情け容赦なく釈明してもらい、法廷に出てきてもらうしかない。同じく「カントの」「利害関心のない直観」という美学にも、そうしてもらうしかない。その美学のもとで芸術の去勢が誘惑者の顔をして今日、やましくない良心を手に入れようとしている。「他人《ひと》のために」や「自分のためでは**なく**」といった感情には、あまりにも多くの魔法と砂糖が入っているので、そこでは不信感を倍にして、「もしかして、これって——**誘惑**かも？」とたずねる必要があるだろう。——**気に入られているぞ**。——そういう感情をもっている者にも、そういう感情の果実を食べる者にも、さらには、そういう感情をながめているだけの者にも。——気に入られているからといって、そういう感情**の正しさ**

**が**論証されるわけでない。逆に、そういう感情には用心するようにと促されているのだ。だから用心しよう！

## 34

今日、哲学のどんな立場に立っているとしても、どの場所から見ても、私たちが生きていると思っている世界は**勘違いされている**。このことこそ、私たちの目が捕まえることができる、もっとも確実でもっとも確固としていることだ。――私たちは次から次へとその理由を見つけるので、「ものごとの本質」にはペテンの原理があるのではないかと推測したくなってしまう。しかし、世界を取り間違えているのは、私たちの思考そのもの、つまり「精神」のせいだとするなら――これは、意識的または無意識に神を代弁する者《アドヴォカートゥス・ディ》が、例外なくたどる名誉ある逃げ道なのだが――、また、この世界を、空間、時間、形態、運動も含めて、間違えて**推測された**ものとするなら、そういうふうにする者にとっては、あらゆる思考というものに対する不信感をようやく身につけるための、少なくとも好機になるかもしれない。不信感は、私たちに対してこれまで最大最高のいたずらをしていたのではないだろうか？　不信感がいつもやってきたことを、今後はしない。そんな保証があるのだろうか？　大まじめな話、思想家たちの無邪気さには、どこか感動と畏敬の念を抱かせるところがある。だから思想家たちはあえて今日もなお、意識に向かって、**誠実に**答えてほしいと頼んでいるのだ。たとえば、「意識は「実在する」のですか？」とか、「どうしてまた意識は、そんなに頑《かたく》なに外界とのかかわりを持とうとしないのですか？」などなどと質問するわけである。「直接的に確かなこと」を信じるのは、**モラルとしては**純真なことであり、私たち哲学者にとっては名誉なことではある。しかし――私たちはもはや「**たんに**モラルのある」人間であるべきではないのだ！　モラルを度外視すれば、そういうことを信じるのは、愚かなことであり、私たちにとってはほとんど不名誉なことなのだ！　市民生活では、いつも不信感をもってのぞむことは、「粗末な性格」のしるしであり、利口でない態度だと見なされることだろう。しかし、ここ私たちのところでは、市民世界の彼岸、市民世界のイエスとノーの彼岸では、――私たちは誰にも邪魔されずに、利口でないままでいられるのだし、また誰にも邪魔されずに、こう言えるのだ。「哲学者には、まさに「粗末な性格」をもつ**権利**があるんです。これまで地上ではいつだって、一番の阿呆だと言われてきたんですから」――哲学者には今日、不信感をもつ**義務**がある。どんな疑いの奈落からでも、じつに意地悪な横目をつかう義務があるのだ。――私がこんなしかめっ面で冗談を言うのを、どうか許していただきたい。なにしろ私自身、だますこと・だまされることについては長いあいだ別なふうに考え、別なふうに評価するようになっていたので、哲学者たちがだまされたことに腹を立てたときには、その盲目的な怒りをしずめるため、少なくとも脇腹を2、3回つついてやるくらいの用意がある。構わ**ない**だろ？「見かけより真実のほうが価値がある」というのは、モラルによる先入観にすぎない。それどころか、この世で一番お粗末に証明された仮説なのだ。「パースペクティブによる評価と見かけにもとづかなければ、生というものはないのだ」ということぐらいは認めるべきなのだ。哲学者のなかには、徳のある熱心な間抜け面で、「見かけの世界」を完全にお払い箱にしようとする者がいるが、さて、もしも仮に**諸君が**そんなことができるとしたら、――少なくともその場合、諸君の言う「真理や真実」には、もう何ひとつ残らないだろう！　しかしまあ、どうして私たちは、「真」と「偽」の本質的な対立があるなどと想定してしまうのだろうか？　見かけにはいろんな段階がある、と想定するだけで十分ではないか？　見かけがもつ、いわば陰影の明暗や全体としてのトーンを、想定するだけで十分ではないか？――画家の言葉を借りれば、さまざまな色価《ヴァルール》がある、ということで。**私たちに何らかの関係のある**――この世界が、なぜフィクションであってはならないのだろう？　そしてそのとき、「けれどもフィクションにもその作り手が必要なわけでしょ？」と誰かに質問されたら、――こんなふうに答えてもいいのではないか。「**どうしてですか**？　その「必要なわけ」というのだって、もしかしたらフィクションかもしれないのでは？」述語や目的語に対してと同じように、これからは主語に対しても、ちょっとばかり皮肉な態度をとっても許されるのではないか？　哲学者は文法の正しさを信じてはならないのではないか？　女家庭教師《グヴェルナント》たち〔Gouvernante は英語だと governess（ガヴァネス）。『善悪の彼岸』冒頭に「真理は女である」というフレーズがある〕には最大の敬意を払おう。しかしそろそろ哲学は、女家庭教師《グヴェルナント》の言うことを信じるという態度を捨てるべきではないだろうか？

――

## 35

おお、ヴォルテール！　おお、人間性！　おお、ナンセンス！　「真理」には、真理の**探求**には、それなりのものがある。けれども人間がそのとき、あまりにも人間的にやりすぎるなら――「善をなすためにのみ真を求める《イル・ヌ・シェルシュ・ル・ヴレ・ク・プル・フェール・ル・ビヤン》」なら――、賭けてもいいが、人間は何ひとつ見つけない！

## 36

もしも仮に、「リアルに「与えられて」いるのは、私たちの欲望と情熱の世界にほかならない」とするなら、また、「私たちが上昇または下降できる「リアリティ」は、まさに私たちの衝動のリアリティだけだ――というのも、考えることは、これらの衝動のおたがいに対する振る舞いにすぎないのだから――」とするなら、試みにこんな質問も許されるのではないか。「そういうふうに与えられているというだけで、**十分**じゃありませんか？　その同類から、いわゆる機械論的な（または「マテリアルの」）世界を、理解するには」。私が言っているのは、勘違いや、「見かけ」や、「表象」としての（〔ジョージ・〕バークリーやショーペンハウアーの意味での）世界のことではない。私たちの情動がそなえているのと同じリアリティ・レベルの世界のことなのだ。——それは、情動の世界の、よりプリミティブな形式なのだ。そこではまだ、すべてのものが力強く統一されているのだが、そのうち有機的なプロセスのなかで枝分かれして形成されていく(だけでなく、当然、軟弱になったり、衰弱したりもするのだが——)。それは、一種の衝動のライフなのだ。そこでは、有機的な機能のすべてが、自己調節、同化、栄養、排泄、新陳代謝ともども、おたがいに総合的につながっている。——これは、生の**先行形式**ではないか?——結局、こういう試みをすることは、許されているだけではない。**方法**の良心に照らせば、命じられてもいるのだ。数種類の因果関係を想定するのではない。その前にまず、ひとつの因果関係だけで間に合わせようとする試みを、極限にまで(あえて言うなら、——ナンセンスにまで)進めるべきなのだ。これが今日では、避けてはならない方法のモラルである。——「方法の定義からして」当然のことですが、と、数学者なら言うだろう。結局、問題はこういうことだ。私たちが意思を、実際に**作用する**ものとして認めるのか。意思には、原因となる力があると信じるのか。もしも私たちが、それを認めて信じるなら——ということは、つまり、**それを**信じることは、意思の因果関係そのものを信じていることになるわけだが——、私たちとしては、意思の因果関係を唯一の因果関係であるという仮説のもとで試みる**しかない**。「意思」が作用できるのは、もちろん「意思」に対してだけであって——「物質」に対してではない(たとえば「神経」に対してではない——)。いいだろう。仮説を立ててみるしかないのだ。まず、「作用」が認められるところでは、どこでも意思が意思に作用しているかどうか。——それから、すべての機械的な出来事は、そこになんらかの力が働いているかぎり、まさに意思の力、意思の作用であるのかどうか。——最後に、もしも仮に「私たちの衝動のライフ全体を、意思のひとつの根本形式——つまり、**私の**フレーズで言えば、力への意思——の形成であり分岐であると説明できる」と想定するなら、もしも仮に「すべての有機的な機能を、この力への意思のおかげにすることができるとし、また、力への意思を、生殖と栄養の問題——これもひとつの問題であるが——の解でもある」と想定するなら、その想定のおかげで、「作用する**すべての力は力への意思**である」と一義的に定める権利を手に入れたことになるかもしれない。内側から見られた世界、「感性ではなく知性によってのみ捉えられる性格」にもとづいて定められ、描かれた世界——仮にそういう世界があるのなら、そういう世界こそ、まさに「力への意思」であって、それ以外の何ものでもないだろう。——

## 37

「えっ？　それって、通俗的に言えば、神は論破されたが、悪魔はそうじゃない、ってことじゃないんですか——？」逆だよ！　諸君、逆なんだよ！　諸君に無理やり通俗的に語らせようとする者なんか、悪魔にさらわれるがいい！——

## 38

ところで結局、近代はじつに明るいのに、フランス革命はどうなってしまっているのか。あの身の毛もよだつ、近くで判断すれば、余計な茶番なのに、ヨーロッパ中の気高くて熱狂的な観客が、遠くから、非常に長いあいだ、非常に情熱的に、自分たちの独自の憤激と感激をその茶番のなかに読み込んで解釈してきたものだから、**ついにテキストが解釈に埋もれて姿を消したのだ。**そのせいで、後世の気高い人びとがまたもう一度、フランス革命という過去をまるごと誤解して、もしかしたら誤解のおかげで、フランス革命という過去の光景をはじめて我慢できるものにするかもしれない。——いや、むしろ、これはすでにそうなっているのではないか？　私たち自身が——その「後世の気高い人びと」だったのでは？　そしてこのことは、私たちがそれを理解するかぎり、まさに今、——終わった話なのではないか？

## 39

なにかの教義が、幸せにしてくれるとか、徳を高めてくれるという理由だけで、それを正しいと思う人はいないだろう。あのかわいい「観念論者たち」は例外だが。連中は、真・善・美に熱狂して、自分の池のなかで、あらゆる種類の不器用で気立てのいい、色とりどりの願い事たちをゴチャゴチャに泳がせている。幸せや徳は論拠にはならない。けれども、不幸にしたり、悪人にしたりすることもまた、その教義を否定する論拠にはならないのだが、そのことは、思慮深い人たちであっても忘れがちだ。きわめて有害で危険な何かであっても、真実である可能性はあるだろう。その何かを完全に認識することによって破滅するというのも、人間存在の根本的な性質ですらあるかもしれない。——というわけで、ある精神の強さを測ろうと思えば、どこまでその精神が「真理」に耐えてもちこたえられるか、を尺度にすればいい。もっとはっきり言えば、どの程度までその精神が「真理」を薄め、おおい隠し、甘くし、鈍くし、でたらめにする**必要がある**のか、を尺度にすればいい。しかしこれは疑問の余地がないことだが、真理のある種の**部分**の発見には、悪人や不幸な人のほうが有利であり、発見できる確率も高い。幸せな悪人も、もちろん言うまでもなく。——この種の人たちはモラリストに黙殺されているのだが。もしかしたらこう言えるかもしれない。優しく繊細で柔軟な気立てのよさや、ものごとをさばく軽やかな手つきは、学者の場合は当然、評価されてしかるべきことだが、強くて自立した精神や哲学者が生まれるための条件としては、厳しさや策略のほうが好都合なのだ。ただしここでは前提として、「哲学者」の概念を、本を書く——つまり**自分の**哲学なんかを本に書く！——哲学者には限定していない。自由な精神をもつ哲学者の像に最後の一筆を加えたのが、スタンダールだ。私はドイツ趣味のためにスタンダールのことを強調することを忘れないつもりだ。——というのも、スタンダールはドイツ趣味に**逆**行する人だから。「よい哲学者であるためには」と、この最後の偉大な心理学者は言う。「ドライであり、クリアであり、幻想をもたないこと。財をなした銀行家は、哲学上の発見をするために、つまり、存在しているものをクリアに見るために、必要な性格の一部をそなえている」〔プロスペル・メリメ〈スタンダールについて〉1855年からの引用〕。

## 40

深いものはすべて、仮面を愛する。一番深いものごとは、姿形や比喩を憎みさえする。もしも神の恥じらいが歩いてくるとすれば、恥じらいとは**逆の姿をとること**こそ、ぴったりの変装ではないだろうか？　怪しげな質問だが、もしもどこかの神秘家が、このような質問を自分にしようとしたことがないなら、不思議だろう。とても繊細な出来事の場合、粗雑な衣を着せて目立たなくさせるほうがいい。愛やとてつもなく寛大な行為の場合、そのあと、棍棒をつかんで目撃者をさんざん殴ってやるのが一番だ。そうやって目撃者の記憶を曇らせるのである。自分自身の記憶を曇らせて虐待することに習熟している者がいるが、それは記憶という唯一の証人に仕返しをしているのだ。——恥じらいには発明の才能がある。一番ひどく恥ずかしいことが、一番ひどいものではない。仮面の裏にあるのは、悪だくみだけではない。——策略《たくらみ》には善意がたっぷり詰まっている。私には、高価だが傷つきやすいものを秘めている人が、がっしりした箍《たが》をはめられた緑色の古いワイン樽みたいに、ごろごろと人生を転がっていくのを想像することができる。その人の恥じらいが繊細なため、それを望んでいるのだ。恥じらいのなかに深さのある人は、ほとんど誰もたどり着いたことのない道で、自分の運命や優しい決断に出会う。そういう道があることは、その人の一番近くにいる者や一番親しい者でも知ることを許されていない。その人の人生の危機はまわりの人の目には隠されたままだし、その人の人生がふたたび安定したことも隠されたままだ。そんな具合に人目につかずに生きている人は、本能的に、おしゃべりを沈黙や黙秘のために使っているのであり、飽きることなく伝達を避けている。そういう人が**望み**、要求しているのは、自分の仮面が自分の代わりに友人たちの心や頭のなかを歩きまわること。もしもその人がそれを望まないとしても、ある日、その人の目が開いて気づくだろう。友人たちの心や頭のなかには、やはりその人の仮面があるのだ、と。――そして、それでよいのだ、と。深い精神は例外なく仮面を必要とする。それどころか、深い精神のまわりには例外なく、仮面がたえず生まれている。深い精神がもたらす、どの言葉も、どのステップも、どの生のしるしも、つねに間違えられて、つまり**浅く**解釈されるから、仮面が生まれているのだ。――

## 41

自分自身をテストする必要がある。自分が自立することを定められているか、命令することを定められているかを知るために。しかも手遅れにならないうちに。もしかしたらそれが、人生で一番危険なゲームかもしれないとしても、また結局、ほかに裁判官はおらず私たち自身が証人であるようなテストにすぎないとしても、自分のテストを避けるべきではない。ひとりの人にこだわるべきでない。たとえそれが最愛の人であるとしても。——どんな人も、牢獄になり、僻地にもなる。祖国にこだわるべきでない。たとえそれが、もっとも苦しみ、もっとも援助を必要とする国であるとしても。——勝利に沸く祖国から心をそむけることは、きっとそんなにむずかしくはない。同情にこだわるべきではない。たとえ高級な人間が拷問され孤立無援におちいっているところを、たまたま私たちが目にすることになったとしても。学問にこだわるべきではない。たとえそれが、じつに貴重な、どうやらまさに**私たちのために**取っておかれた発見で誘ってきたとしても。自分の解放にこだわるべきではない。鳥はどんどん高く飛んで、ますます多くのものを眼下に見るが、そんな鳥のように嬉々として遠くの見知らぬものにこだわるべきではない。——飛ぶ者には危険がつきものだ。私たち自身の長所にこだわるべきではない。なんらかの意味で私たちはひとりであるのだが、全体として、私たちはひとりであることの犠牲になってはいけない。だから、たとえば私たちは「客をもてなすこと」の犠牲になってはいけない。それは、気高く豊かな魂の持ち主に訪れる危険のなかでもっとも危険なものだ。浪費家になり、ほとんど自分には無関心になって、リベラルであるという長所が悪癖になってしまうからだ。**自分をなくさないでおくということ**を心得ておく必要がある。これが、自立をチェックする一番タフなテストである。

## 42

新しい種類の哲学者が出てきている。あえて私は、危険でなくはない洗礼名を彼らにプレゼントしよう。私の推量では、また彼らが私たちに推量させているように――というのも、どこかでは謎のままで**あろう**とすることが、彼らの流儀なのだから――、これら未来の哲学者たちは、**誘惑者**と呼ばれる権利をもちたがっているようだ。もしかすると、その権利をもちたがっていないのかもしれない。その名前そのものが、結局のところ、試みにすぎない。言ってよければ、誘惑にすぎないのだ。

## 43

「真理」の新しい友なのだろうか、これら来たるべき哲学者たちは？　その可能性は十分にある。というのも、すべての哲学者はこれまで自分たちの真理を愛してきたからだ。しかし確かに、来たるべき哲学者たちは独断屋《ドグマ》ではないだろう。もしも彼らの真理が万人のための真理なんかであるべきなら、それは彼らの誇りに反するにちがいない。また趣味に反するにちがいない。万人のための真理というのは、これまであらゆる独断屋《ドグマ》が手に入れようと努力して、ひそかに願い念じたものだった。「私の判断は、**私の**判断なんですよ。私以外の人までもが簡単にそれを主張する権利はありません」――と、未来の哲学者なら言うかもしれない。多くの人と同じ意見であろうとする悪趣味は、さっさと捨てる必要がある。「善い」というのは、隣人がそれを口にすれば、もう善いではない。いったいどうすれば「共通の善」などというものがあるのだろう！　その言葉は自己矛盾だ。共通でありうるものは、いつもほとんど価値がない。結局、今そうであり、いつもそうであったようにしか、ありようがない。偉大なことは偉大な者のためにあり、奈落は深い者のためにあり、優しい言動や戦慄は繊細な者のためにある。要するに、稀有なものはすべて、稀有な者のためにある。――

## 44

最後にわざわざつけ加える必要があるだろうか？　これら未来の哲学者たちもまた、自由な、**とても**自由な精神の持ち主であるのだろう、と。――確かに彼らは、たんに自由な精神であるだろうというだけではない。見間違えられたり、取り違えられたりすることを嫌う、もっと多くの、もっと高くて、もっと偉大な、根本的に別のものでもあるのだろう、と。しかしこう言うことによって、私は、彼ら自身に対しても、私自身に対しても大いに感じていることがある。自由な精神である私たちは、彼らの伝令であり先駆けである！のだが、私は――**責任**を感じているのだ。昔からある愚かな先入観と誤解が、あまりにも長いあいだ霧のように、「自由な精神」という概念を不透明にしてきたのだが、その先入観と誤解を私たちはいっしょになって吹き飛ばさなければならない。ヨーロッパのすべての国で、そしてアメリカでも今、「自由な精神」という名前が濫用されている。とても偏狭で、囚われて、鎖につながれたような精神の持ち主たちが、私たちの意図や本能とはほぼ逆のことを望んでいるのだ。——言うまでもなく連中は、頭をもたげてきた**新しい**哲学者に対して、ますます固く窓を閉め、ドアを施錠しているにちがいない。間違って「自由な精神」と呼ばれているその連中は、要するに悪く言うと、**フラット屋**なのだ。——民主的な趣味とその「近代的な理念」をぺらぺらと書きまくる奴隷たち。そろいもそろって孤独を知らない人間たち、自分の孤独を知らない人間たち。お行儀のいい不器用な若者たち。勇気やまともな礼節が欠けているわけではないけれど、ただこういう連中は、じつに不自由で、笑ってしまうほど薄っぺらだ。とくに基本的な傾向として、人間の**あらゆる**悲惨と失敗の原因はだいたい、これまでの古い社会のいろんな形式にあると考える癖がある。そう考えるなら、真理は幸せにも逆立ちしてやって来る！　連中が全力で手に入れたいと思っているのは、みんなが家畜の群れのように緑の牧場の幸せに恵まれることである。誰もが安全に、危険がなく、快適に、気楽に暮らすこと。連中がたっぷり歌い上げて教えるふたつのことは、「権利の平等」と「あらゆる苦悩するものに対する共感」。——そして苦悩そのものを連中は、**廃棄処分**が必要だと考えている。私たちは方向転換したので、私たちの**目**と良心が興味をもつのは、「これまで「人間」という植物がもっとも元気に高く成長したのは、どこで？　そして、どんなふうにして？」という質問だ。これについて私たちは、「そうなったのは毎回、条件が逆になったときだ」と考えている。「そのためには、まず、人間の状況がものすごく危険になる必要があった。でっち上げる力、位置を変える力（つまり人間の「精神」——）が、長期の圧力と強制のもとで発達して、繊細で大胆なものになる必要があった。人間の生の意思が、無条件の力への意思にまで高められる必要があった」と私たちは考えている。——つまり「厳しさ、暴力、隷属、路上や心のなかの危険、人目につかないこと、ストイシズム、ありとあらゆる誘惑の手口と悪魔の所業、また、人間が見せる悪、恐ろしさ、暴虐、猛獣や蛇のような所業のすべてが、その逆のものと同じくらい、「人間」という種の向上に役立っている」と考えているわけだ。——こんなに言っても、まるで言い足りない。ここでどんなに話しても黙っていても、ともかく私たちは、あらゆる近代のイデオロギーや家畜の群れの願いとは**逆の**端にいる。もしかしたらそれらに対蹠《たいせき》しているのかもしれない？　私たちは「自由な精神」の持ち主だが、ものすごくおしゃべり好きでないとしても、不思議ではないだろう？　「精神が**何から**自由になれるのか」、そして「自由になった精神が**どこへ**駆り立てられていくのか」を、私たちがどんな点においても漏らしたがらないとしても、不思議ではないだろう？　また、「『善悪の彼岸』という危険な公式がどういうものであるのか」についても同様だ。ただ、少なくとも誤解されないように、こう言っておこう。「モダンの考え方」をお行儀よく代弁する者はみんな、〔フランス語で〕「自由思想家《リーブル・パンソール》」、〔イタリア語で〕「自由思想家《リベリ・ペンサトーリ》」、〔ドイツ語で〕「自由思想家《フライデンカー》」などなどと名乗るのが好きだが、私たちは、そういう連中とは別物**なのである**、と。精神が住む数多くの国で、私たちは暮らしていたことがある。少なくともゲストとして訪れたことがある。偏った愛情や偏った憎悪とか、青春とか、出生とか、偶然の人びとや本とか、または遍歴の疲れそのものとかのせいで、どうやら私たちは隅に追いやられるわけだが、その湿っぽくて居心地のいい隅から、私たちはくり返し逃げ出した。名誉や、お金や、官職や、欲情をそそることや、私たちを依存へと誘うものには意地悪く抵抗するが、困窮や、手を替え品を替え襲ってくる病気には感謝している。なにかしらの規則や、その「先入観」から私たちを解放してくれたからだ。私たちは、私たちのなかにいる神、悪魔、ヒツジ、ウジ虫にも感謝している。悪徳と呼べるほどの好奇心をもっている。残酷なまでに探求する。つかむことができないものにまで、ためらうことなく指を伸ばす。もっとも消化しにくいものにまで挑戦する歯と胃をもっている。鋭い頭と鋭い感覚が必要な、どんな手仕事にも取り組むつもりだ。過剰な「自由意思」のおかげで、どんなリスクも冒すつもりだ。誰にも簡単にはその本心を見せない、フロントの心とリアの心をもっている。どんな足にも踏破を許さない表の世界《フォアグラウンド》とバックグラウンドをもっている。光のマントに身を隠している。相続と浪費に違いはないとしながらも、征服する。朝から晩まで整理し収集する。自分たちの富と自分たちのギッシリ詰まった引き出しを手離さないケチだ。学習と忘却のやりくりをする。あれこれ図式をでっち上げる。ときにはカテゴリー表を自慢する。ときにはペダンチックになる。ときには白昼でも夜のフクロウになって仕事をする。必要ならカカシにもなる。——そして今日はそういうことが必要なのだ。つまり、私たちが、生まれつき、固く誓った、嫉妬深い「**孤独**の友」であるかぎり。孤独は、私たち自身のものであり、もっとも深いものであり、真夜中のものであり、真昼のものなのだ。――このような種類の人間であるのが、私たちなのだ。私たち、自由な精神の持ち主なのだ！　そしてもしかしたら**君たち**もまた、自由な精神をもっているのではないか、来たるべき者である君たちも？君たち、**新しい**哲学者も？――

# 第3部　宗教的なもの

## 45

人間の魂とその限界。人間の内面の経験がこれまで到達した範囲。それらの経験の高さと深さと遠さ。魂の**これまでの**歴史のすべて。そして、魂がまだ飲み干していない可能性。これらが、生まれながらの心理学者にして「大いなる狩猟」の友である者に対して、定められた狩猟の領域なのだ。しかし何度となく彼は絶望してこう思わされた。「おお、俺ひとりじゃないか！　ああ、この俺だけじゃないか！　しかもこの大きな森は、原生林だ！」　そこで彼は、数百人の勢子《せこ》と、よく訓練された猟犬がほしいと思った。人間の魂の歴史のなかへ放《はな》つことができれば、**彼が狙っている**獲物をそこで一緒に駆り立てることができる。だがダメだった。何度もくり返し試してみたが、徹底的に痛切に思い知らされた。まさに彼の好奇心を刺激したあらゆることに対して、勢子《せこ》や猟犬を見つけることがどんなにむずかしいか。新しくて危険な狩猟場は、あらゆる意味において勇気と、利口さと、繊細さを必要とするのだが、学者たちを送り込んでも具合が悪い。まさにそういう狩猟場では、もう学者は使い物にならない。「**大いなる狩り**」が始まるところでは、大いなる危険も始まっているからだ。——まさにそういう狩猟場で学者たちは、獲物を追う目と獲物を嗅ぎつける鼻をなくしてしまっている。たとえば、これまで**知と良心**が宗教的人間《ホミネス・レリギオーシ》の魂のなかでどんな歴史をたどってきたのかを、推測し確認するためには、パスカルの知的な良心がそうであったように、もしかしたら自分も深くて、傷ついた、法外な存在であることが必要なのかもしれない。——とすればさらに、頭上に張り広げられたあの空が必要かもしれない。明るくて意地悪な精神性をそなえた空なら、危険で痛ましい体験の群れを上から見おろして、展望し、整理し、無理やり公式にすることができるだろう。——しかし、こういう仕事をしたい私を、誰が手伝ってくれるだろうか！　しかし、そういう手伝いがやって来るまで、誰が待てるのだろうか！——そういう手伝いは、どうやらきわめて稀にしか育たない。あらゆる時代で、お目にかかれる確率はきわめて低い！　結局、自分で少しでも知るためには、すべてを**自分で**やるしかない。ということは、**たくさん**やることがあるわけだ！——しかし、私がもっているような好奇心は、ともかく、あらゆる悪徳のなかでもっとも快適な悪徳なのだ。——失礼！私はこう言いたかったのである。真理への愛は、天で報われるが、きっと地上でも報われるのだ、と。

## 46

原始キリスト教に要求され、ときには達成されていたような信仰は、懐疑的な南の自由な精神の世界のど真ん中で、何世紀にもわたって哲学諸派の争いを経験してきたし、当時も経験していたのだが、この信仰には、ローマ帝国《インペリウム・ロマーヌム》がやっていた寛容教育も含まれる。——この信仰は、ルターやクロムウェルのような人物、またその他の北の野蛮な精神が、自分たちの神とキリスト教に帰依したときの、誠実で粗暴なあの臣下の信仰では**ない**。それは、あのパスカルの信仰にはるかに似ている。恐ろしいことに理性が自殺しつづけているような信仰である。——ウジ虫のようにねっとりと長生きする理性は、たったの一撃で殺されたりしない。キリスト教の信仰は最初から、犠牲をささげることである。すべての自由を、すべての誇りを、精神のすべての自己確信を犠牲にする。と同時に、召使いになり、自分を嘲笑し、自分を細かく切り刻む。この信仰は、もろくて何重にも重ね着した大いに甘やかされた良心に要求されるもので、この信仰には残忍さと宗教的フェニキア主義がある。この信仰の前提には、精神が征服されると〔人間は〕言葉に尽くせないほど**傷つく**ということがある。また、そういう精神に対して「信仰」というものが不条理の極みとして現われるので、精神は不条理の極みに抵抗するということもある。近代人は、キリスト教の専門用語すべてに対して鈍感になっているので、あのぞっとするような不条理の最高級を追体験しないのだ。古代人の趣味からすれば、「十字架にかけられた神」というパラドックスには不条理の最高級があったわけだが。この公式に匹敵するような大胆な逆転、この公式に匹敵するほど恐ろしくて、問いかけてきて、疑わしいものは、これまで一度もどこにも存在したことがなかった。その大胆さは、古代のすべての価値の価値転換を約束するものだった。——こんなふうにしてローマに、ローマの上品で軽薄な寛容に、ローマ「カトリック」の信仰に復讐したのが、オリエントだった。**深い**オリエントだった。オリエントの奴隷だった。——そしていつもそれは、つまり奴隷たちを、主人のそばにいながら主人に対して憤激させたものは、信仰ではなく、信仰からの自由だったのである。まじめな信仰にはなかばストア風に微笑みながら頓着しないあの態度だったのである。「蒙を啓かれる」と憤激する。つまり奴隷は無制約を欲する。奴隷が理解するのは、モラルにおいても暴君的なことだけである。

奴隷は、愛するときも、憎むときも、ニュアンスを知らない。深い底まで、痛みを感じるまで、病気になるまで、愛し、憎む。——積もりに積もった奴隷の**隠された**苦悩は、苦悩を**否定する**ように見える上品な趣味に対して憤激する。苦悩にたいする懐疑というのは、要するに貴族階級のモラルの態度にすぎないのだが、少なからずそれが、フランス革命とともに始まった最後の大規模な奴隷蜂起の発生にも関与しているのである。

## 47

これまで地上で宗教的なノイローゼが登場したところでだけ、それが3つの危険なダイエットの処方と結びついていることに気づく。孤独と、絶食と、セックスを控えること——なのだが、この場合、何が原因で、何が結果なのか、また、そもそもこの場合、因果関係があるもの**なのかどうか**、確実には決められないだろう。もっとも疑わしく思えることがある。野生の民族でも飼い慣らされた民族でも、まさに宗教的なノイローゼに規則的に現われる症状として、じつに突発的でじつに奔放な欲情が見られるのだが、それがまた同じように突発的に別人になって、懺悔で痙攣《けいれん》したり、世界や意思を否定したりするのだ。もしかしたら両方とも、仮面をかぶった癲癇《てんかん》だと解釈できるかもしれない？　けれどもどこにいても、もう次の解釈から目をそむけてはならないだろう。〔ショーペンハウアーと比較すれば〕これまでどんなタイプの人間も、あんなにびっしりナンセンスと迷信に包まれていたことはない。これまで誰も、あんなに人びとの目を、哲学者たちの目までをも奪ったことはないようだ。――そろそろ、この人物については少しは冷静になるべきだろう。用心することを学ぶべきだろう。もっといいのは、目をそむけ、**立ち去る**ことだろう。――最近やってきた哲学、ショーペンハウアーの哲学のバックグラウンドにはまだ、ほとんど問題そのもののように、今述べた宗教の危機と目覚めが恐ろしい疑問符として立っている。どのようにして意思の否定は**可能**なのか？　どのようにして聖者は可能なのか？――実際この疑問が、ショーペンハウアーを哲学に向かわせ、哲学者にした問題だったようだ。そして、じつにショーペンハウアーらしい結末が、彼を心の底から信奉していた者（ドイツでは、もしかしたら最後の信奉者かもしれないが――）、つまりリヒャルト・ワーグナーだ。ワーグナーはまさにこの問題にかんして、自分のライフワーク〔最後の楽劇『パルジファル』〕で最後まで考えて、ついにあの恐ろしい永遠のタイプを〔魔女〕クンドリーとして舞台に登場させたのだ。ショーペンハウアーそのままの生写《ティプ・ヴェキュ》しとして。その同じ時期に、ほとんどヨーロッパ中の精神病医が、彼のことを近くから研究するきっかけをもったのだが、どこでもそのとき、宗教的なノイローゼが——または、私の呼び方では、「宗教的なもの」が——、「救世軍」として最後にその疫病みたいな爆発と行進を見せていた。——ところで、いったい聖者という現象というものの何が、あらゆる種類と時代の人たちにとって、また哲学者たちにとって、抑えきれないほど興味深かったのか？と自問するなら、まったく疑いなくそれは、聖者には奇跡がつきもののように見えるからだ。つまり、**いろんな対立が**、モラルからすれば逆の評価になる「魂の状態」たちが、ストレートに**連続して現われる**からだ。その場合、「粗末な人間」が突然、「聖者」に、善人になるのを、みんな手に取るようにわかった気になっていた。これまでの心理学は、この地点で難破した。心理学が、難破したのは、とりわけ、心理学がモラルに支配されていたからではないだろうか。心理学が、モラルの価値には対立があると**信じて**いたからではないだろうか？　そしてその対立をテキスト**と**事実のなかに見つけ、読み取り、**解釈した**からではないだろうか？——どうやって？「奇跡」なんて、解釈ミスにすぎないのでは？文献学が欠けていたからでは？——

## 48

ラテン民族にとってカトリックは、私たち北国の人間にとってのキリスト教より、ずっと深くまで内面に入りこんでいるように思える。だから、カトリックの国での不信仰は、プロテスタントの国での不信仰とはまったく別の意味をもっているようだ。――つまり、人種の精神に対する一種の憤激を意味しているようだが、私たちプロテスタントの国では、不信仰はむしろ、人種の精神（または非精神――）への回帰なのである。私たち北国の人間は、もちろん人種としては野蛮民族である。宗教的素質についてもそうだ。私たちの宗教的素質はお粗末なのだ。ケルト人はその例外と考えてもいい。実際、ケルト人は、北でキリスト教の感染を受け容れる最良の土壌になった。――フランスでは、キリスト教の理想が、北の青白い太陽に許された範囲にすぎないが、開花した。最近のフランスの懐疑家たちでさえ、私たちの趣味からすれば、なんとも異国の敬虔さをもっているように思えるのだが、それは、その出自にいくらかケルトの血が流れているからだ！　オーギュスト・コントの社会学は、ローマ風の本能の論理をそなえているので、私たちの鼻には、なんともカトリックが、非ドイツが匂ってくる！　あの〔人間の自由意思より神の恩恵を重視するジャンセニスムの牙城〕ポール＝ロワイヤルの愛すべき利口な道案内《チチエローネ》である〔近代批評の父〕サント＝ブーヴは、イエズス会を心から敵視していたにもかかわらず、なんとイエズス会的なのだろう！　そして、〔実証的な『イエス伝』を書いた〕エルネスト・ルナンといえば、そう、ルナンのような人の言葉は、私たち北の人間にはなんとも無愛想に聞こえるのだ！　ルナンの魂は、より繊細な意味で官能的で、ベッドで寛いでいるのだが、ルナンが語ると、あらゆる瞬間に、宗教的な緊張から生まれる無のようなものが、ルナンの魂からそのバランスを奪うのだ。次の美しい文章をルナンになったつもりで読んでみるといい。——するとすぐにそのお返しとして、私たちの、どうやらルナンより美しくなくゴツゴツした魂、つまり、よりドイツ的な魂に、なんという悪意と傲慢さが生まれてくることか！——「さて大胆に言おう。宗教は、正常な人間の産物なのだ。人間は、もっとも宗教的であるときに、そして無限の宿命をもっとも確信しているときに、もっとも真理のなかにいるのだ。……徳が永遠の秩序と照応していることを人間が願うのは、人間が善良であるときなのだ。死を忌まわしく不条理だと人間が思うのは、人間が無私無欲にものごとを考えるときなのだ。人間がもっとも正しく見るのは、このような瞬間であると、どうして想定せずにいられるのか？……」。この文章は、私の耳と習慣にとっては、まったくもって**地球の裏側にあるようなもの**なので、はじめて読んだときは憤慨して、その横に「宗教についてこのうえなく愚か！」と書きつけた。——しかしついに私は憤慨しながら、なんと気に入ってしまったのだ。逆立ちした真理をもつこの文章が！ 地球の裏側にあるように自分に対蹠するものがあることは、とても感じがよくて、とてもすばらしいことだ！

## 49

古代のギリシャ人たちの宗教心を見て驚嘆するのは、抑えがたいほど感謝の気持ちがあふれて、流れ出していることだ。——きわめて高貴な人間こそ、**そんなふうにして**自然と向き合い、生きることと向き合っている！——その後、賤民がギリシャで幅をきかせるようになると、**恐れ**が宗教においてもはびこるようになる。そしてキリスト教が準備されたのだ。

——

## 50

神に対する情熱。ルターの情熱のように、農民風で、無邪気で、厚かましい種類のものもある。——全体にプロテスタンティズムには、南の繊細《デリカテッツァ》さが欠けている。そこには、過分に恩恵を受けたり、格上げされた奴隷の場合のように、オリエント風の忘我がある。アウグスティヌスがその例だ。物腰や欲望にまるで気品がなく、こちらが腹立たしくなるほどだ。そこには、恥ずかしそうにしながら、知らないうちに神秘的で肉体的な合一《ウニオ・ミスティカ・エト・フィジカ》を迫る、女性のような優しさと色欲がある。〔静寂主義の神秘家〕マダム・ド・ギュイヨンがその例だ。多くの場合それは、奇妙なことに少年または少女の思春期に変装して姿を見せる。ときには、なんとオールドミスのヒステリーになって、またオールドミスの最後の野心にもなって姿を見せる。——教会は、このような場合すでに何度も、女を聖者の列に加えてきた。

## 51

これまでのところ最高権力者たちも、あいかわらず聖者にはうやうやしく頭を下げてきた。聖者は自分を克服して、ギリギリまで節制し耐乏する謎の存在だ。なぜ彼らが頭を下げたのか？　聖者のなかに――そして、いわば、聖者の今にも壊れそうな哀れな外見という疑問符の後ろに――優越した力があると感じたからだ。そんな具合に自分を克服することによって自分を試そうとしている聖者を見て、彼らは、聖者の意思の強さのなかに、自分自身の強さと支配する喜びをあらためて確認した。そしてその強さと喜びに敬意を払うことができたのだ。聖者をあがめたとき、彼らは自分がもっている何かをもあがめていた。それだけではない。聖者を見ているうちに、猜疑心が吹き込まれた。こんなにまで猛烈に自分を否定して反自然なことをしたがっているのには、理由があるのではないか。彼らはつぶやいて自問した。もしかしたらそれには理由が、じつに大きな危険が、あるのかもしれない？　聖者をひそかに尊敬して訪ねてくる者たちのおかげで、聖者は、じつに大きな危険の存在を教えてもらっているのではないか？　そう、世の権力者たちは、聖者を前にして新しい恐れを学んだ。新しい力の存在を、まだ見たことも克服されてもいない敵の存在を、予感したのだ。――聖者の前に立ち止まっていろ、と強制したのは「力への意思」だった。世の権力者たちは聖者に質問する必要があったのだ。――――

## 52

神の正義の本であるユダヤの「旧約聖書」には、ギリシャやインドの書物が太刀打ちできないほど壮大なスタイルで、人間や、ものごとや、説話が語られている。人間がかつてどんなものであったのか、その法外な遺跡を前にすると、驚きと畏敬の念をもつのだが、そのとき、古いアジアとその前にせり出した小さなヨーロッパ半島のことを考えると、悲しくなるだろう。ヨーロッパがアジアに対してどうしても「人間の進歩」のような顔をしたがっているからだ。明らかに、(今日の私たちの教養人もそうだし、「教養ある」キリスト教のキリスト教徒もその仲間だが――) 痩せて飼い慣らされた家畜にすぎず、家畜の欲求しか知らない者なら、この遺跡の廃墟にたたずんでも、驚く資格も、いや悲しむ資格すらない。――旧約聖書を好むか好まないかが、「大きい」か「小さい」かの試金石になる。――もしかしたら、家畜のような人間の心にやっぱりかなうのは、恩寵の本である新約聖書のほうかもしれない(この本には、欠かさず教会に行って祈る者や小心者の魂がもつ、きちんとして、優しくて、カビくさい臭いがついている)。どこから見てもロココ趣味のこの新約聖書を、膠《にかわ》で旧約聖書にくっつけて1冊の本にしたのが、「聖書」であり、「ほんとうの本」である。そうやって1冊にしてしまったことこそ、もしかしたら、文学のヨーロッパが良心に恥じている、もっとも大胆な「精神に反する罪」かもしれない。

**53**

どうして今日、無神論なのか？――「父」なる神は、徹底的に論駁されている。「裁く」神も、「報いてくれる」神も、同様だ。同じく神の「自由意思」も。神は聞いてくれない。――たとえ聞いてくれるとしても、助けるすべを知らないだろう。最悪なのは、神が自分の考えをはっきり伝えることができないらしいこと。神の考えはクリアではないのでは？――これこそ、私が数多くの対話で質問し、耳を傾けて、ヨーロッパの有神論の没落の原因として見つけたことなのだ。宗教の本能は、たしかに力強く成長しているように見える。――けれども宗教の本能が、まさに有神論で満足することを深い不信感をもって拒否しているように思えるのだ。

**54**

近代の哲学は全体として、根底において何をしているのだろう？　デカルト以来――そしてそれは、デカルトの考えにもとづいてというよりは、デカルトに反抗して――すべての哲学者は、主語・述語の概念を批判しているように見えるが、じつは、昔からある「魂の概念」を暗殺しようとしているのだ。――つまり、キリスト教の教義の根本前提を暗殺しようとしているのである。近代の哲学は、認識論的な懐疑が仕事なので、隠れて、または公然と、**反キリスト教的**なのだ。とはいえ、繊細な耳のために言っておくが、けっして反宗教的ではない。なぜなら以前は、「魂」というものを信じていたからである。文法と文法上の主語を信じていたように。「私は」は限定するものであり、「考える」は述語であって限定されるものである、と言われた。——考えるというのは活動であって、その活動の原因として主語を考える**必要がある**、というわけだ。そこで人びとは、この網から逃れることができないものか、と驚くほど粘り強く策略をめぐらして試みた。——もしかしたら、その逆のほうが正しいかもしれない、と考えてみた。「考える」が限定するものであり、「私は」が限定されるものである、と。そうすると、「私」は、「考えること」そのものによって**作ら**れる合成物《ジンテーゼ》ではないか、と。**カント**が根底において証明しようとしたのは、主観から主観は証明されることはないし、——客観も証明されることはない、ということだった。主観が、つまり「魂」が**存在しているように見える**可能性は、カントにとってはかならずしも縁のないものではなかったのだろう。これは、ヴェーダーンタ派の哲学として、かつて巨大な力をもって地上に存在していた思想である。

## 55

宗教の残虐さという大きなハシゴには、たくさん段がついている。しかしそのうち3つの段が、もっとも大事な段である。昔は人間を、自分たちの神に犠牲として捧げていた。もしかしたら、まさに最愛の者を捧げていた。——あらゆる太古の宗教に見られた長子犠牲が、そうだ。またティベリウス帝がカプリ島のミトラス教の洞窟で捧げた犠牲も、そうだ。これは、あらゆるローマの時代錯誤のうち、もっとも恐ろしい時代錯誤だった。それから人類のモラル期になると、自分たちの神には、自分たちがもっているもっとも強い本能を、つまり人間の「自然」を犠牲として捧げた。**この**祭りの喜びは、禁欲者の、つまり熱狂的な「反自然人間」の、残虐な視線のなかで輝いている。そして最後に残った3番目の犠牲は、何だったか？　慰めてくれるもの、聖なるもの、治してくれるものすべてを、希望のすべてを、隠された調和、未来の至福と正義に対する信頼のすべてを、とうとう犠牲に捧げるしかなくなったのではないか？　神そのものを犠牲にするしかなかったのでは？　そして、自分たちに対して残虐になって、石を、愚かさを、重さを、運命を、無を崇拝するしかなかったのでは？　取るに足りないもののために神を犠牲にするしかなかったのでは？——この逆説的な秘儀が最後の残虐さとして、これからやって来る世代のために取っておかれたのだ。私たちはみんな、もうそのことを少しはわかっている。——

**56**

私のような者は、なんだか謎めいた欲求をもって長いあいだ、ペシミズムを深く考えようとしてきた。ペシミズムは今世紀〔19世紀〕ついに、なかばキリスト教的で、なかばドイツ的な狭さと単純さをもって、つまりショーペンハウアー哲学という姿で登場したのだが、私のような者は、そういう狭さと単純さからペシミズムを解放しようとしてきた。実際に一度は、アジア的で超アジア的な目で、考えられるあらゆる思考方法のなかで世界をもっとも否定しているこのペシミズムを、その中から、その上から――つまり善悪の彼岸で、そしてブッダやショーペンハウアーのように、もはやモラルの縛りや妄想にとらわれずに――ながめてきたことがある。もしかしたらまさにそうすることによって、私のような者は、もともと望んでもいなかったのに、逆の理想に目が開かれたのかもしれない。もっとも大はしゃぎし、もっとも生き生きし、もっとも世界を肯定する人間という理想だ。この人間は、かつてそうであって今もそうであることに満足して、それとうまく折り合うことを学んだだけではない。ふたたび、**かつてそうであって今もそうである**ことを、望みもするのだ。ずっと永遠に、飽きることなくもう一度《ダ・カーポ》と声をかける。自分に対してだけでなく、戯曲や芝居の全体に対しても。そして、ひとつの芝居に対してだけでなく、根底においては、まさにこの芝居を必要としていて――そしてこの芝居を必要なものにしている人に対しても、もう一度《ダ・カーポ》と声をかける。なぜなら、その人は、くり返し自分を必要としていて――そして自分を必要なものにしているのだから〔『ツァラトゥストラ』では、しばしば〈「これが、生きるってことだったのか？　よし！　じゃ、もう一度！」とツァラトゥストラは言う〉がくり返される〕。

――――どうだろうか？　そしてこれは――悪循環の神《キルクルス・ウィティオースス・デウス》ではないだろうか？

## 57

精神の視線の力、洞察力といっしょに、その人のまわりにある遠さ、いわばスペースが成長する。その人の世界がもっと深くなる。いつも新しい星たちや、いつも新しい謎たちや像たちが、見えるようになる。精神の目が鋭さと深さを感じるセンスの練習台にしてきたものはすべて、もしかしたら、まさにその人の練習のきっかけにすぎなかったのかもしれない。ゲームの問題であり、子どもや子どもの頭のためのものであったにすぎなかったのかもしれない。「神」や「罪」の概念をめぐっては、これまでもっとも多くの闘いや苦しみがあったが、そういう厳粛きわまりない概念も、もしかしたらそのうち私たちには、取るに足りないものに思えるかもしれない。老人にとっての、子どものおもちゃや子どもの痛みのように。——そしてもしかしたら、その後「その老人」はふたたび別のおもちゃや別の痛みを必要とするかもしれない。——いつになっても十分に子どもなのだ。永遠の子どもなのだ！

## 58

本当に宗教的に生きることにとって（それから、自分をチェックするという趣味の顕微鏡作業にとっても、また、「祈り」と呼ばれ、「神が現われ」ても大丈夫なように心構えを忘れないこと、つまり、穏やかに落ち着いていることにとっても）、外から見て何もしていないこと、または、ほとんど何もしていないことが、どれくらい仕事をしているか。このことは注目されていなかったのではないだろうか？　良心のやましさを感じず、昔から、血筋のおかげで、何もしていないというのは、貴族にはよくあることで、「働くことは**恥だ、**――つまり心と体を卑しくする」と感じている。したがって、現代のように、騒々しく、時間を無駄にせず、そういう自分を誇りに思って、愚かにも誇りに思って、勤勉であることが、ほかの何にも増して、まさに「不信仰」を教育し準備しているのだが。たとえば今のドイツで宗教から離れて生きている人たちのなかに、私は、いろんな種類と由来の「自由思想（宗教では無神論など）」の持ち主を見かける。なかでも、勤勉を世代から世代へと受け継いできたため、宗教的な本能を溶かしてしまった人が多い。その結果、そういう人たちは、宗教が何の役に立つのか見当もつかなくなり、ただ鈍感に驚いたような顔をして、世の中には宗教が存在していることを、いわばメモしているだけなのだ。この実直な人たちは、仕事であれ、娯楽であれ、自分はもうたっぷり時間をとられていると感じている。「祖国」や、新聞や、「家族の義務」にも、もちろん。どうやらこの人たちには、宗教のための時間などまったく残っていないようだ。この人たちにとっては、宗教が新しい仕事なのか、新しい娯楽なのか、はっきりしていないから、なおさらである。――というのも、せっかくのいい気分を台なしにするために教会へ行くなんて、ありえないと思うからだ。この人たちは、宗教の慣習に敵対するわけではない。場合によっては、たとえば国の側から、その種の慣習に参加するよう求められれば、求められたことをする。多くの場合みんなが、――がまん強く、慎み深く、まじめな顔をして、大した好奇心ももたず、そんなに不快にもならずに――するのと同じように。この人たちは、まさに宗教からすっかり離れて、宗教の外側に生きているので、宗教の慣習について賛成や反対を表明する必要を感じないのだ。こういう無関心層に属しているのは、今日、ドイツの中産階級の大多数である。とくに、勤勉な商業や交通の中心になっている大都市がそうだ。同様に、勤勉な学者の大多数もそうだし、また大学関係者はみんなそうだ（ただ神学者は例外である。大学に神学者がいること、神学者がいることが可能であることは、心理学者にとっては、ますます多くの、ますます微妙な謎になっている）。ドイツの学者が宗教の問題を真剣に考えるためには、善なる意思が、こう言ってよければ、任意の意思が、**どれくらい**必要なのか。このことは、信仰のある人には、いや教会の人には、と限定してもいいが、めったに想像されることがない。ドイツの学者は、全体として手仕事なので（そして、すでに言ったように、現代的な良心のせいで学者の義務とされている手仕事的な勤勉さのおかげで）、宗教に対しては、優越感をもち、ほとんど善意のような陽気さをもつ傾向にある。ときにはその態度に、軽い軽蔑が混じることがある。まだ教会を信じているという人がいる場所なら、どこでも精神が「不潔」なのだという前提で軽蔑するのである。学者がいろんな宗教に対して、畏敬の念をもってまじめになり、ある意味、おずおずと配慮するようになるのは、歴史の助けがあってのことだ（つまり個人的な経験のおかげでは**ない**）。けれども学者が宗教に対して感謝の気持ちすら抱くようになったとしても、個人としては、まだ教会とか敬虔さと呼ばれているものに一歩も近づいていない。もしかしたら逆に、遠ざかっているのかもしれない。学者は、実生活では宗教的な事柄には無関心な環境に生まれ、そこで育てられてきたので、そういう無関心が昇華して用心深く潔癖にまでなり、宗教的な人たちや事柄との接触に尻込みするようになっている。まさに学者には寛容な心の深さ、人間としての深さがあるので、微妙な非常事態を避けるよう命じられるのだろう。寛容なふるまいをすれば非常事態を招くわけだから。——どんな時代も、その時代なりに神々しいまでに素朴なところがあるので、他の時代は当然その素朴さを羨ましがるのだが。——そして、そんなふうに自分が優越していることを学者が信じて疑わないとは、なんと素朴なことなのだろう。尊敬に値するほど、子どものように、底なしの薄のろみたいに素朴なのだ。寛容であることに良心がやましさを感じることはなく、無邪気なまでに単純な自信をもって、学者の本能は、宗教的な人間を、価値が低くて、自分より下のタイプとして扱う。学者自身は、そんなタイプの人間を飛び越え、置き去りにし、**うんと上まで**成長しているというわけだ。——学者は、小さくて尊大なチビの賤民である。「考え方」のために、「モダンの考え方」のために、頭と手を熱心にてきぱき動かす労働者なのだ！

## 59

世の中を深く見ていた人なら、たぶん見当がつくだろう。「人間というのは表面的なものだ」ということには、どれくらい知恵が詰まっているのか。「さらりと、軽やかで、でたらめであれ」と人間に教えてくれるのは、人間の生存本能なのだ。あちこちで目につくことだが、「純粋な形式」が情熱的に大げさに賛美されている。哲学者のあいだでも、芸術家のあいだでも。そんなふうに表面の崇拝を**必要と**している者が、いつか不幸にも表面の**下に**手を突っ込んだとしても、どうか疑わないでもらいたい。火傷した子どもたちは、生まれながらの芸術家で、生の像《イメージ》を**でたらめにし**ようとすること（いわば、じっくり手間暇かけて生に復讐すること――）にしか、生きる楽しみを見いださないのだが、もしかしたら、そういう子どもたちについても序列の秩序があるのかもしれない。その子どもたちの生がぶち壊されている度合いは、その子どもたちが生の像《イメージ》をどの程度まで、でたらめにされ、薄められ、彼岸のものにされ、神格化されたものとして見たいのか、ということからチェックできるかもしれない。――宗教人《ホミネス・レリギオーシ》たちのことも、**最高**ランクの芸術家として考えることができるかもしれない。治しようのないペシミズムに対する疑い深くて深刻な恐れがあったからこそ、何千年にもわたって無理やり、歯を食いしばって人間存在を宗教的に解釈してきたのだ。その恐れは、人間が十分に強く、十分に頑丈に、十分に芸術家になる前に、**あまりにも早く**真理を手に入れるのではないかと予感する本能的なものである。……敬虔であること、「神のなかで生きること」は、この視線で見れば、真理に対する**恐れ**が、もっとも繊細で最後の産物として姿を現わしているものということになる。芸術家のように究極のでたらめを崇拝して有頂天になっているのである。意思が真理を逆転しようとしているのである。どんなことをしてでも非真理を手に入れようとしているのである。もしかしたら、これまでのところ、人間そのものを美化する手段として、まさに敬虔であること以上に強力な手段はなかったのかもしれない。敬虔であることによって、人間は、むしろ芸術に、表面に、たわむれる色に、善意になれるわけだから、自分の姿を見ても、もう悩むことがないのだ。——

## 60

なんと**神の意思《みこころ》を求めて**、人間を愛すること〔um Gottes Willen（神の意思を求めて）には、間投詞的な um Gottes willen（「とんでもない」、「お願いだから」などの意味）を掛けている。um...willen（…のために）の willen は、Wille（意思）の4格 Willen から派生したもの〕。——これは、これまで人間が達成した感情のうち、もっとも気高く、もっとも突飛な感情だった。人間への愛は、それを神聖なものにしようという下心がなければ、愚かさや動物らしさが**余分にくっついている**。こういう人間愛の傾向は、もっと高い傾斜面から見てはじめて、その尺度を、繊細さを、その塩の微粒を、その龍涎香《りゅうぜんこう》の細粒を手に入れることができる。——どのような人間であれ、このことをはじめて感じて「体験」した人なら、たとえその舌が、こんなに微妙なことを表現しようとして、どんなにもつれたとしても、私たちにとってその人は、どの時代であっても神聖で尊敬に値する人間であってほしい。これまでで、もっとも高くまで飛び、もっともすばらしく道に迷った者として！

## 61

私たちは自由な精神の持ち主だが、その**私たち**が理解しているような哲学者とは――、もっとも広範な責任をもった人間である。人間の発達のすべてに対して良心をもっている者である。そういう哲学者は、そのときどきの政治や経済の状況を利用するだろうが、それと同じように、人間の育成・教育の装置として宗教を利用するだろう。選別し育成する影響というのは、破壊するとともに創造し形成する影響ということだが、その影響は宗教の助けがあって及ぼすことができる。そして、宗教の呪縛と保護のもとに置かれる人たちの種類におうじて、多種多様な影響がある。強い者たち、依存しない者たち、命令することを定められその用意がある者たちは、一帯を統治している人種の理性と技術を体現しているのだが、彼らにとって宗教は、抵抗に負けず支配を可能にするための、もうひとつ別の手段でもある。宗教は、支配者と臣下をいっしょに結ぶベルトである。臣下は心の奥底では、できることなら従順でありたくないとひそかに思っているのだが、ベルトのおかげで臣下の良心と本音は、支配者に漏れて引き渡されるわけだ。こういう高貴な家柄の者のなかには、高い精神性ゆえに、もっと世間から遠ざかって、もっと静観した生き方をしたくなり、（選び抜いた使徒や修道会士を）きわめて繊細な流儀で支配することだけに限定する気質の人間が何人かいる。その場合、宗教は、**もっと粗野で**騒々しくわずらわしい統治から身を引いて静かに、また、あらゆる政治に**かならず付いてしまう**汚れとは無縁に生きる手段としてすら利用されている。そんなふうに理解していたのが、たとえば〔インドの最高位の司祭階級で、カースト社会の最高位〕バラモンである。宗教組織の助けによってバラモンは、民衆の王を指名する権利を手に入れていたのだが、その一方、民衆から離れて外部に身を置き、自分は彼らや彼らの王より高い使命をもっている人間であると感じていた。そうこうするうち宗教は、一部の被支配者層には、将来は支配し命令する準備のための道筋とチャンスをあたえるようにもなる。つまり、じょじょに台頭してくる階級や身分の者のなかには、結婚という幸せな慣習のせいで、意思の力と喜びが、自分で支配しようという意思が、どんどん大きくなってくる人間がいる。――そういう彼らに対して宗教は、より高い精神性にむかって歩くように、大いに克己し、沈黙し、孤独になる気持ちがあるかどうか、たっぷり刺激と誘惑を提供する。――ある人種が、賤民の出自から主人になろうと思い、いつか支配者になろうと努力する場合、禁欲主義とピューリタニズムが、ほぼ不可欠な教育と貴族化の手段である。最後に、大多数の普通の人間の場合、彼らは、役に立つことと世間一般の利益のために存在しており、その限りにおいてのみ存在が**許されている**わけだが、宗教は彼らに、その境遇や流儀について測り知れない満足感をあたえる。何度となく心の平和を感じさせる。従順であることが気高いことだと思わせる。同等の者より苦楽をちょっと増やしてやる。気持ちを明るくし、ものごとを美化してやる。日常を、低俗さを、彼らの心がなかば動物のようで貧しいことを、すべてそれでよいのだと言ってやるのだ。宗教が、そして生きるうえでの宗教の意味が、このようにいつも虐げられている人たちの上に日の光をそそいで、彼らが目にしている光景ですら耐えられるようにしてやるのだ。宗教の効用は、〔快楽を肯定する〕エピクロス哲学が身分の高い悩める者たちに及ぼす効用に似ている。人びとを元気づける。洗練させる。苦悩を、いわば**利用しつくし**、最終的には聖なるものにすらして、正当化するのだ。もしかしたら、キリスト教や仏教においても、この技術ほど尊敬に値するものはないかもしれない。つまり最下層の人間にまで、こう教え込むのだから。信仰心をもって、より高い「見かけの秩序」のなかに身を置きなさい。そうすることによって、現実の秩序を享受していることを、身をもって確かめなさい。あなたがたは現実の秩序のなかでは十分に厳しい思いをして生きていますが、――まさに、その厳しさこそが必要なのです！――と。

## 62

最後にはもちろん、こういう宗教について具合の悪いマイナス面をチェックして、その不気味な危険性も明らかにしておこう。――もしも宗教が、哲学者の手のなかにある育成や教育の手段としての**ではなく**、みずから**専制**君主のように支配すれば、もしも宗教が、自分自身を最終目標として、ほかの手段と同等の手段であることを望まないなら、その代償はいつも高く恐ろしいものになる。人間の場合、他の種類の動物と同じように、出来損ない、病人、退化した者、虚弱者、必然的に苦悩する者が、あり余るほど存在している。成功例は、人間の場合でも、いつも例外である。人間が**まだ完成した動物ではない**という点を考えたとしても、例外の数はわずかだ。しかしもっとひどい話だが、ある人間が体現する人間のタイプが高級になるにつれて、その人間が**うまくやれる**という確率はどんどん低くなる。人類の家計全体に見られる偶然というナンセンスな法則は、高級な人間に破壊的な作用をおよぼすことによって、もっとも恐ろしい姿を見せる。高級な人間が生きるための条件を算出するのは、微妙で、多様で、むずかしい。さて、前述のキリスト教と仏教という最大の宗教は、**あり余るほど**存在しているこの失敗例に対して、どんな態度をとっているのか？　このふたつの宗教は、なんとか維持できる者を、生かしておこう、維持しておこうとする。それどころか、原則としてそういう者の味方をする。**苦悩する者たちのための**宗教なのだ。病気に悩むように生に悩む者たちすべてに対して、悩むことは当然なのだと言ってやる。「生についてはですね、悩むこと以外の感情はどれも偽物なんです。それ以外の感情なんて持てなくなりますよ」で、押し通したいのである。いたわって維持しようとするこの配慮を、しっかり高く評価してもらいたいのだ。この配慮が、その他すべての者に対してだけでなく、これまでほとんどいつももっとも悩んできた最高のタイプの人間にも、向けられている場合は、また向けられてきた場合は。総決算すれば、これまでの宗教、つまり**専制君主のような**宗教が、タイプ「人間」をより低い段階にとどめてきた主原因のひとつである。——これらの宗教は、**没落するべき者**をあまりにも多く生かしてきた。測りきれないほどの貢献をしてきたわけだから、感謝される必要がある。たとえば、これまでキリスト教の「聖職者たち」がヨーロッパに果たしてきた貢献を数え上げれば、誰が感謝しようとしても、自分の貧しさを思い知ることになる！　それでもさらにキリスト教の聖職者たちは、苦悩する者に慰めをあたえ、抑圧されて絶望した者に勇気をあたえ、ひとりで立てない者には杖をあたえて支え、心が壊れて凶暴になった者を社会から遠ざけて修道院や閉鎖精神病棟へ誘った。キリスト教の聖職者たちは、良心のやましさを感じることなく、こんなふうに徹底的に、すべての病める者と苦しむ者を生かしつづけるために、つまり、実際のところ**ヨーロッパ人種を劣悪なものにする**ために、ほかに何をする必要があったのか？　すべての価値評価を**逆立ち**させること——**これこそ**が必要だったのだ！　そして強者をまっぷたつに割る。大きな希望を病気にする。美しい幸せに疑いをかける。独裁的で、男らしく、征服しようとして、支配欲のあるものすべてを、最高で極上の出来のタイプ「人間」に固有の本能すべてを、ポキッと折って、不確かなものにし、良心を悩ませ、自分を壊させる。そう、地上のものへの愛、地上支配への愛を、地上と地上のものへの憎しみに逆転する。——**こういうこと**を教会は自分の課題にしたのだ。また課題にするしかなかったのだ。その結果、教会に評価されるためには、ついに「脱世俗」と「脱官能」と「高級な人間」が溶け合わされてひとつの感情になってしまったのだ。もしも仮に私たちが、エピクロスの神のように嘲笑しながら達観した目で、ヨーロッパのキリスト教が演じている驚くほど痛々しい、粗野であり繊細でもある喜劇を見渡すことができるとすれば、驚嘆と笑いが際限なくつづくことになるだろう。人間を**繊細きわまりない奇形児**にしようとする、たったひとつの意思が、１８００年間ずっとヨーロッパを支配してきたように見えるのではないか？　キリスト教徒のヨーロッパ人（たとえばパスカル）のように、人間はほとんど恣意的に退化し萎縮しているのだが、もしも誰かが、エピクロスの欲望を逆転させて、神のハンマーのようなものを手にこの光景に近づくなら、きっと憤怒と同情と驚愕をこめて叫ばずにはいられないだろう。「おお、なんて薄のろなんだ、お前たちは！　思い上がった、憐れむべき薄のろめ！　なんてことをしたんだ！　お前たちの手がやるべきことが、これだったのか！　一番きれいな私の石を、なんと切りそこない、台なしにしてくれたな！　なんてことしてくれたんだ、**お前たちは！**」——つまり私は言いたかった。キリスト教は、これまででもっとも致命的なうぬぼれだったのだ、と。そんなに高級でも厳格でもない人間は、**人間というもの**を芸術家になったつもりで造型することは許されない。そんなに強くもなく、遠くまで目がきくわけでもない人間は、自分を気高く律して、何千種類もある出来損ないや破滅に見られる表の世界《フォアグラウンド》の法則の支配に**ストップをかける**ことができない。そんなに高貴でもない人間は、人と人のあいだにある奈落のような、さまざまな序列の秩序や序列の裂け目を見ることができない。——**こんな**人間たちが、自分たちの「神の前での平等」を謳いながら、これまでヨーロッパの運命を支配してきたのだ。そしてとうとう飼育されたのが、笑ってしまうほど矮小化された種《しゅ》、畜群動物、気立てがよくて病気がちで凡庸な動物、つまり今日のヨーロッパ人である。……

# 第４部　格言と間奏

**63**

根っからの教師なら、教え子との関係においてでしか、どんなことも――自分のことでさえ――真剣に考えない。

**64**

「認識そのもののための認識」――これが、モラルが仕掛ける最後の罠である。この罠にかかって私たちは、またもやモラルにすっぽり巻き込まれる。

**65**

認識に到達する途中で、恥ずかしい思いをあんなにたくさん克服することがなかったら、認識の魅力なんて些細なものだろう。

**65 a**

私たちが「神は罪を犯しては**ならない！**」と言うとき、私たちは自分の神にもっとも不誠実である。

**66**

人間には、自分を蔑《さげす》む傾向がある。盗まれ、嘘をつかれ、搾取される傾向がある。それは、神が人間たちのなかにいて恥ずかしい思いをしているからかもしれない。

**67**

たったひとりを愛することは野蛮だ。その他すべての者を犠牲にして行なわれるからだ。神を愛することも、同じように野蛮である。

**68**

「それは俺がやった」と、私の記憶が言う。そんなこと、やったはずはない――と、私の誇りが言って、譲らない。とうとう――記憶が譲歩する。

**69**

いたわるふりをして――殺しをする。そんな手も見たことがない人は、人生の見方が下手くそだった。

**70**

気骨のある人は、何度もくり返される典型的な体験をしている。

**71**

天文学者の賢者。――〔カントの「わが頭上の星空と、わが内なる道徳律」を踏まえて〕

君がだね、「君の頭上に」星があると感じてるかぎり、認識する者の視線が欠けておるんだよ。

**72**

高級な感覚の強さではなく、高級な感覚の持続が、高級な人間をつくる。

**73**

自分の理想に到達する者は、まさに到達することによってその理想を超えている。

**73a**

クジャクのオスのなかには、みんなの目の前で自分の飾り羽を隠すオスがいる。――そしてそれがそのクジャクのプライドというわけだ。

**74**

天才をもっている人間は、鼻持ちならない。天才に加えて、少なくとも、感謝の気持ちときれい好きという、ふたつをもっていなければ。

**75**

ひとりの人間が性的であることの程度と性質は、その人の精神の最先端まで及んでいる。

**76**

平和になると、戦争好きの人間は自分自身に奇襲をかける。

**77**

自分の原則をふりかざして、私たちは、自分の習慣を暴君のように支配しようとする。あるいは正当化しようとする。あるいは尊重しようとする。あるいは罵ろうとする。あるいは隠そうとする。——だから、同じ原則をもった人間がふたりいると、ふたりはたぶん、まったく違うことをしようとするだろう。

**78**

自分自身を軽蔑する者は、いつもそのとき、軽蔑ができる自分を尊敬している。

**79**

自分が愛されているとわかっているのに、自分では愛さない者は、自分の魂の沈殿物を見せてしまう。――その最下層の澱《おり》が浮き上がってくるのだ。

**80**

解明された問題は、私たちの関心を引かなくなる。――「自分自身を知れ」とすすめたあの神は、どういうことを言っていたのだろう！　もしかしたら、「自分に関心をもつのをやめろ！　客観的になれ！」と言っていたのかもしれない。――では、ソクラテスは？――では、「学のある人」は？――

**81**

海で喉が渇いて死ぬのは、恐ろしい。君たちは、君たちの真理をしょっぱくしなくてもいいのかい？　君たちの真理がもう——喉の渇きを消すことすらしないくらいに？

**82**

「すべての人に同情するんだ」——なんて言われると、ねえ、お隣さん、**あなたにとっちゃ**、それ、暴君の圧制でしょ！——

**83**

**本能**。——家が焼けたら、昼ご飯のことさえ忘れる。——たしかに。けれども後でその灰のうえで食事をする。

**84**

女が憎むようになるのは、自分の魅力を——なくしていくのに比例する。

**85**

同じ情動でも、男と女ではテンポが違う。だから男と女のあいだに誤解が絶えない。

**86**

女たちはみんな、自分にはうぬぼれているが、腹の底では、あいかわらず誰かれなしに「女というもの」を——馬鹿にしている。

**87**

**縛られたハート、自由な精神**。——自分のハートを固く縛って捕まえておけば、自分の精神には好き勝手をたくさんさせることができる。これは私が、たしか一度、言ったことだ。

だが、これがまだ知られていないとすれば、私の言うことが信じられていないわけだ……

**88**

非常に利口な人は、どぎまぎすると、不信感をもたれはじめる。

**89**

恐ろしい体験は、恐ろしい体験をしている本人が恐ろしい存在ではないのか、と推測させる。

**90**

重苦しくて憂鬱な人は、まさに他人を重苦しくすることによって、つまり憎しみや愛によって、ちょっと軽くなる。そして一時的に軽薄になる。

**91**

冷たくて、氷みたいだから、指でさわると火傷する！　手でつかむと、ぎょっとする！
——だからこそ、燃えていると思う人もいる。

**92**

よい評判をえるために、これまで一度も——自分を犠牲にしなかった人がいるだろうか？
——

**93**

気さくであることには、人間への憎しみなどない。けれどもだからこそ、人間への軽蔑があふれている。

**94**

男の成熟。それは、子どものころ遊んでいたときの真剣さを再発見することである。

**95**

自分の不道徳を恥じる。それは階段のワンステップだ。その階段のてっぺんでは、自分の道徳を恥じることになる。

**96**

生と別れるときは、オデュッセウスが〔スケリア島の王女〕ナウシカアーと別れたときのようにするべきだ。——惚れているのに、というよりは、祝福する気持ちで。

**97**

えっ？　偉い人？　私にはいつも、自分の理想を演じてる俳優にしか見えないけどね。

98
自分の良心を訓練すると、良心は、噛むと同時にキスしてくれる。

99
失望した男がしゃべっている。――「こだまに耳を澄ましてたんだ。するとさ、拍手しか聞こえなかったよ――」

100
自分自身の目の前には、みんな、実際より単純な自分を見せる。そうやって私たちは、まわりの人たちから距離をとって、休んで元気を回復する。

101
今日では、認識する者は自分のことを、動物になった神と感じがちである。

**102**

ところで、相手に愛されていると気がつくと、相手への愛が冷めてしまうのではないか。「えっ？　君を愛するなんて、こんな簡単なことなの？　いや、馬鹿にでもできることなの？　それとも――それとも――」

**103**

幸福なときの危険。――「さて、なにもかも最高にうまくいったぞ。俺はもう、どんな運命でも愛するんだ。――俺の運命になりたい奴、いないか？」

**104**

連中に人間愛があるからではなく、連中の人間愛が無力だから、今日のキリスト教徒にはできないのさ。俺たちを――火あぶりの刑にすることが。

**105**

自由な精神の持ち主、つまり「認識にかんして敬虔である者」にとっては——敬虔な欺瞞《ピア・フラウス》のほうが、敬虔でない欺瞞《インピア・フラウス》より、ずっと悪趣味である（つまり、**彼の**「敬虔さ」に反している）。だから教会に対する彼の深い無理解は、彼が「自由な精神」のタイプに属するのと同じように、——**彼の**不自由を意味する。

**106**

音楽の力によって、情熱は自分で自分を楽しむ。

**107**

もっともすぐれた反対理由にも耳を閉ざす決心をしていることは、揺るがぬ気骨のあるしるしである。つまり、場面によっては愚か者になろうというのだから。

108

道徳的な現象などない。あるのは現象の道徳的解釈だけだ……

109

じつにしばしば犯罪者は、自分の行為に太刀打ちできない。自分の行為をちっぽけなものにし、中傷する。

110

犯罪者の弁護人にはたいてい芸がないから、美しくも恐ろしい犯行を犯罪者のために役立てることができない。

111

私たちのうぬぼれは、まさに私たちのプライドが傷つけられたそのときに、一番ひどく傷つけられる。

**112**

あらかじめ自分に運命づけられている使命が、「見ること」であって「信じること」ではないと感じている人にとって、信仰のある者たちはみんな、あまりにも騒々しく、あまりにも押しつけがましい。だから彼らを寄せつけない。

**113**

「彼に気に入られたいのかい？　だったら彼の前で困ったふりをすればいい――」

**114**

性愛についてものすごく期待して、その期待を恥ずかしいと思うから、女性たちのパースペクティブはすべて最初から使い物にならない。

**115**

愛か憎しみが共演してくれないと、女の演技は凡庸だ。

**116**

私たちの人生ですばらしい時期は、私たちが勇気をもって、私たちの悪を洗礼して、私たちの最善と名づけるときだ。

**117**

ある情動を克服しようとする意思は、結局のところ、別の情動の意思、または、いくつかの別の情動の意思にすぎない。

**118**

無邪気にほめることがある。そんなふうにほめるのは、自分もいつかほめられるかもしれない、と考えたことがない者だ。

**119**

汚れに対する吐き気があまりにも激しいことがある。そんなときは、そんな自分をきれいにできなくなる。——そんな自分を「弁明」できなくなる。

**120**

官能は、しばしば愛の成長のスピードを速くしすぎる。その結果、根が弱いまま、簡単に引っこ抜かれてしまう。

**121**

神は、物書きになりたいと思ったとき、ギリシャ語を学んだ。——しかしあまり上達しなかった。これは、なかなか結構なことである〔旧約聖書はヘブライ語で書かれているが、キリスト教の新約聖書は、あまり洗練されていないギリシャ語で書かれている〕。

122

ほめられて喜ぶのは、人にもよるが、心が礼儀正しくしているということにすぎない。——そしてそれはまさに、精神がうぬぼれていることの正反対である。

123

内縁関係まで腐敗させられてしまった。——婚姻のせいで。

124

火あぶりの刑の薪の山のうえで歓声を上げる者は、苦痛に打ち勝っているのではなく、覚悟していた苦痛を感じないことを喜んでいるのである。たとえ話だが。

125

誰かについて考えを改めなければならなくなったとき、それで不愉快な思いをすると、私たちはそれを激しくその誰かのせいにする。

**126**

民族とは、6人か7人の偉人にたどり着くための自然の回り道である。——たしかに。そして、たどり着いたら、その偉人たちを迂回するためのものである。

**127**

まともな女性たちに学問は恥ずかしげもなく近づいていく。近づかれたとき彼女たちは、内面までのぞかれようとしている気分になる。——もっと悪いことには！ドレスやアクセサリーの下まで。

**128**

君が教えようとする真理が抽象的であればあるほど、君はもっと感覚を誘惑して、感覚を真理に寄せる必要がある。

**129**

悪魔は、神に対して最遠のパースペクティブをもっている。だから神からあんなに離れたところにいる。——悪魔は、認識の友として最古参なのだから。

**130**

何者**である**かは、その人の才能が低下したときに、——何が**できる**かを示さなくなったときに、正体を見せはじめる。才能は、アクセサリーでもある。アクセサリーは、隠れ家でもある。

**131**

男と女は、おたがいに相手を勘違いしている。つまり男も女も、尊敬して愛しているのは、結局は自分のこと（これを、もっと感じよく言えば、自分の理想——）だけである。こうして男は、女が穏やかであることを望む。——けれども女のほうは、どんなに穏やかに見えるように練習してきたとしても、猫と同じで、**本質的に**穏やかではない。

132

自分の徳のせいで罰せられるのが最高だ。

133

**自分の**理想にむかって道を見つけられない者のほうが、理想のない人間より軽薄で生意気な生き方をする。

134

感覚があってはじめて、信頼も、やましさのない良心も、真理を見分けることも、すべてが始まる。

135

〔律法を厳格に守る〕パリサイ主義は、善い人間の退化ではない。パリサイ主義のかなりの部分は、むしろ、善であることの条件である。

**136**

自分の思想に助産師を求める人がいる。その一方、助産師を必要とする人を求める人がいる。こうして、よい対話が生まれる。

**137**

学者や芸術家とつき合っていると、間違えて逆の方向に評価してしまいがちだ。注目すべき学者だと思っていたら、凡庸な人間であることが稀ではない。凡庸な芸術家だと思っていたら、なんと――非常に注目すべき人間であることが、しばしばあるのだ。

**138**

目が覚めているときも夢を見ているときのようにする。自分がつき合う人をまず頭のなかででっち上げる。――そしてそのことをすぐに忘れるのだ。

**139** 復讐や恋愛の場合、女のほうが男より野蛮である。

**140** **謎の忠告。**——「そのリボン、ちぎれちゃダメなら、——まず噛んでみなきゃね」

**141** 下腹部があるおかげで、人間はそう簡単に自分を神だと思わない。

**142** 私がこれまで聞いたなかで一番慎み深い言葉は、「真実の愛なら魂が体を包む《ダン・ル・ヴェリタブル・アムール・セ・ラーム・キ・アンヴロップ・ル・コール》」。

**143**

私たちが一番うまくやることについて、私たちの虚栄心は、「それがまさに、私たちにとって一番むずかしいことだ」と見なしたがる。これが、いくつかのモラルの起源になる。

**144**

女が学問を好むときには、普通、なにかしら性的な障害がある。不妊というだけで、どこか男のような趣味になる。男は、失礼ながら、「不妊の動物」なので。

**145**

男女を全体として比較すれば、こう言ってもいい。もしも女に脇役の本能がないなら、着飾る天才をもっていないだろう。

**146**

怪物とたたかう者は、そのとき自分が怪物にならないよう用心するがいい。長いあいだ奈落をのぞいていると、奈落のほうもお前をのぞき込む。

**147**

昔のフィレンツェの短編小説《ノヴェレ》から。そしてまた——その暮らしから。「良い女も悪い女も《ブオナ・フェミナ・エ・マラ・》ムチを欲しがりますんでね《フェミナ・ヴォル・バストーネ》」。〔14世紀フィレンツェの商人で政治家フランコ・サケッティ〔『短編小説《ノヴェレ》300話』〕第86話。

**148**

隣人を誘導して、よい意見をしゃべらせ、そのあと隣人のその意見を心から信じる。この芸当を、女たちのように誰がやれるだろう?——

**149**

ある時代に悪と感じられるものは、普通、かつて善と感じられたものの、時代遅れな後打音である。——以前の理想の隔世遺伝である。

**150**

英雄のまわりでは、すべてが悲劇になる。半神のまわりでは、すべてが半人半獣劇《サテュロス》になる。そして神のまわりでは、すべてが——どうなる？　もしかしたら「世界」になる？——

**151**

才能をもっているだけでは十分ではない。それを諸君に認めてもらう必要がある。——どうだろう？　諸君？

**152**

「知恵の樹が立っているところは、いつも楽園である」。最古の蛇も、最新の蛇も、そう言う。

**153**

愛によってなされることは、いつも善悪の彼岸で起きる。

**154**

異議を唱える、脱線する、楽しそうに不信感をもつ、嘲笑したがる。これらは健康のしるし。絶対的なものは、すべて病理学の対象。

**155**

悲劇的なことに対する感覚は、官能といっしょに増減する。

**156**

狂気は、個人においてはめったに見られない。――けれども集団や、党派や、民族や、時代においてはよくあることだ。

**157**

自殺を考えることは、慰めの強力な手段である。自殺を考えることによって、悪い夜をうまくやり過ごせることがある。

**158**

私たちのもっとも強い衝動、私たちのなかにいるこの暴君には、私たちの理性だけでなく、私たちの良心までもが屈服する。

159

**私たちは報いてしまう。**善であれ、悪であれ。けれどもどうして、私たちに善か悪をやった人に、わざわざ報いてしまうのか？

160

私たちは、自分の認識を伝えるとすぐ、その認識を十分に愛さなくなる。

161

詩人たちは自分の体験を恥じることがない。それを搾取する。

162

「私たちが一番親しくしている人は、お隣ではなく、お隣のお隣なんですよね」——どの民族もそう考えている。

**163**

愛は、愛する者の高尚な隠れた特性を明るみに出す。――それは、愛する者がめったに見せない例外的な部分だ。そのぶん愛は、愛する者がふだん見せる部分については勘違いさせやすい。

**164**

イエスは彼のユダヤ人たちに言った。「律法は奴隷のためのものだった。――私と同じように、神の息子として神を愛するのだ！　神の息子である私たちには、モラルなど関係がない！」――

**165**

**どんな党派が目の前にいても。**――羊飼いにはいつも、自分のほかにもリーダー役として、去勢された雄羊が必要なんですよ。――じゃなければ、場合によっては自分が、去勢された雄羊になる必要があるんです。

166

たしかに人は口で嘘をつく。けれども嘘をついているその口で、本当のことも言っている。

167

冷酷な人にとって心情は恥ずべきものである。——と同時に貴重なものでもある。

168

キリスト教はエロスの神に毒を飲ませた。——エロスの神はそれで死にはしなかったが、退化して悪徳となった。

169

自分についてたくさんしゃべることは、自分を隠す手段にもなる。

**170**

ほめることは、叱ることより押しつけがましい。

**171**

認識の人に同情することは、〔ひとつ眼の巨人〕キュクロプスを優しくなでるようなもので、笑いを誘う。

**172**

人間愛ゆえに、たまたま目の前にいる人を抱擁することがある（すべての人を抱擁するわけにはいかないからだ）。けれどもまさにそのわけを、目の前にいる人に漏らしてはならない。……

173

低く評価しているかぎり、憎んだりはしない。相手を自分と同じか、自分より高いと評価しているとき、はじめて憎む。

174

君たちは功利主義者だけど、君たちだって、功利的なものを愛するのは、それが君たちの好みを**運んでくれる荷車**だからだろ。——君たちだって、その車輪が立てる騒音はやっぱり我慢できないだろう？

175

結局みんなが愛するのは自分の欲望であって、欲望の対象ではない。

176

他人の虚栄心がこちらの趣味に合わないのは、それがこちらの虚栄心と衝突するときだけ。

**177**

「誠実である」ということについては、もしかしたら、まだ誰も十分に誠実であったことがないのかもしれない。

**178**

利口な人間は馬鹿なことをしないと思われている。なんたる人権侵害！

**179**

私たちの行動の結果は、私たちの髪の毛をつかんで離してくれない。私たちがそのあいだに「ましな人間」になったことには、まったくお構いなしに。

180

嘘には無邪気なところがある。何かをちゃんと信じているし、、しなのだから。

181

誰かが呪われているところで、祝福するのは非人間的だ。

182

優位にある者に親切にされると腹が立つ。お返しを禁じられているから。——

183

「君が私をだましたことじゃなくてさ、私が君の言葉をもう信じられないことがね、私にはショックだったんだよ」——

**184**

思い上がった善意というものがある。それは悪意のように見える。

**185**

「あいつのこと気に入らないね」──どうして？──「あいつには敵わないから」──こんなふうに答えた人がいただろうか？

# 第５部　モラルの自然誌について

## 186

モラルの感覚は、今のヨーロッパでは、繊細で、古参で、多様で、怒りっぽく、洗練されているが、「モラルの学問」は、まだ若く、初心者で、不器用で、荒削りである。——この興味深い対照は、ときには、ひとりのモラリストにおいて手に取るように見てとれる。「モラルの学問」という言葉からして、この言葉で表わされている事柄から見れば、あまりにも高慢であり、**良い**趣味に反する。良い趣味というのはいつも、もっと控え目な言葉であることを好むものだから。きわめて厳しく確認しておくべきことがある。ここでは、長い目で見て**何**が問題なのか。さしあたり**何**だけが正しいのか。つまり材料を集めることである。価値についての繊細な感情や差異は、生き、成長し、生殖し、滅んでいく巨大な帝国のようになっているが、それらを概念によって把握・分類するのである。——そして、もしかするとこれは、生きている結晶作用が頻繁にくり返される姿を可視化する試みかもしれないのだが——、モラルの**類型学**の準備なのである。もちろん、これまではみんな、そんなに控え目ではなかった。モラルを学問として扱いはじめると、哲学者たちはみんなそろって、笑ってしまうほどクソ真面目な顔をして、いつもよりはるかに高尚なこと、むずかしいこと、儀式ばったことを自分に要求した。つまり、**モラルを基礎づけ**ようとしたのだ。――そしてこれまでどの哲学者も、モラルの基礎づけをやったと思ってきた。ところでモラルそのものは、「所与のもの」と考えられていた。モラルを記述するという課題を繊細にこなすためには、どんなに繊細な手と感覚があっても十分とはいえない。それにもかかわらず、この課題は、見栄えがしないと思われ、ほこりと腐敗物のなかに置き去りにされていたので、哲学者たちの不恰好なプライドからは、じつに遠いところにあったのだ！　なんと、モラルの哲学者たちはモラルのファクトを、勝手な抜粋や行き当たりばったりの要約で、大雑把に知っていただけだった。たとえばそれは、自分たちの環境や、自分たちの身分や、自分たちの教会や、自分たちの時代精神や、自分たちの気候風土に見られるモラルといったものだった。――なんと彼らは、自分たちの民族、時代、過去についてろくな情報ももたず、自分のほうから知ろうともしなかった。なんともそんな具合だったから、モラルが本来もっている問題を目にすることなどまるでなかった。――モラル本来の問題はすべて、**多くの**モラルを比較してはじめて浮かび上がってくるものである。これまでのすべての「モラルの学問」には、とても奇妙に思えるかもしれないが、モラルそのものを問題にするということが**欠けていた**。ここには何か問題があるのではないか、という疑念が欠けていたのだ。哲学者たちが「モラルの基礎づけ」と呼び、自分の課題にしていたものは、正しい光のもとで見れば、支配的なモラルをお行儀よく**信じる**という学者の形式にすぎなかった。その形式を**表現**する新しい手段にすぎなかった。したがって、ある特定のモラルの土俵上での事実そのものにすぎず、結局のところ、「このモラルは問題だと見なされ**てもよい**」という一種の否定にすぎなかった。──そして、いずれにしても、まさにそう信じることをテスト・分析・疑問視・生体解剖することとは正反対のものだった。たとえば耳を傾けてみるといい。ショーペンハウアーまでもが自分自身の課題を、尊敬したくなるほど無邪気に述べている。最近の「学問」の先生方はまだ子どもやお婆さんみたいなおしゃべりをしているが、そんな「学問」を学問だなどと認めるのはやめよう。──「原理は」と、ショーペンハウアーは（『モラルの根本問題』の136ページで〔精確には『倫理のふたつの根本問題』137ページで〕）言っている。「つまり、その内容についてすべての倫理学者が**そもそも**一致している原則は、「誰も害するこ《ネミネム・ラエデ・》となく、可能なかぎり、すべての人を助けなさい《イモ・オムネス・クワントウム・ポテス・ユヴァ》」だが──これは**そもそも**、すべての倫理学の教師が基礎づけようとしてテコずっている命題である。……私たちが何千年も前から賢者の石のように探している、倫理の**そもそも**の土台なのだ」──ここに引いた命題を基礎づけることは、もちろん大変むずかしいだろう。──よく知られているようにショーペンハウアーもできなかったわけだが。──ところでいつか、この命題がどんなに無趣味でまちがっていてセンチメンタルなものであるか、を徹底的に感得する人がいるとすれば、それは、力への意思が本質であるような世界での話だが、──その人には、思い出してもらいたいことがある。つまりショーペンハウアーは、ペシミストだったにもかかわらず、**そもそも**──フルートを吹いていたのだ。……毎日、食後に。この点については彼の伝記を読んでもらいたい。それから、こう質問してみよう。「ペシミストで、神と世界を否定する人が、モラルの前で**立ち止まって**ですよ、――モラルに向かってイエスと言って、フルートを吹く。「誰も害することなく《ネミネム・ラエデ》」のモラルに向かって。どうです？ そもそもこういう人が――ペシミストなんでしょうか？」

## 187

「私たちの心のなかには〔カントが言うような〕定言命令〔前提条件なしの断定的な命令〕がある」というような主張にまだ価値があるのか。それは別にして、あいかわらずこんな質問をすることができる。そういう主張を主張する人の、そういう主張は何を訴えているのだろう？ モラルのなかには、そのモラルの言い出しっぺの正しさを他の人たちに訴えようとする魂胆のモラルがある。別のモラルでは、その言い出しっぺは自分の心を平和にして、自分で自分を満足させようという魂胆だ。別のモラルでは、その言い出しっぺが、自分のほうから十字架にかかって、自分を辱めようとする。別のモラルでは、復讐しようとする。別のモラルでは、隠れようとする。別のモラルでは、自分を浄化して、高くて遠いところへ脱出させようとする。こちらのモラルは、その言い出しっぺが忘れることに役に立ち、あちらのモラルは、その言い出しっぺが自分または自分の何かを忘れることに役に立つ。モラリストのなかには、人類に対して力や創造者の気まぐれを行使したがる者もいる。それとは別に、もしかしたらまさにカントもその一例だが、そのモラルによってこう理解させようとするモラリストもいる。「私の取り柄、それは、服従する能力である。——そして君たちも、私と同様である**べきだ！**」——要するに、モラルもまた、**情動の手話**にすぎない。

## 188

どんなモラルも、自由放任《レセ・アレ》の逆で、「自然」に対するひとつの圧制である。「理性」に対する圧制でもある。と言っても、モラルに異議を唱えているわけではない。異議を唱えるなら、唱える側として、なんらかのモラルにもとづいて、「どんな種類の圧制も非理性も許されてはいない」と布告する必要があるだろう。どんなモラルにおいても本質的で大事な点は、それが長期にわたる強制であるということだ。ストア主義やポール＝ロワイヤル〔ジャンセニスム〕やピューリタニズムを理解するためには、強制ということを思い出す必要があるだろう。強制されることによって、どの言語も強さと自由を手に入れたのである。——韻律の強制があり、韻とリズムの圧制があった。どの民族でも詩人と演説家は、どんなに苦労したことだろう！——今日の散文家も何人かは例外ではない。その耳には仮借ない良心が住んでいるのだから。——それを見てグズで間抜けな功利主義者は、「馬鹿ばかしい苦労をして」と言って、自分は利口だとうぬぼれている。——アナキストは、「勝手なルールに従ってるからだ」と言って、自分を「自由である」と、自由に考える人間であるとすら、思い込んでいる。しかし、次のように奇妙な事実がある。地上に存在している、または存在していたすべての自由や、繊細さや、大胆さや、ダンスや、確かな名人芸は、それが思考においてであれ、統治においてであれ、演説と説得においてであれ、芸術においてであれ、道徳においてであれ、「こういう勝手なルールの圧制」があってはじめて発達してきたのだ。そして、まじめな話、まさにこの事実こそが――あの自由放任《レセ・アレ》では**なく**！――「自然」であり、「自然なこと」であることのほうが、確率として低くはないのだ。どんな芸術家もわかっている。自分の「自然な」状態が、つまり「インスピレーション」を受けた瞬間に自由に整理し、配置し、置き、処理し、形にすることが、自由放任の感情とどんなにかけ離れたものであるのか。――そして、まさにそのとき自分が、どんなに厳密かつ繊細に千層ものルールに従っているのか。そのルールは、まさに厳格で明確なので、概念のあらゆる文言をあざ笑う（どんなに固い概念でも、ルールに比べれば、浮遊し、多様で、多義的なところがある――）。どうやら「地上においても天上においても」本質的なことは、くり返しになるが、「長いあいだ、ひとつの方向に**従うこと**」なのだ。そうやっているとそのうちにかならず、地上に生きていてよかったと思えるものに出会う。そして出会った。たとえば、徳に、芸術に、音楽に、ダンスに、理性に、知性に、――浄化するものや、洗練されたものや、すごいものや、神々しいものに。さて、長いあいだ精神は不自由だった。思想は伝えられないのではないかと思って〔自分を〕束縛してきた。教会や宮廷の方針からはみ出さないように考えるか、アリストテレスの前提のもとで考えるか、という規律を思想家は自分に課してきた。長いあいだ精神が、起きることすべてを、キリスト教の図式によって解釈して、どんな偶然の出来事のなかにもキリスト教の神を発見して、神の正しさを証明しようとしてきた。——このような暴力的なこと、恣意的なこと、過酷なこと、恐ろしいこと、反理性的なことすべてのおかげで、明らかにヨーロッパ精神には、その強さが、情け容赦のない好奇心が、繊細な運動能力が身についたのである。もっともそのとき同じように、かけがえのないほど多くの力と精神が圧迫され、窒息させられ、ダメにされてしまったのだが（というのも、ここでも他のすべての場所と同じように、あるがままの「自然」が、思いっきり派手に浪費と**無関心**をくりひろげているのだ。その派手さは、腹立たしくもあるが、高貴でもある）。何千年にもわたってヨーロッパの思想家たちは、何かを証明するためにだけ考えてきた。——今日では逆に、「何かを証明しようとする」どんな思想家も、私たちにはいかがわしく思えるのだが。——また、ヨーロッパの思想家たちにとって、彼らの厳格きわまりない思考の結果として出てくる**べき**ものは、すでにいつも確定していた。たとえば昔のアジアの占星術のように。また今日では、ごく身近な個人的な出来事がキリスト教のモラルによって、「神の栄光のために」とか「魂の救済のために」と無邪気に解釈されるように。——この圧制が、この恣意が、この猛烈で壮大な愚かさが、精神を**教育した**のだ。奴隷であることは、どうやら、大雑把な意味でも精密な意味でも、精神の飼育・育成にとっても欠かすことのできない手段であるらしい。どんなモラルもこの点からながめてみるといい。モラルのなかにある「自然」こそが、自由放任《レセ・アレ》を、あまりにも大きな自由を憎むことを教えているのだ。そして、限られた地平線への欲求を、身近な課題への欲求を植えつけているのだ。――つまり、モラルのなかにある「自然」が教えているのは、パースペクティブを狭くすることこそ、だから、ある意味では愚かであることこそが、生きる条件であり、成長の条件であるということなのだ。「君はさ、服従するべきなんだ。誰かに、しかも長いあいだ。**でないと**滅んじゃうよ。自分を尊敬することさえしなくなっちゃうよ」――これが私には、モラルについて自然が下す命令であるように思える。もちろんこの命令は、老カントが求めたような「定言命令」ではない（だから「でないと」という条件がついているわけだが――）。またこの命令は、個人に向けた命令でもない（自然は個人には興味がない！）。しかしこの命令は、民族に、人種に、時代に、身分に、そしてなんといっても「人間」という動物全体に、人間**というもの**に向けられているのだ。

**189**

働き者の人種は、何もしないでいることに耐えるのがつらくて、いっぱい苦情を言う。日曜日を神聖なものとして退屈しながら過ごすのは、**イギリス人の**本能が生んだ傑作だった。そうやってイギリス人は気がつかないうちに平日の仕事日に恋い焦がれるようになる。――抜け目なく考案され、抜け目なく挿入された一種の**絶食**である。この種のものは古典古代の世界でもたくさん目にすることができる（南国の民族では当然、かならずしも労働のことを配慮してではないとしても——）。絶食には多くの種類があるにちがいない。強力な衝動と習慣が支配しているところではどこでも、立法者は配慮して、切り替え日を挿入する必要がある。切り替え日にはその衝動が鎖につながれ、ガツガツ働きたい気持ちが強くなるのだ。もっと高い場所から見ると、なんらかの狂信的なモラルをもって登場する世代や時代はすべて、こんなふうに設定された強制と絶食の時代のように思える。その時期、衝動は、首をすくめてひれ伏すことを学ぶが、同時に自分を**クリーニングしてシャープにする**ことも学ぶのである。いくつかの哲学の分派（たとえば、ヘレニズム文化のなかで、アプロディーテの匂いにどっぷり包まれて好色になった空気を吸っていたストア派）も、このように解釈することができる。——これによって、あのパラドックスを説明するためのヒントがひとつ手に入ったことになる。なぜ、まさにヨーロッパのキリスト教の時代にあって、そしてそもそもキリスト教の価値判断の圧力が加えられるようになってはじめて、性の衝動が昇華して愛（アムール＝パシオン）になったのか。

## 190

プラトンのモラルには、もともとプラトンのものではなく、プラトン哲学のなかにだけ見出される、言ってよければ、プラトンにもかかわらず見出されるものが含まれている。つまりソクラテス主義のことである。ソクラテス主義に言わせれば、プラトンは高貴すぎたのだ。「誰だって自分自身に害を加えようとはしない。だから、ひどいことはすべて意に反して起きる。というのも、ひどい人間は自分自身にひどいことをするからだ。もしも彼が、ひどいことはひどい、と知っていれば、ひどいことはしないだろう。というわけで、ひどい人間がひどいのは、なにか勘違いしているからにすぎない。勘違いを取り去ってやれば、ひどい人間は必然的に——よい人間になる」——このように論を進めることには、**賤民**の臭いがする。ひどい行動を目にすると、賤民は、嫌な結果のことしか考えず、そもそも「ひどい行動をするのは、**愚かだ**」と判断するのだが、その一方で、「よい」と「役に立って快適である」を無造作に同じことだと考えている。モラルの功利主義と出会ったときはいつも、最初からこれと同じ起源だなと見当をつけて、自分の鼻を信じても大丈夫だ。間違うことはめったにない。——プラトンはあらゆる手を尽くして、師であるソクラテスの言ったことのなかに繊細で高貴なことを読み込んで、とくに自分自身の考えを読み込んで解釈した。——もっとも大胆な解釈をしたプラトンは、ソクラテスのすべてを、人気のテーマや民謡にすぎないかのように街頭から拾い上げて変奏して、はてしなくありえないものにした。つまり、プラトン自身の仮面をかぶせて、多様なものに変えたのだ。冗談で言えば、おまけにホメロス風に言えば、プラトンのソクラテスというのは、こういうものでしかない。前はプラトン《プロステ・プラトーン》、後ろもプラトン《オピテン・テ・プラトーン》、中身はキマイラ《メスセー・テ・キマイラ》〔キマイラはギリシャ神話の怪獣で、ホメロスの『イリアス』には、「前はライオン、後ろは大蛇、真ん中はヤギのかたちをし……」と書かれている」。

## 191

「信じる」と「知る」は――もっとはっきり言えば、本能と理性は――昔から神学の問題である。つまり、「ものごとの価値評価にかんして、本能のほうが合理性より権威があるのか」という問いである。合理性は、理由を、「なぜ?」を、目的に合っていて役に立つかどうかで評価・処理して知ろうとする。――これはあいかわらず、モラルにかんする昔ながらのあの問題である。まずソクラテスという人物において見られ、キリスト教よりずっと前から人びとの意見を分断してきた問題である。ソクラテス自身、その才能の趣味――すぐれた弁論家の趣味――からして、最初は理性に肩入れしていた。そして実際、ソクラテスは生涯にわたって、同時代の高貴なアテナイ人たちの不器用な無能を馬鹿にして笑う以外に、何をやったのだろう? 高貴なアテナイ人たちは、すべての高貴な人と同じように本能の人であり、自分の行動の理由をきちんと説明できなかった。けれども最後にソクラテスは、こっそりひそかに、自分のことも馬鹿にして笑った。より繊細な自分の良心に照らして自分を尋問したところ、自分だって説明することがむずかしくてできなかったのだ。しかしだからといって、何のために本能から離れるんだ!と、ソクラテスは自分に言って聞かせた。本能には、そして理性にも、権利を認めてやるしかないんだ。——本能には従うしかないけれど、理性を説得して、きちんとした理由で本能のサポートをさせるしかないのだ、と。これが、あの謎だらけの偉大な皮肉屋ソクラテスの、そもそもの**間違い**だった。ソクラテスは、一種の自己欺瞞で満足するように自分の良心を仕向けたのだが、じつはモラルの判断が非合理的なものであることを見抜いていたのだ。——プラトンは、このような事柄についてはソクラテスより無邪気で、賤民がもっている抜け目なさもなく、全力を投入して——これまでひとりの哲学者が投入するべきだった最大の力を投入して！——証明しようとした。理性と本能が自分のほうから同じひとつの目標に、つまり善に、「神」に向かっているのだ、と。そしてプラトン以来、すべての神学者と哲学者は同じ軌道に乗っている。——つまり、モラルの事柄においてこれまで勝利を収めてきたのは、本能である。または、キリスト教徒たちが言うところの「信じること」である。または、私が言うところの「〔家畜の〕群れ」である。というわけで、合理主義の父である（したがって革命の祖父である）デカルトを例外にする必要があるだろう。デカルトは理性にだけ権威を認めたのだから。だが理性は道具にすぎず、デカルトは浅薄だった。

## 192

どれかひとつの学問の歴史をたどれば、その発展のなかに、「知ることや認識すること」

すべてに共通している最古のプロセスを理解する手がかりを見つけることができる。こちらでもあちらでも最初に展開しているのは、せっかちな仮説であり、でっち上げであり、善良で愚かな「信じる」意思であり、不信感や忍耐力の欠如である。――私たちの感覚が、繊細で忠実で用心深い認識器官になれるのは、後になってからのことであり、しかも完璧なものには絶対なれない。私たちの目にとって快適なのは、なにかのきっかけがあったときに、これまで何度も作られてきた像をまた作ることであって、逸脱した新しい印象を確保しておくことではない。後者のほうが、たくさんの力を、たくさんの「モラル」を必要とする。新しいものを聞くことは、耳には苦痛でむずかしい。知らない音楽は、うまく聴くことができない。別の言語を聞くとき、私たちは意識しないまま、聞こえた音を、私たちにとってはお馴染みのしっくり響く言葉に落とし込もうとする。そんなふうにしてたとえばドイツ人は昔、arcubalista〔弩《いしゆみ》〕というラテン語を聞いて、Armbrust〔Arm（腕）＋Brust（胸）〕というドイツ語にした。新しいものには私たちの感覚も敵意と反感を見せる。そして一般に、感覚の「もっとも単純な」プロセスの段階ですでに**支配している**のは、恐れや、愛や、憎しみなどの情動である。怠惰という受動的な情動も含めて。――今日ではほとんどの読者は、1ページに書かれている単語（ましてやシラブル）をひとつ残らず読み取ったりはしない。――むしろ、20個の単語からたまたま5個ほど選び、その5個の単語に含まれているらしい意味を「推測」している。――同じように私たちはたいてい、1本の木を見るとき、葉っぱや、枝や、色や、形について、精確に完全にチェックしたりはしない。むしろ、漠然と木を想像することを、はるかに気楽にやっている。じつに奇妙な体験をしている最中でさえ、同じようにしている。私たちは体験の大部分をでっち上げている。「でっち上げの張本人」として**ではなく**、なんらかのプロセスを観察するように強制されることはほとんどない。つまり、こういうことだ。私たちはもともと、大昔から、――**嘘をつくことに慣れている**のだ。あるいは、もっと高潔に偽善者ぶって、要するに感じよく言えば、私たちは、自分で思っている以上にずっと芸術家なのである。――生き生き会話しているとき、しばしば私は話し相手の顔を見る。相手が口にする考えや、私が相手に思い浮かばせたと思う考えに応じて、相手の顔はじつに明瞭に明確に見えるのだが、その明瞭さの度合いは私の視力を超えている。――とすれば、相手の繊細な筋肉の動きや目の表情は、私の想像によって加えられたものに**ちがいない**。たぶん相手はまったく別の表情か、まるで無表情だったのだ。

## 193

昼にあったことが《クイドクイド・ルーケ・フーイト》、夜に起きる《テネブリース・アギト》。だがその逆もある。夢で体験することを、しばしば体験しているとするなら、それは結局、「現実に」体験されたものと同じように、私たちの魂の家計全体の一部である。そのおかげで私たちは、もっと豊かになったり、もっと貧しくなったりする。欲求が増えたり減ったりする。私たちは、最後には真っ昼間に、それも私たちの目覚めた精神の晴れ渡った瞬間においてさえ、私たちの夢の習慣にちょっと操られているのである。誰かが自分の夢のなかで飛んだとしよう。そしてとうとう、夢を見るとすぐに、飛ぶ力と技術が自分の特権であり、人もうらやむ自分だけの幸せだと意識するようになる。すると、どんな種類のカーブや角度をつけることも、ほんのわずかな衝撃《インパルス》でできると思い、ある意味、神のように軽やかな感覚を知っているので、緊張や無理をすることなく「上昇」できるし、腰を低くしたり卑屈になったりすることなく――**重さ**なしで！――「下降」できる。こんな夢の経験と夢の習慣をもっている人間なら、自分が目覚めている昼のためにも、ついに「幸せ」という言葉が別の色と声になっているのを見つけるはずではないか！　別なふうに幸せを――願うはずではないか？　「高く舞い上がる」と詩人たちは言うが、こちらの「飛ぶ」と比べれば、たしかにそれは、あまりにも地球っぽく、筋肉質で、力ずくであり、あまりにも「重」すぎるにちがいない。

## 194

人間の違いは、財産目録の違いに現われるだけではない。つまり、違った財産を獲得すべきものだと考えているし、みんなに認められている財産の、価値の大小や序列についても、お互いに意見が一致しないのは当然だが、――人間の違いはさらに、どういうことが財産を本当に**持っている**ことになり、**所有している**ことになるのか、という点ではっきりする。たとえば女について、控えめな男なら、女の体をもてあそんで性の快楽を味わえるだけで、持っていること、所有していることについて十分に満足のいくしるしになる。もっと疑い深くて注文の多い所有欲を持った男なら、そんな持ち方に「疑問符」をつけ、見かけにすぎないと考えて、もっと精密なテストをしようとする。とくに、女が俺に身を任せるだけでなく、女が持っているもの、持ちたいと思っているものまでをも俺に委ねるかどうか、知ろうとする。――**そうやって**はじめて女は男の「所有物」だと思われる。しかし、さらに別の男なら、そこで彼の疑いが、持っていたいという彼の気持ちが収まるわけではない。女が俺にすべてを委ねるとしても、それは俺の幻のためにやっているだけではないのか、と疑うのだ。男は、愛してもらうことができるためには、ともかく俺の底まで、いや底の底までよく知ってもらおうとする。あえて自分の正体を明かそうとまでする――。俺は優しくて、辛抱強くて、頭がいいから、しっかり愛される。まったく同じように俺は、ちょっと悪魔みたいで、隠してはいるが貪欲であるから、しっかり愛される。自分のことに嘘や偽りがなくなって、はじめて男は、愛する女を完全に所有していると感じる。民衆を所有したいと思う者もいる。そして〔18世紀ヨーロッパの詐欺師〕カリオストロや、〔キケロに糾弾されたローマ帝国の陰謀家ルキウス・セルギウス・〕カティリナの手練手管のすべてが、彼の目的にぴったりだ。別の者は、もっと繊細な所有欲に駆られて、自分に言って聞かせる。「所有したいなら、欺いてはならない」――彼は、自分の仮面が民衆の心を支配していると想像すると、イライラして我慢できなくなる。「だったら私は、私のことを知って**もらわ**なければ。そしてまず最初に、自分が私のことを知らなければ！」　人助けが好きな慈善家たちはたいてい、あの不器用な悪だくみをしている。自分が助けようと思う人を見つけたら、まずこんなお膳立てをするのだ。あたかもこんな具合に。たとえば、あなたは援助を受けるに「ふさわしい」方ですね。まさに**私たちの**援助をお望みなんですね。どんな援助に対しても、私たちに深く感謝し、依存し、敬服するつもりなんですよね。——こんな妄想にふけりながら、彼らは、困っている人を所有物のように扱うのだ。そもそも彼らもまた、所有物がほしいので、人助けが好きな慈善家なのだが。援助しているときに邪魔されたり、援助の先を越されたりすると、彼らは嫉妬する。両親は、無意識のうちに子どもを自分たちに似た人間にしている。——それを両親は「教育」と呼んでいる。——どんな母親も心の底では、自分は子どもという所有物を産んだのだと思っている。どんな父親も、子どもを**自分の**考えや価値観に従わせてもよいという権利を信じて疑わない。たしかに昔は、新生児の生死の裁量を（古いドイツ人たちのように）委ねられることが、父親には当然だと思われていた。そして父親と同じように、今日でも教師が、階層が、司祭が、君主が、新しく生まれた人間を見るとかならず、新しく所有する絶好のチャンスだと思うのだ。その結果、……

## 195

ユダヤ人は——タキトゥスや古典古代の人たちがそろって言うように、「奴隷に生まれついた」民族であり、彼らが自分で言って信じているように、「諸民族のなかで選ばれた民族」であるが——、そのユダヤ人が、価値の転換という奇蹟をやってのけた。あの奇蹟のおかげで、地上の生活は数千年にわたって、新しくて危険な魅力を手にすることになった。——ユダヤ人の預言者たちは、「豊かな」「神のいない」「悪い」「暴力的な」「官能的な」を溶かしてひとつにして、はじめて「この世」という言葉を鋳造して、恥ずべき言葉を生んだのである。この価値の転換には（「貧しい」という言葉を「聖なる」や「友」の同義語として使うことも含まれているが）、ユダヤ民族がもつ意義も含まれている。つまり、ユダヤ民族とともに、モラルにおける**奴隷の蜂起**が始まっているのだ。

**196**

太陽のそばには無数の暗黒物体が存在していると**推測**される。——そんなもの、けっして私たちは目にすることもないだろうが。これは、ここだけの話だが、比喩である。そしてモラルの心理学者は、星が書いている文字の総体を読むが、それは比喩・記号の言語でしかない。その言語では、多くのことが口封じされたままだ。

**197**

猛獣や猛獣人間（たとえばチェーザレ・ボルジア〔イタリア・ルネサンスの政治家。マキアヴェリが「理想の君主」と評価し、ニーチェが「超人」の典型と言っている）は根本から誤解されている。これらは熱帯の怪獣や植物のなかで一番健康なのに、これらの根本に「病的であること」を求めたり、それどころか、これらに生まれつきそなわっている「地獄」を求めたりしているかぎり、「自然」というものが誤解されている。――これまでほとんどすべてのモラリストによって誤解されてきたように。どうやら、モラリストには原生林や熱帯に対する憎しみがあるのでは？「熱帯人間」は病気や人間の退化なのだとか、自分を地獄にして自分で自分を拷問しているのだ、とか言って、ともかくどんなことをしてでも熱帯人間の信用を落とそうとしているのでは？　しかしそれはまたどうして？「温暖な気候帯」のためだろうか？　温厚な人間のためだろうか？「モラリスト」のため？　凡庸な者のため？――これは「臆病というモラル」の章だ。――

## 198

これらのモラルはみんな、個人に向けられたものであり、個人の「幸せ」のためのものだと言われている。――生きている個人がかかえている**危険**の度合いにおうじて、どんな態度をとったらいいのか、その提案にほかならない。個人の情熱、個人のよい性癖や困った性癖が、力への意思をもっていて、主人を演じたがっているときに、提案される処方箋である。昔からある家庭用常備薬やお婆ちゃんの知恵みたいなカビ臭さを漂わせている、大小さまざまな処世訓や小手先細工である。どれもこれも、ゆがんだ真珠《バロック》のようにいびつな形をしていて常識がない。——なぜなら、どれもこれも、「万人」向けだから。一般化してはならないのに一般化しているから。——どれもこれも、無条件におしゃべりし、無条件に受け入れる。どれもこれも、ひと粒の塩を加えるだけでなく、むしろ、塩を加えすぎて危険なにおいがするようになり、とくに「あの世」のにおいがするようになってはじめて、耐えられるようになる。そして、ときには誘惑するようになる。どれもが、知性で測れば、ほとんど価値がなく、「学問」にはほど遠く、いわんや「知恵」どころではない。2回でも3回でも言うが、お馬鹿、お馬鹿、お馬鹿をミックスした、お利口、お利口、お利口なのだ。——たとえばストア派は、情動が愚かにも激しく熱しやすいことの治療として、あの無関心と彫像のような冷たさをすすめた。またたとえば、あのスピノザの「もう泣かない、もう笑わない」。情動を解析し生体解剖することによって、情動を破壊することをあんなにも素朴に応援した。またたとえば、情動を低く調律して、あんなふうに中庸で無害なものにすることによって、情動を満たしてもよい、というのがアリストテレス流のモラルである。モラル自身が、たとえば音楽のような芸術の象徴表現によって、情動をわざと薄めて精神的なものにすることもある。またそれが、神を愛し、神の意のまま人間を愛することにもなる。——というのも宗教では、……という前提のもとで、情熱がふたたび市民権をもつからだ。そして最後になるが、たとえば、〔ゲーテの『西東詩集』に影響をあたえた14世紀のペルシャの詩人〕ハーフィズや、ゲーテが教えたように、こちらから情動に好意をもって情動に悪乗りすることもある。あんなふうに手綱を大胆に放すのだ。「もうほとんど危険なことはない」賢い年寄りの変人や大酒飲みに見られる例外だが、心も体もあんなふうに自由に行動する《リケンティア・》〔習俗から解放される《モールム》〕のである。これも「臆病というモラル」の章だ。

## 199

人間が存在するかぎり、あらゆる時代に人間という畜群も存在していた（一族の同盟、共同体、部族、民族、国、教会などだ）。それからまた、命令する者は数少なかったのに対し、従う者はいつも非常に多かった。――だから、これまで人間たちのあいだで服従ということが、もっとも上手にもっとも長期にわたって訓練・育成されてきたことを考えれば、当然こんなふうに想定してもいいだろう。つまり今では平均して誰もが、**形式的な良心**のような欲求を生得的にもっているのである、と。その良心は、「何らかのことを絶対にするべきである、何らかのことを絶対にしてはならない」、要するに「汝なすべし」と命令するものである。その欲求は自分を満足させようとして、自分の形式に中身を詰め込もうとする。そのときその欲求は、その強度・切迫度・緊張度に合わせて、ほとんど選り好みせず、がつがつした食欲のように手を伸ばす。そして、誰かの命令する声が――それは両親でも、教師でも、法律でも、身分による先入観でも、世論でもいいのだが――耳に入ってきただけで、それを採用するのだ。人間の発達は奇妙に制約されているので、ためらったり、時間がかかったり、しばしば後ろ向きになったり、ぐるぐる回ったりするのだが、それは、服従という畜群の本能が、命令という技能を犠牲にして一番うまく遺伝するからだ。この本能が最大限に肥大したと想像してみると、最後にはまさに命令する者や自立している者がいなくなってしまう。いなくならないとしても、彼らは内心、良心のやましさを感じるので、命令できるようになるためには、まず自分自身をごまかす必要がある。つまり、自分は、言われたようにしているにすぎないかのようにふるまうのだ。こういう状態にあるのが実際、今日のヨーロッパである。私はこれを、命令する者たちの偽善のモラルと呼ぶ。命令する者たちは、良心のやましさを感じたとき、自分を守る方法をひとつしか知らない。つまり自分は、昔からの命令や上の命令（祖先とか、憲法とか、正義とか、法律とか、さらには神の命令）を実行する者のようなふりをするのだ。または、自分で畜群の思考方法から畜群の格率を借りて、たとえば「民衆の第一の召使い」とか「公共の福祉のツール」とかになるのだ。他方、今日のヨーロッパの畜群としての人間は、自分だけが許された種類の人間であるような顔をしている。そして自分の特性をそもそも人間らしい徳だとほめたたえる。その特性のおかげで自分は、飼い慣らされて、協調性があり、畜群の役に立っているのだから。公共心、好意、配慮、勤勉、中庸、謙遜、寛容、同情が、人間らしい徳である。しかし、リーダーや先導役の羊がいないと困ると思った場合には、今日では試行錯誤を重ねて、畜群の人間から利口そうなのを寄せ集め、命令する者の代役にしようとしている。こうやって生まれたのが、たとえばすべての代議制だ。にもかかわらず、畜群のヨーロッパ人にとって、絶対的な命令を下す者の出現が、耐えがたくなってくる圧力から解放してくれるものとして、どんなにすばらしい恩恵であることか。ナポレオンの出現の影響が、そのことを最近ではしっかり証明した。――ナポレオンの影響の歴史は、この19世紀がそのもっとも価値のある人間と瞬間において達成した、より高い幸福の歴史と言えるだろう。

## 200

いろんな人種をごちゃまぜにする解体時代の人間なら、多様な由来の遺産を体のなかにもっている。つまり、対立しあう衝動や価値基準は、しばしば、たんに対立しあうどころではなく、おたがいに戦い、めったに休むことがない。――ランプの灯りが揺れる末期の文化の人間は、平均すると、以前より弱い人間だろう。自分が**体現している**戦いがいつか終わってくれることを、心の底から願っているからだ。彼にとって幸せとは、落ち着かせてくれる（たとえばエピクロスまたはキリスト教の）医術や考え方と一致するもので、とくに、休息、平安、満足、最終的な一体感の幸せであるようだ。聖なる弁論家アウグスティヌス自身そういう人間だったわけだが、そのアウグスティヌスの言葉を借りれば、「安息日のなかの安息日」が幸せであるようだ。――けれども、こういう人間の本性において、対立と戦いが**むしろ**生をうずかせる刺激として作用するなら――、そして別の面で、その本性の妥協を知らない強力な衝動に加えて、自分との戦いにおける本来の熟達と洗練が、つまり自分を支配し自分を欺く能力が、遺伝・育成されているとき、あの魔法のように捕まえることもできない想定外の人物が、生まれるのである。勝利と誘惑を予定された、あの謎めいた人物が生まれるのだ。その、もっとも美しい例がアルキビアデス〔アテナイの政治家で将軍。ソクラテスの弟子〕とカエサルである（——ここには、ふたりの仲間として、私の趣味で、あの**最初のヨーロッパ人**を加えたい。ホーエンシュタウフェン朝のフリードリヒ2世〔神聖ローマ皇帝〕だ）。芸術家でもっとも美しい例を挙げるなら、もしかするとレオナルド・ダ・ヴィンチかもしれない。こちらの人物は、平静を望むあの弱いタイプが登場するのとぴったり同じ時代に、姿を現わす。これらふたつのタイプは、おたがいに必要とし合っていて、同じ原因から生まれている。

## 201

モラルの価値判断で支配的な「役に立つかどうか」が、畜群にとって「役に立つかどうか」にすぎず、そしてその視線が共同体の保持にしか向けられておらず、そして「モラルに反していないか」を探すときには、共同体の存続を危険にさらしそうなものにだけ厳密に目を光らせる。そのような場合であるかぎり、「隣人愛のモラル」など存在するわけがない。仮に、そういう場合すでに、配慮、同情、妥当、温和、助け合いなどにかんして小さな練習がずっと行なわれているとしよう。仮に、こういう状態の社会にもすでに、それらの衝動がうごめいているとしよう。衝動といっても、あとで「徳」という敬称で呼ばれることになり、最終的には「モラル」という概念とほとんど同じものになる衝動のことだが。そのような時代には、それらの衝動は、まだモラルの価値評価という王国には属してなどいない。——まだ**モラルの外**にいるのだ。たとえば同情による行動は、ローマの最盛期、善でも悪でもなかった。モラルに合ったものでも、モラルに反したものでもなかった。その行動がほめられるとしても、つまりそれが全体に、公共の事柄《レス・プブリカ》に奉仕するような行動に結びつけられるとたちまち、最善の場合でも一種の不機嫌な過小評価がほめることに混じる。結局、「隣人への愛」は、**隣人に対する恐怖**と比べると、つねに副次的であり、ちょっとした慣習のようなものであり、恣意的な見かけなのである。社会の仕組みが全体としてしっかりして、外部の危険から守られていると思えるようになると、モラルの価値評価について新しいパースペクティブをふたたび開くのが、この隣人に対する恐怖なのだ。進取の気性、向こう見ず、復讐心、抜け目なさ、強奪欲、支配欲など、ある種の強くて危険な衝動は、共同体の役に立つという意味で、これまで尊重される必要があっただけではない——ここでは「尊重」と書いたが、もちろん、別の言い方をされた——。それだけではなく、大いに引き立てられ、大いに育成される必要があった（なぜなら、全体が危険にさらされたときには、全体の敵に対して、つねにこの種の衝動が必要だったのだから）。しかし今や、この種の衝動が倍の強さで危険だと感じられている——現在、これらを流す排水溝がないのだ——。そしてこれらは、じょじょに反モラルの烙印を押されて、悪口を言われている。現在、これとは逆の衝動や傾向がモラルとして尊重されている。畜群の本能が、一歩ずつ、その結論を出している。意見のなかに、状態や情動のなかに、意思のなかに、天分のなかに、公共にとって危険なもの、平等を危険にさらすものが、どれくらい多く、または、どれくらい少なく含まれているか。それが現在、モラルのパースペクティブなのである。恐怖が、ここでもまたモラルの母なのだ。最高最強の衝動が、情熱的に爆発して、個人を畜群の良心の平均的な低地から離して高く駆り立てると、共同体の自尊心がなくなる。共同体が自分のことを信じる気持ちが、いわば共同体の背骨が、砕ける。だから一番いいのは、まさにそういう衝動に烙印を押して、その悪口を言うことだろう。自立した高い精神性、ひとりで立っていようとする意思、大いなる理性は、もうそれだけで危険だと感じられる。個人を畜群より高いところへ上げて、隣人に恐怖をもたらすものはすべて、これからは**悪**と呼ばれる。それ相応の、控えめで、順応し、みんなと同じであることを志向すること、つまり**中庸**の欲望が、モラルと呼ばれ、尊重されるようになる。ついに、非常に平和な状態になると、自分の感情を教育して強く厳しいものにするチャンスや圧力がどんどん消えていく。今では、どんな厳しさも、たとえそれが正義の厳しさであっても、良心に気に入られなくなりはじめている。高くて厳しい気品や自己責任の感覚は、ほとんど人の気持ちを傷つけ、不信感を呼び起こすのだ。「子羊」が、それ以上に「羊」が、尊敬される。社会の歴史では、病的にもろく優しくなる時点《ポイント》がある。そのとき社会はわざわざ、社会を傷つける者、つまり**犯罪者**の味方をしているのだ。それも本気で誠実に。罰すること。社会にはそれが不当なことに思える。——確かに、「罰」や「罰するべきだ」と想像することは、社会にとっては苦痛で、恐怖をもたらす。「犯罪者を**危険でない**者にするだけで十分では？　そのうえどうして罰するの？　罰すること自体、恐ろしいことだよ！」——この質問が、畜群のモラルの、臆病のモラルの最終結論である。仮に、そもそも危険を恐れる理由を撤廃することができるなら、このモラルもいっしょに撤廃することになるだろう。モラルは、もう必要ではないだろう。モラルは、**自分自身を**もう必要とは**思わ**ないだろう！——今日のヨーロッパ人の良心を調べてみれば、何千ものモラルの襞《ひだ》や隠れ場から、いつも同じ命令を引っ張り出すことになるだろう。それは、畜群の臆病な命令である。「いつかそのうち、**何ひとつ恐れるものがなくなっている**ことを！」いつかそのうち——**そこに至る**意思と道のことを、今日のヨーロッパではどこでも、「進歩」と呼んでいる。

## 202

もう百回も言ってきたことだが、すぐにもう一度くり返しておこう。というのも、今日の人びとは、このような真実に——**私たちが指摘している**真実に——耳を貸そうとしないからだ。人間というものを、化粧もしてやらず比喩も使わずに動物の一員であると言えば、どんな侮辱に聞こえるのか、私たちにはもう十分わかっている。まさに「モダンの考え方」をもっている人たちについて私たちは、いつも「畜群」とか、「畜群の本能」とかの表現を使うのだが、もちろんそれはほとんど**罪**のようなものだと見なされることだろう。しかしそれがどうした！　そうするしかないのだ。まさにこういう表現にこそ私たちの新しい見立てがあるのだから。私たちは気がついた。モラルにかんする主要な判断のすべてにおいて、ヨーロッパは、またヨーロッパの影響に支配されている国々も含めて、意見が一致してしまっているのだ。明らかにヨーロッパの人たちは、ソクラテスが知らないと思っていたことを**知っているのである**。〔取って食べることを神に禁じられていた知恵の木の実を、女に食べるように誘惑した〕あの有名な蛇がかつて教えてやると約束したことを**知っているのである**。──つまり人間は今日、何が善で、何が悪なのか、「知っている」わけだ。だから、きっと厳しい響きで耳には不快にちがいないが、私たちは何度もくり返しこう主張するのだ。善悪について知っていると思っているもの、善悪についてほめたり非難したりして自分自身を賛美して、自分自身を善だと称するもの、それは、畜群動物である人間の本能である。その本能は、突然に現われて、優勢になり、ほかの本能を凌駕した。そして、生理学的に近いもの・似たものになることが、その本能の症状なわけだが、そうなることによってますます力を増している。**モラルとは、今日のヨーロッパでは畜群のモラルのことである**。──だからそれは、私たちが理解しているように、人間のモラルのひとつの種類にすぎないのだ。そのモラルの横にも、前にも、後ろにも、別の、とくに畜群のモラル**より高級な**モラルが数多くあるのであり、または、あるべきなのだ。こういう「可能性」に対して、こういう「あるべきなのだ」に対して、畜群のモラルはしかし全力で抵抗する。「私がモラルそのものなんですよ。それ以外はモラルじゃありません！」と、頑固に容赦なく言う。――畜群動物の至高の欲求に媚びて、その意のままになっていた宗教に助けられて、事態はさらに進行した。政治や社会の制度にまで、この畜群のモラルがますますはっきり表現されるようになっている。つまり、**デモクラシーの**運動がキリスト教の運動の遺産を受け継いでいるのだ。けれどもその運動のテンポは、せっかちな者にとって、畜群本能の病人や中毒者にとって、まだあまりにもノロノロしていて眠くなってしまう。それが証拠に、今はアナキストの犬たちがヨーロッパ文化の路地をさまよいながら、ますます凶暴になり、ますます歯茎をむき出している。見たところアナキストの犬たちは、平和で勤勉な民主主義者や革命のイデオローグとは立場が逆のように思える。それだけではなく、薄のろの哲学屋や、社会主義者を名乗って「自由な社会」を望む兄弟愛の夢想家とも、立場が逆のように思える。しかし実際は、これらの連中すべてと同じなのだ。みんな同じように、**自治的な**畜群という社会とは別の、どんな社会形態に対しても、根本的・本能的に敵意をもっているからだ（自治的な畜群は、「主人」と「僕《しもべ》」という概念まで拒否するようになっている。――神など要らん主人も要らん《ニ・ディユー・ニ・メートル》が社会主義の決まり文句だ――）。みんな同じように、どんな特別の要求にも、どんな特別の権利や優先権にも、しぶとく抵抗するからだ（となると最終的には、**どのような**権利にも抵抗することになる。というのも誰もかれもみんなが平等になれば、もう誰も「権利」なんか必要でなくなるから――）。みんな同じように、処罰する正義に対して不信感をもっているからだ（そういう正義は、自分より弱い者への暴力であるかのようだから。以前のすべての社会が

**必然的に**やっていた同意に対する不当行為であるかのようだから――）。しかしまた、みんな同じように、ただ同情の宗教を信じ、感じ・生き・悩んでいるかぎりでは共感するからだ（下は動物にまで、上は「神」にまで共感するからだ。――「神にまで同情する」というのはデモクラシーの時代ならではである――）。そろいもそろって、みんな同じように、我慢できずに同情して叫ぶからだ。そもそも苦しむことに対しては死ぬほど憎むからだ。ほとんど女のように、苦しんでいる者を見ると傍観者ではいられず、苦しみに**まかせる**ことができないからだ。みんな同じように、思わず知らず陰気になり優しくなるからだ。その気分に縛られて、ヨーロッパは新しい仏教に脅《おびや》かされているように見えるのだが。みんな同じように、**一緒に**同情するというモラルを信じているのだから。まるでそのモラルが、モラルそのものであるかのように。つまり、高みとして、人間が**到達した**高みとして、未来にとっての唯一の希望として、現代人を慰める手段として、かつてのすべての罪からの大いなる解放として。――そろいもそろって、みんな同じように、共同体のことを、自分を**救ってくれる女性**として信じているからだ。つまり、畜群を信じているからだ。「自分」を信じているからだ。

……

## 203

私たちは、別のことを信じている。――私たちにとってデモクラシーの運動は、たんに政治制度の衰退形式であるだけでなく、人間の衰退形式、つまり縮小形式でもある。人間を凡庸なものにして、その価値を低くすることなのだ。**私たちは**、どこに向かって手を伸ばして希望をつながなければならないのか？――**新しい哲学者たち**に向かってである。ほかに選択の余地はない。新しい哲学者なら、強さと根源を十分にそなえているので、対立する価値評価に衝撃をあたえ、「永遠の価値」をひっくり返し、転換してくれる。先に遣わされた者たちなら、未来の人間たちなら、この現在において強制的な結び目をつくって、何千年もの意思を**新しい**軌道へ無理やり乗せてくれる。人間の未来は人間の**意思**なのだ、人間の意思にかかっているのだと、人間に教えてくれ、育成・訓育の大冒険と総合実験を用意してくれる。そうやって、これまで「歴史」と呼ばれてきたナンセンスな偶然の、身の毛もよだつあの支配に終止符を打ってくれる。――「最大多数」というナンセンスは、ナンセンスの最終型にすぎない。――そのためには、いつかそのうち新種の哲学者や命令者が必要になるだろう。新種の哲学者や命令者の姿に比べると、地上で人目につかない精神、恐ろしい精神、好意的な精神の持ち主たちに見られたすべてのものは、色あせた小人《こびと》のように思えるだろう。**私たちの**目に浮かんでいるのは、この新種の指導者たちの姿なのだ。――私は大きな声で、君たち、自由な精神の持ち主に言ってもいいだろうか？　新種の指導者たちが出てくるためには、状況を一部はつくるしかないし、一部は利用するしかないだろう。その道筋を想定したリハーサルをすることによって、魂が成長して高くなり強くなって、これらの課題に取り組む**しかない**と感じるだろう。価値を転換すれば、その圧力とハンマーによって、良心が鍛えられ、心臓がブロンズに変えられるので、良心はその責任の重さに耐えるだろう。その一方、新種の指導者がやって来ないかもしれない。失敗作とか劣化版であるかもしれない。そういう恐ろしい危険の可能性も当然ある。──これが、そもそも**私たちが**心配して暗い気持ちになっている問題なのだ。おわかりかな、君たち、自由な精神の持ち主よ？　これが、**私たちの**生の上空を通過していく、遠くにあって重たい思想であり、雷雨なのだ。ひとりの非凡な人間がその軌道から外れて劣化していく様子を、見たり、推測したり、自分のことのように感じたりすることほど辛く痛ましいことはほとんどない。しかし誰かが、「人間」そのものが**劣化している**という、全体の危険を見抜く稀な目をもっているとしよう。誰かが、私たちと同じように、法外な偶然に気づいたとしよう。その偶然は、これまで人間の未来にかんしてゲームをやってきたのだが──そのゲームは、どんな手も、「神の指」でさえ、やったことのないゲームなのだ！──誰かが、「モダンの考え方」がもっている馬鹿ばかしい無邪気さや信じやすさのなかに隠されている不幸な運命を、さらにはキリスト教＝ヨーロッパのモラルのなかにもっと隠されている不幸な運命を、推測するとしよう。その誰かは、ほかには比べようもないほどの不安をかかえている。──なにしろそういう人なら、ひと目でわかるからだ。力と課題がうまい具合に集まって大きくなれば、**人間が育成されて**どういうものになれるのか、が。そういう人なら、自分の良心の知を総動員して、わかっているからだ。最大の可能性のために人間はまだ汲みつくされていない、ということが。そして、どれだけ何度も人間というタイプが謎に満ちた決断や新しい道に立っていたことがあるのか、が。そういう人なら、自分のじつに痛い記憶から、もっとよくわかっている。どんなにつまらないことのせいで、生成されるはずの最高ランクのものが、これまではたいてい、破綻し、中断し、沈下し、つまらないものになったのか、が。**人間の全体としての劣化**は、落ちるところまで落ちて、今日では社会主義者の薄のろやボンクラに「未来の人間」——連中の理想！——だと思われるものになっている。こんなふうにして人間が劣化・縮小して、完全な畜群動物（または、連中の言い方を借りれば、「自由な社会」の人間）になるのではないか。こんなふうにして人間が、平等の権利と要求をもった小型動物になるのではないか。その**可能性がある**のだ。しかも疑いなく！　その可能性を最後まで考え抜けば、ほかの人たちが知らないような吐き気を感じることになる。——もしかすると、新しい**課題**を知ることにも！……

# 第6部　私たち学者は

## 204

モラルの話をすれば、ここでも、いつもと同じことになるのだが――つまり、バルザックの言葉を借りれば、臆することなく自分の傷をさらけ出す《モントレ・セ・プレ》ことになるのだが――、その危険を冒して、あえて私は、不当で有害な序列入れ替えに反対しようと思う。その序列は、今日、まったく気づかれることなく、良心のやましさなどこれっぽっちもないまま、科学と哲学のあいだで入れ替えられようとしている。私の意見では、誰もが自分の**経験**から――経験とは、いつもひどい経験のこと？のように、私には思えるのだが――、序列のような高級な問題には発言する権利をもっているにちがいない。もちろん、目の不自由な人が色について発言したり、女性や芸術家が科学に**反**論したりすることは、言うまでもない（「ああ、ひどいもんですね、科学って！」と、この人たちは本能と恥ずかしさからため息をつく。「いつもやることが**深掘り**なんだから！」――）。科学の人間は、何にも依存していないことを宣言し、哲学から解放されている。これは、デモクラシーというもの、デモクラシーという悪行の、なかなか結構な影響のひとつである。学者の自画自賛とうぬぼれは、今日どこでも花盛りで、わが世の春を楽しんでいる。——とはいえ、この場合、自賛が好ましい香りを放っているなどと言わせておくべきではない。「主人など、みんな追っ払ってしまえ！」——と、ここでも賤民の本能が主張する。そして科学は、あまりにも長いあいだ神学の「侍女」だったのだが、その神学をじつにうまい具合に追い払ってしまってから、今度はすっかり有頂天になって無分別にも、哲学に対して掟を定めようとしている。そしてそのうち自分が「主人」になろうとしているのだ。——なんと！ **哲学者**を演じようとしているのだ。私の記憶は——これでも、失礼！ 科学の人間の記憶なのだが——、哲学と哲学者について若い自然科学者や年配の医者から聞かされた、素朴で高慢な言葉ではち切れんばかりである（すべての学者のなかで、もっとも教養があり、もっともうぬぼれの強い文献学者と学校教師については、言うまでもない。連中は職業柄、教養とうぬぼれの両方を兼ね備えている——）。あるときは、重箱の隅をつつくような専門家が、およそ総合的な課題や能力に出くわせば、そのすべてに本能的に抵抗した。あるときは、勤勉な労働者が、哲学者の魂の家計に暇《オティウム》と上品な贅沢のにおいを嗅ぎつけていたので、自分が侮辱され、ちっぽけなものにされたように感じていた。あるときは、あの色覚異常の功利人間が、哲学のことを、**論破された**体系の行列で、誰の「役にも立たない」豪勢な浪費にほかならないと考えていた。あるときは、変装した神秘主義や認識の境界訂正に対する恐怖が目立っていた。あるときは、何人かの哲学者への軽蔑が、知らないうちに一般化されて、哲学への軽蔑になっていた。最後に、もっとも頻繁に目にしたことだが、若い学者たちは偉そうに哲学を馬鹿にしながら、なんと裏では、ひとりの哲学者だけからはひどい影響を受けていた。その哲学者には、全面的に解約通知していたのだが、ほかの哲学者たちを軽蔑する彼の評価の呪縛からは抜け出せないままだったのだ。――その結果、すべての哲学を全面的に嫌うようになったわけである。（たとえばその一例が、最近のドイツに対するショーペンハウアーの影響のように思える。――ショーペンハウアーは、ヘーゲルに対する知的でない怒りによって、最近のドイツ人の全世代にドイツ文化と縁切りさせてしまった。ドイツ文化は、どの点から考えても、**歴史センス**の高さと予見する繊細さをそなえていたのだが。しかしショーペンハウアー本人は、まさにこの点にかんして天才的なまでに貧しく、鈍感で、非ドイツ的だった）。大ざっぱに見積もって、哲学に対する畏敬の念がじつに徹底的に捨てられ、賤民の本能に門が開かれたのは、なんといっても、最近の哲学者たちが人間的で、あまりにも人間的であるから、つまり貧弱だからなのだろう。ともかく次のことを白状しておくべきだ。どの程度まで私たち現代の世界から、ヘラクレイトスたちの、プラトンの、エンペドクレスの流儀すべてが消えているのか、そして、みんな王のように華麗な「精神の隠遁者」である彼らの呼び名が消えているのか、白状しておくべきだ。また、今日では流行のおかげで、持ち上げられていると同時に軽蔑もされている代表的な哲学者がいるが――たとえばドイツでは、アナキストのオイゲン・デューリングと水銀合金屋《アマルガミスト》のエドゥアルト・フォン・ハルトマンというベルリンの2頭のライオンだが――、そんな哲学者を見たとき、誠実な科学の人間なら、自分のほうが性格も生まれも連中よりましだと、大いに胸を張って感じても**よい**ものだと白状しておくべきだ。とくに、あの「現実重視の哲学者」とか「実証主義者」と名乗るチャンポン哲学者たちの姿を見せてやれば、野心ある若い学者の心に危険な不信感を吹き込むことができる。しかし連中は、せいぜいのところ学者や専門家にすぎない。それは手に取るように明らかだ！——実際のところ連中はみんな、負け犬であり、科学の支配下に**連れ戻された者**である。いつか自分**以上**の者になりたいと思っていたけれど、その「以上」になる権利や、その責任をもつ権利をもっていなかったのだ。——そうやって今、連中は、哲学がもっている主人としての使命やその支配者面《づら》に対する**不信感**を、実直に、恨みがましく、復讐に燃えて、言葉と行動で代弁しているわけだ。結局、こうなるしかないのではないか！　科学は今日、花開いていて、良心にやましさなど一切ない顔をしている。その一方、最近の哲学ときたら、どれもこれも落ち目で、今日の哲学の残り物が、自分に対する軽蔑と同情ではないにしても、自分に対する不信と不機嫌をうごめかせている。哲学は削減されて「認識論」になり、実際、おずおずした判断中止《エポケー》論や節制論にすぎなくなっている。哲学は、まるで敷居を越えることもなく、ばつの悪そうな顔をして入場の権利を**拒んでいる**。——これが哲学の最後の表情だ。おしまい。断末魔の苦しみ。同情を誘うもの。こんな哲学にはできっこないのが——**支配するということ**だ！

**205**

哲学者たちの発達にとって危険なことが、今日、じつに多様にあるので、そもそも哲学者の実が熟するものなのか、疑いたくなってしまう。いろんな学問・科学の範囲と塔の建設が、〔バベルの塔のように〕巨大なものになっている。そのせいで、すでに哲学者が学ぶことに疲れたり、どこかに確保され「専門化」させられてしまうという可能性も、巨大なものになっている。その結果、哲学者はもはや高みにたどり着けない。つまり、見渡すことも、見回すことも、**見おろすこと**もできない。または、高みにたどり着くのが遅すぎるので、そのときには、哲学者の最上の時間と力がすでになくなっている。または、哲学者が損傷していたり、雑になっていたり、劣化していたりするので、哲学者の視線が、哲学者の価値判断がまるごと、ほとんど意味をもたなくなってしまう。知的良心が繊細であるからこそ、もしかしたら哲学者は途中でためらって、遅れてしまうのかもしれない。哲学者は、ディレッタントになるように誘惑されることを、ムカデのように何本もの足と触角をもつように誘惑されることを恐れている。自分でもあまりにもよくわかっているのだ。自分自身に対する畏敬の念を失ってしまった者は、認識する者としても、もはや命令できないし、もはや**リーダー**にもなれない、と。そうなったら大俳優になろうと思うしかないだろう。哲学の詐欺師《カリオストロ》に、精神のネズミ取りに、要するに誘惑者に。これは最終的には趣味の問題である。良心の問題でないのなら。おまけにそのうえ、哲学者の困難を倍にしているものだが、哲学者は、学問・科学についてではなく、生について、そして生の価値について判断を、イエスかノーを、自分に要求しているのだ。——自分にはその判断をする権利が、それどころか義務すらあるのだと、いやいやながら信じるようになっているのだ。そして、自分がそういう権利をもち、そういうふうに信じることができるという道は、じつに広範囲の——もしかしたら邪魔になるような、ぶち壊すような——体験のなかに探すほかないのだ。それも、しばしばためらいながら、疑いながら、口を閉ざしながら。事実、大衆は哲学者のことを長いあいだ、勘違いし誤解していた。学問や科学をやっている人で理想的な学者なのだとか、宗教的に高められ、官能を脱し、「世俗を脱した」、神を夢想する大酒飲みなのだとか。そして今日でさえ、「「賢く」生きてますね」とか「「哲学者みたいに」生きてますね」とほめられているのを耳にすると、「利口だが浮世離れしていますね」という程度の意味にしか聞こえない。賢いということを、賤民は、一種の逃避のようなものであり、ひどいゲームからうまく抜け出す手段であり芸当なのだと思っているようだ。しかし、まともな哲学者の生き方は——友よ、**私たち**にはこう見えないだろうか？——「非哲学的」で「賢くない」、なによりも**利口でない**。そして、生きるということを百回も試み、生きるということへ百回も誘惑することが、自分の重い責任であると感じている。——まともな哲学者は、つねに**自分を**危険にさらしている。**そんな**ひどいゲームをやっているのだ。……

206

天才というのは、**生産する**者か、**出産する**者のことだが、どちらの言葉も最高の意味で理解しておく。その天才と比べると——学者、つまり学問・科学をやっている平均的な人間には、いつもオールドミスみたいなところがある。というのも学者は、オールドミスと同じように、人間にとってもっとも価値のある2つの仕事に慣れていないからだ。事実、この両者、つまり学者とオールドミスには、いわば損害賠償のようなものとして敬意が払われている——この場合に強調されているのは敬意である。——そして無理やり払われている敬意の同格として、不機嫌もくっついている。もっと詳しく見てみよう。学問・科学の人間とは何者なのか？　まず最初に、高貴でない人間のことである。高貴でない、つまり支配していない、権威のない、自足もしていない種類の人間がもっている徳の、持ち主のことである。勤勉で、整列して我慢強く順応し、節度ある一様の能力と要求をもっている。自分と同じような者に対する本能、自分と同じような者が必要としているものに対する本能をもっている。何を必要としているかといえば、たとえば、労働からの休息をあたえてくれる、あの、ちょっとした自立と緑の牧草地である。また、あの名誉と承認である（これには、識別されること、識別可能であることが、何をおいてもまず最初に前提とされているわけだが——）。また、あの太陽の輝きのような名声であり、その価値と有効性をあのようにつねに確認することである。確認することで、心のなかの**不信感**が、依存している人たちや畜群動物のすべての胸の底にあるものが、くり返し克服されるにちがいない。学者は、当然のことながら、高貴でない病気や悪癖ももっている。小さな嫉妬もよくする。手の届かない高さにいる人たちがもっている低劣な面を、山猫のように見抜く目をもっている。人なつっこいところもあるが、それは気ままにやっているからにすぎず、**河のような**人間だからではない。まさに大河のような人が目の前にいるだけで、普段より冷たくなって閉じこもる。――そのとき学者の目は、波ひとつない不機嫌な湖のようで、魅力のさざ波も、共感のさざ波も起こらない。学者がやりがちな一番ひどくて危険なことは、学者という種《しゅ》がもっている凡庸さという本能のせいで生まれる。あのイエズス会のような凡庸さのせいである。イエズス会の精神は、非凡な人間を絶滅する仕事に本能的に取り組んでいて、ぴんと張られた弓を見れば、かならず折ろうとする。または――こちらのほうが好ましいが！――弓を引く手を緩めさせようとする。手を緩めさせるときは、もちろん、思いやりをもって、いたわるように――優しい同情をもって、**引く手を緩めさせる**のである。これが、イエズス会の精神の本来のテクニックである。自分を同情の宗教として売り込むことを、いつも心得ていたのだ。――

**207**

**客観的な**精神を、私たちはありがたく歓迎している。――そして主観的なものにはすべて、またその呪わしい自己中心癖には、誰もが死ぬほどうんざりしたことがあるだろう！——けれどもその感謝の念には用心が必要だ。精神の脱自分や脱個人が、近ごろでは、いわば目的そのものであり、救いであり、浄化であるかのように、大げさに讃えられるが、それには抑制が必要だ。そのような行き過ぎは、とくにペシミストたちのグループでよく見られることだが、「利害関心のない認識」に対して彼らなりに最高の敬意を払うのには、十分な理由がある。客観的な人間は、ペシミストみたいに呪ったり、ののしったりしない。**理想的な**学者は、何千回も大小の失敗を重ねた後に、学問の本能が花を開いて、咲き終わる。そういう学者は、この世に存在するもっとも貴重な道具のひとつであるのだが、もっと権力のある者の手中にある。つまり、道具にすぎず、言ってみれば、**鏡**である。——「自己目的」ではないのだ。客観的な人間は、実際、鏡である。認識されようとするものがあれば、かならずその前でうやうやしくして、認識すること、「鏡像にすること」以外の喜びを知らない。——何かがやって来るのを待っている。そして優しくそっと体を広げ、その鏡面と皮膜には、軽やかな足跡であれ、幽霊のようなものがすり抜けることであれ、残らず映し出すのである。鏡に「個人」がまだ残っていると、学者はそれを偶然だと思う。恣意的だと思うこともしばしばで、邪魔だと思うことはもっとしばしばだ。それほどまでに学者は自分で、いろんな知らない人物や出来事の通路や反映になってしまっているのだ。「自分」に戻ろうとするが、苦労しても、よく間違える。自分のことを勘違いしやすい。自分が必要としていることを間違える。この点についてだけ学者は繊細でなく、いい加減である。もしかしたら健康のことや、女や友達の部屋の風通しなど些細なことで、または、仲間がおらず、つき合いがないことで悩んでいるのかもしれない。――無理やり自分の悩みについて考えてみようとするのだが、うまくいかない！　頭はもう別のところへ行き、もっと**一般的な**ケースを考えている。そして自分はどうすればいいのか、明日になっても、昨日と同じようにわからない。自分に対して真剣ではなくなっている。時間もなくしている。学者が快活なのは、困っていることがないから**ではない**。**自分が**困っていることに差し伸べる指や手立てがないからだ。どんなものごとや体験でも、いつも歓迎する。自分に降りかかってくることはすべて、太陽のようにこだわりなくもてなす。前後を考えずに気立てがよく、危険なほどイエスとノーに無頓着。ああ、こういう美徳を本人が後悔しなければならないケースは、たっぷりある！――そして学者はそもそも人間として、あまりにも簡単にこういう美徳の死んだ頭《カプート・モルトゥウム》になる。学者に愛や憎しみが求められるなら――神や、女や、動物が理解しているような愛や憎しみのことを、私は言っているのだが――、学者は、できるかぎりのことをし、あたえられるかぎりのものをあたえるだろう。けれどもそれが大したことでも大したものでもないとしても――そのとき学者がまさに、純粋ではない、壊れやすい、いかがわしい、朽ちた姿を見せるとしても――、驚くべきではない。学者の愛はわざとらしいもので、学者の憎しみは作り物。むしろ力業《トゥール・ド・フォルス》であり、ちょっとした虚栄と誇張なのである。学者が純粋であるのは、まさにただ、客観的であっても許される場合にかぎる。その快活な全体観《トータリズム》においてのみ、学者は「自然」であり、「自然に即している」。鏡のように永遠に平らな学者の心は、もう肯定することも、もう否定することも知らない。命令はしないし、破壊することもない。「私はほとんど何ひとつ軽蔑しない《ジュ・ヌ・メプリズ・プレスク・リアン》」——と、学者はライプニッツとともにこう言う。ここではほとんど《プレスク》を聞き逃したり、馬鹿にしたりしないでいただきたい。学者は模範的な人間ではない。誰の前も、誰の後ろも歩かない。あまりにも遠くに立っているので、善か悪か、どちらかの味方になる根拠がない。学者は、じつに長いあいだ**哲学者**と間違えられてきた。カエサルのような文化の育成者であり暴君であると思われてきた。だからあまりにも尊敬されすぎたため、学者の本質の最たるものが見逃されてきた。——学者は、道具なのだ。一介の奴隷である。たしかに奴隷としては至高の種類の奴隷だが、ひとりでは何者でもない。——ほとんど無《プレスク・リアン》なのだ！　客観的な人間は、道具である。高価な、傷つきやすくて曇りやすい測量具で、工芸品の鏡である。ていねいに大事に扱わなければならない。けれども学者は、目標ではない。出発点でもなければ、昇り口でもない。**学者以外の**生存を正当化するような補完型の人間でもない。結論でもない。——もちろん発端でも、生産でも、第一原因でもない。主人になろうとする丈夫な者でも、強い者でも、自立した者でもない。むしろ、吹いて膨らませて作られた、デリケートで良質の、動かせる鋳物の深鍋にすぎない。鋳物の深鍋は、その型どおりに「作られる」中身と実質が入ってくるのを待つしかない。——学者というのは普通、中身と実質のない人間である。「自分がない」人間である。だから、ちなみに《イン・パレンテシ》、女たちにとっては、いないも同然なのである。——

## 208

今日、哲学者が「私は懐疑家ではない」ということを理解してもらおうとすると――おお、これは、客観的な精神について私がさっき書いたことを聞いてもらえたからではないか？――、世間の人はみんな、嫌な顔をする。ちょっと物怖じしながら、哲学者を見つめて、根掘り葉掘り聞きたそうな顔をしている。……おずおずと聞き耳を立てる人は今ではたくさんいるが、その人たちのあいだでは、それ以来、危険な哲学者と呼ばれるようになる。懐疑を拒否する哲学者の言葉を耳にすると、その人たちには、遠くから悪意をもって脅かすような騒音が聞こえてくるような気になる。どこかで新しい爆薬の実験でもしているのだろうか。精神のダイナマイト、もしかしたら新しく発見されたロシアの虚無剤《ニヒリン》かもしれない。善い意思《ボナエ・ウォルンターティス》をもったペシミズムは、ノーと言い、ノーを欲するだけでなく、――考えるのも恐ろしいことだが！――ノーを**行なう**のだ。この種の「善い意思」――つまり、生きることを実際に乱暴に否定しようとする意思――に対して、誰もが認めるように今日では、懐疑ほどよく効く睡眠剤や鎮静剤はない。懐疑は、そっと優しく子守歌で寝かしつけてくれる阿片なのだ。そしてハムレット自身が、今日では当世の医師たちによって、「精神」と地下でのその騒ぎに対する処方薬とされる。「皆さん、ひどい騒音しか、もう聞こえないんじゃありません？」と、懐疑家が言う。懐疑家は、静けさの友であり、ほとんど治安警察のようなものだ。「地下から聞こえてくる、このノー、ぞっとする！　おい、ペシミストのモグラども、いい加減、静かにしろ！」　なにしろ懐疑家は、こんなふうに心優しいので、こんなに簡単にびっくりするのだ。その良心は教え込まれているので、どんなノーを聞いても、それどころか、きっぱりと冷酷なイエスを聞いただけでも、ピクッとして、ちょっと噛まれたように感じる。イエス！　そしてノー！——どちらも懐疑家にはモラルに反するものだ。逆に懐疑家は、上品に節度をわきまえて自分の徳を愛《め》でるのが好きだ。たとえば、モンテーニュのように、「私は何を知っているのだろう？」と言う。または、ソクラテスのように、「私は、私が何も知らないということを知っている」と。または、「ここで私は無理はしない。ここでは私にドアが開いていない」と。または、「仮に、ドアが開いているとしても、どうしてすぐに入るのか！」と。または、「どうして、せっかちな仮説が役に立つのか？　仮説なんか立てないほうが、趣味がいいと思われやすくなるかも。いったいどうして、曲がっているものをまっすぐにする必要があるのかな？　ほんとに、どんな穴も麻クズみたいなもので詰めるわけ？　時間がない？　時間というものには時間がない？　おお、悪魔の諸君、まったくもって**待つ**ってことができないのかい？　不確かなものにだって魅力はある。スフィンクスも魔女《キルケー》なんだ。魔女《キルケー》も哲学者だったんだよ」——こんなふうに懐疑家は自分を慰めている。そして懐疑家には若干の慰めが必要であることは、本当だ。なにしろ懐疑というのは、俗に神経衰弱とか虚弱とか呼ばれる多様な生理状態を、精神の動きとして表現したものだから。長いあいだ分離されていた人種や身分が、決定的に突然、交わるときには、かならず懐疑が生まれる。いわば、さまざまな尺度と価値が血のなかに遺伝している新しい世代では、あらゆることが、不安になり、障害になり、疑問になり、実験になる。ベストの力がブレーキとなり、徳と徳がおたがいに邪魔しあって成長せず、強くならない。心と体のバランスが欠け、重心がなくなり、垂直方向の安定が消える。しかし、このような混淆児たちが一番ひどく病んで劣化しているもの、それが**意思**だ。自立して決めること、勇敢に楽しく感じながら欲することをまるで知らないのだ。――夢のなかでも「意思の自由」ということを疑っている。今日の私たちのヨーロッパは、ラディカルに身分が混ざり合い、**したがって**人種が混ざり合って、じつに唐突な実験の舞台になっている。そのヨーロッパは、意思が病んで劣化しているので、あらゆる高いところ、深いところで懐疑的なのだ。あるときは、あの活発な懐疑が、我慢できず好色に枝から枝へとジャンプして。あるときは、クエスチョンマークを積みすぎた雲みたいに憂鬱に。――けれども自分の意思には、死ぬほどうんざりしている！　意思の麻痺。この障碍者に今日、お目にかからない場所はない！　しかも、しばしばお化粧までしているのだ！　なんと派手に化粧して誘惑していることか！　この病気には、じつに美しい豪奢なウソの衣装がある。そして「たとえば、今日、「客観的」とか、「科学的」とか、「芸術のための芸術」とか、「意思のない純粋な認識」とかの名前でショーウィンドウに並べられるもののほとんどは、派手な化粧をした懐疑であり、意思の麻痺にすぎませんね」――ヨーロッパの病気について、私はこの診断を保証しておこう。――意思の病気はヨーロッパで一様に蔓延しているわけではない。意思の病気が一番ひどく多様な姿を見せるのは、ずっと昔から文化があった場所である。「野蛮人」がまだ——または、ふたたび——西洋の教養のだぶだぶの服を着て、自分の権利を主張している程度に比例して、意思の病気は姿を消している。だから、手に取るように簡単に推測できることだが、意思が一番ひどい病気にかかっているのは、今のフランスだ。そしてフランスにはいつも、自分の精神の致命的な転回点をも魅力的な誘惑者に変えてしまう名人芸があるので、フランスは今日、懐疑がもつあらゆる魔法の、まさに本格的な学校および展示場として、その文化がヨーロッパで優位に立っている。意思する力、それも意思を長く意思する力なら、すでにドイツのほうがちょっと強い。そしてそのドイツでは、北部のほうが中部より強い。目立って強いのがイギリスであり、スペインとコルシカだ。前者は粘液質に、後者は固い頭蓋骨に結びついている。——イタリアについては、言わずもがな。若すぎるので、自分が何を意思しているのか知らない。それにまず、意思することができるかどうか、証明する必要がある。——しかし、もっとも強く、もっとも驚くべき力を見せているのは、ヨーロッパがいわばアジアに逆流している、あの巨大な中間地域。ロシアだ。そこでは意思する力が、ずいぶん前から蓄えられ、貯められている。意思が——肯定の意思なのか、否定の意思なのか、確かではないが——、今日の物理学者の体語《からだご》を借りれば、解き放たれるのを不気味に待ちかまえている。ヨーロッパが最大の危険を軽減されるために必要なのは、インドでの戦争やアジアでの紛糾だけではないだろう。それだけではなく、国内でのいろんな転覆や革命が必要だろう。ロシア帝国が破裂して小さな政体になること、とくに議会という馬鹿ばかしい制度を導入することが必要だろう。そこには、誰もが朝食のときに新聞を読まなければならないという義務も加わるだろう。私がそう言うのは、私がそう望んでいるからではない。私にはむしろその逆のほうが好ましいのだが。——私は、ロシアの脅威が増せば、同じようにヨーロッパも、脅威になる決心をすることが必要ではないか、と言っているのである。つまり、**ひとつの意思をもとう**とすること。ヨーロッパを支配する新しいカーストという手段によって、何千年も先まで目標を設定できるほど長くて、ものすごい、自分の意思をもとうとすること。——そうすることによってようやく、ヨーロッパの小国分立という長く紡がれてきた喜劇に決着がつけられるだろう。また、あれこれ王朝を望んだり、あれこれ民主制を望んだりすることにも、決着がつけられるだろう。小さな政治の時代は終わっている。きっと次の世紀は、地球の支配をめぐる闘いになる。——**どうしても**大きな政治になる。

## 209

私たちヨーロッパ人はどうやら、新しい戦争の時代に足を踏み入れたようだ。もしかしたらこの時代は、もっと強い別の懐疑の発達に対しても好都合かもしれない。どれくらい好都合なのか、とりあえず、ドイツ史ファンなら理解してくれそうな比喩だけで説明しておきたい。美しい長身の擲弾兵《てきだんへい》にためらうことなく熱狂したあの人物は、プロイセン王〔フリードリヒ・ヴィルヘルム1世〕として、軍事と懐疑の天才に——そしてそれによって結局、今まさに勝ち誇っている新しいタイプのドイツ人に——生をあたえた人物であり、つまり、フリードリヒ大王〔啓蒙専制君主フリードリヒ2世〕のいかがわしく風変わりな父親だったのだが、ただひとつの点において、自分で天才のようにつかんで幸運を手離さなかったことがある。当時のドイツに何が欠けていたのか、知っていたのだ。また、何が欠けていることが、教養や社交の作法なんかが欠けているよりも百倍も心配で切実なことなのか、知っていたのだ。——若いフリードリヒに対する嫌悪は、深い本能の不安から生まれていた。**男らしい男たちが欠けていたのだ**。そして王は、自分の息子が男らしくないのではないかと疑って、ひどく不機嫌になった。それは王の勘違いだった。しかし王の立場なら、誰でも勘違いしたのではないか？　王は息子が無神論に、エスプリに、才気煥発なフランス人たちの享楽的ないい加減さに溺れているのを見た。——王はその背後に、大きな吸血女を、蜘蛛みたいな懐疑を見た。心が、善にも悪にも耐えられないほど柔らかくなってしまっている。意思が壊れて、もはや命令せず、もはや命令することが**でき**ない。この悲惨な状態は治らないのではないかと、王は疑った。しかしそうこうするうち息子の心のなかに、より危険で、より厳しい、あの新種の懐疑が育ってきた。——まさに父親の憎しみが、そして孤独のなかで作られた意思の氷のようなメランコリーが、**どんなに**その新種の育成をうながしたか、誰にわかるだろう？——大胆不敵な男らしさをそなえたその懐疑は、戦争と征服の天才とは一番近い親戚であり、フリードリヒ大王の姿をとって、はじめてドイツに入城したのだ。その懐疑は、相手を軽蔑しているにもかかわらず、その相手を力ずくで自分のものにする。相手をダメにしてから所有する。信じないが、自分を失うことはない。精神には危険な自由をあたえるが、心は厳格に保たれている。これが**ドイツ**型の懐疑である。フリードリヒ大王の流儀を継承し、精神的なものに高めたものである。その懐疑によってヨーロッパは、かなりの期間、ドイツ精神とその批判的で歴史的な不信感に支配されていた。偉大なドイツの文献学者と歴史批評家は（きちんと見れば、みんなそろって破壊と解体の芸人でもあったのだが）、その男らしさが度しがたいほど強くてしたたかだった。そのおかげで、音楽と哲学のロマン主義にもかかわらず、しだいにドイツ精神の**新しい**概念が確立していった。その概念では男らしい懐疑への傾向が決定的に目立つようになった。たとえばそれは、たじろぐことのない視線であり、勇敢に容赦なく解体する手であり、危険な探検旅行、荒涼として危険な空の下での精神的な北極探検への強い意思である。人間性を大事にする、温かい血の通った浅薄な人たちが、まさにこの精神の前で十字を切るとしたら、それにはちゃんとした理由があるのだろう。これを、宿命の、皮肉で、メフィストフェレスのような、この精神《セ・テスプリ・ファタリスト・イロニク・メフィストフェリク》と、戦慄なしには呼べなかったのが、〔フランスの歴史家〕ミシュレである。ドイツ精神の「男らしさ」によってヨーロッパはその「独断のまどろみ」から呼び覚まされたわけだが、その「男らしさ」に対する恐怖がどんなに際立ったものか、実感しようと思うなら、その「男らしさ」によって克服されざるをえなかった以前の概念を思い出すのがいい。——また、これはそれほど昔のことではないが、男のような女性〔『ドイツ論』を書いたフランスの文筆家、スタール夫人のこと〕が、あえて遠慮せず尊大な筆をふるって、ドイツ人のことを穏やかで、心優しくて、意思が弱くて、詩人のような薄のろとして、ヨーロッパに紹介している。最後になるが、ナポレオンがゲーテと面会したときの驚きをしっかり理解してもらえば、何世紀にもわたって「ドイツ精神」がどういうものだと思われていたのか、がよくわかる。「ここにいるのは男だ《ヴワラ・アン・ノム》！」——ナポレオンのこの言葉は、こういう意味だった。「おお、**男らしい人**だ！〔スタール夫人の言っているような〕ドイツ人に会うものだとばかり思っていたのだが！」〔ナポレオンはエジプト遠征のときゲーテの『若きウェルテルの悩み』を7回読んだと言っている〕——

## 210

というわけで仮に、未来の哲学者たちの姿のなかに、もしかしたら、ついさっき暗示した意味で懐疑家にちがいないと推測させるような傾向が見られるとすれば、だからといってそれは、未来の哲学者たちに付属している何かが示されているだけのことであって——未来の哲学者そのものが示されているわけでは**ない**。未来の哲学者を懐疑家と呼んでもいいのなら、批判家と呼んでもかまわないだろう。そして確かにそれは、実験の人間であるだろう。あえてそういう名前で呼ぶことによって、私は、実験することと実験することの楽しさをはっきり強調したのだ。こうなったのは、未来の哲学者たちが、心身についての批判家として、実験というものを新しい意味で、もしかしたらもっと広い、もしかしたらもっと危険な意味で利用することを好むから？　未来の哲学者たちは、認識の情熱に駆られて、大胆で痛い実験を重ねながら、デモクラシーの世紀の柔《やわ》で甘っちょろい趣味が許せないような場所より先まで進むにちがいない？――疑いもなく、これら来たるべき哲学者たちは、批判家を懐疑家から区別する、あの大事な、懸念のないわけではない特性を少なくとも欠いてはならないだろう。私が言っているのは、価値の尺度が確かであること、方法をひとつにして意識的に扱うこと、抜け目のない勇気、自立していて自分で責任がとれることである。そう、来たるべき哲学者たちは、ノーと言うこと、解剖することが**楽しくてたまらない**と自分でも認めている。ある意味、慎重で残酷なので、たとえ心臓が出血しても、メスを確実に正確に使うことができると自分でも認めている。ヒューマンな人たちが望んでいるだろう以上に、（もしかしたら、かならずしも自分に対してだけでなく）**冷酷である**だろう。真理が「気に入った」とか、真理が自分を「高めてくれて」「勇気をあたえてくれる」からという理由で、真理とつき合ったりはしないだろう。**真理**がそのような楽しい感情をもたらしてくれるとは、むしろほとんど信じてはいないだろう。この厳密な精神の持ち主たちは、微笑むだろう。もしも「あんなふうに考えると、私が高められます。あれって、真理ですよね？」と言われたら。または、「あの作品を見ると、うっとりします。あれって、美しいですよね？」と言われたら。「あの芸術家に触れると、私が大きくなった気がします。あの人って、大きな存在ですよね？」と言われたら。――この厳密な精神の持ち主たちは、もしかしたら微笑むだけではないかもしれない。あのような熱狂や、理想や、女々しさや、両性具有などすべてに対して、正真正銘の吐き気も感じているのだ。その持ち主たちの秘密の心房にまでたどり着けるとしても、「キリスト教の感情」を「古典古代の趣味」や、それどころか「現代の議会制度」と和解させようとする意図を、そこに見つけるのはむずかしいだろう（そのような和解は、非常に不安定で、だから非常に和解を好む私たちの世紀では、哲学者たちのあいだですら見られるはずだ）。批判の訓練や、精神にかかわることではいつも純粋さや厳密さを心がけるという習慣を、これら未来の哲学者たちはわが身に要求しているだけではない。それらを一種のアクセサリーのように自分から見せびらかしもするだろう。——にもかかわらず、だからといって批判家と呼ばれることは望まない。今日よく見られるように、「哲学そのものは批判であり、批判の学問である。——そしてそれ以外の何物でもない！」と規定されるとき、哲学に加えられる不名誉は、小さなものではないと彼らには思えるのだ。哲学のこの価値評価は、フランスやドイツのすべての実証主義者から拍手をもらうことだろう（——そしてこの価値評価なら、**カントの**心と趣味にまで媚びていたのだ、と考えることができるかもしれない。カントの主著のタイトルを思い出せばいい——）。私たちの新しい哲学者たちは、それにもかかわらずこう言うだろう。批判家って、哲学者の道具なんですよ。だからこそ、道具なんですから、哲学者だなんて、とても呼べません！　ケーニヒスベルクの偉大な中国人〔カント〕だって、偉大な批判家にすぎなかったわけです。——

## 211

これは私の主張だが、哲学の労働者や一般の学問の人間を哲学者だと混同するのは、いい加減やめたらどうか。——まさにその場合は厳密に「誰に対しても、その人にふさわしいものを」、つまり前者には多すぎず、後者には少なすぎず、あたえるということだ。本物の哲学者を教育するために必要だろうと思われることがある。本物の哲学者は、彼の召使いたち、つまり哲学を学問として働いている労働者たちが、立ち止まっている——立ち止まる**しかない**——すべての段階を自分でも一度は経験しておくことだ。本物の哲学者は自分でも、もしかしたら批判家であり、懐疑家であり、独断家であり、歴史家であり、おまけに詩人であり、コレクターであり、謎解き屋であり、モラリストであり、見者であり、「自由な精神」の持ち主であり、つまり、ほとんどすべての者であったことが必要なのである。そうやって、人間の価値や価値感情の領域をくまなく歩くことが**できる**のであり、多様な目と良心をもって、高いところからあらゆる遠くまで、深いところからあらゆる高いところまで、隅からあらゆる広いところまで見ることが**できる**のだ。けれどもこれらは全部、哲学者の課題の前提条件にすぎない。哲学者の課題そのものが望んでいるのは、別のことである。——哲学者は、**いろんな価値をつくる**ことが望まれているのだ。あの、カントやヘーゲルの高貴なお手本にしたがって働いている哲学の労働者たちは、いろんな価値評価の——つまり、かつて**定められた**価値や、つくられた価値は、支配的なものとなり、かなりの期間、「真理」と呼ばれていたわけだが――大規模な実態を確認して、それを公式に押し込むのが仕事だった。**論理**の王国とか、**政治**の（モラルの）王国とか、**芸術**の王国とかで。これらの研究者に課せられていることは、これまで起きて評価されたものをすべて、見渡せるようにし、じっくり考えられるようにし、把握できるようにし、扱えるようにすることである。長くつづくものすべてを、そう、「時間」そのものまでをも短縮して、過去の全体を**圧倒する**ことである。とてつもない、とてもすばらしい課題であり、それをこなせば、どんなに微妙なプライドも、どんなにしたたかな意思も、きっと満足できるにちがいない。**けれども本当の哲学者たちは、命令をし、掟を定める**。つまり、「こうある**べきだ！**」と言う。人間の「どこへ？」と「何のために？」を定めるのだ。そのさい、すべての哲学の労働者、過去を圧倒したすべての者がやってくれた下ごしらえを使いこなすのである。――本当の哲学者たちは、創造者の手で未来をつかむ。そしてそのさい、今あるもの、かつてあったもののすべてが、本物の哲学者たちの手段に、道具に、ハンマーになる。本当の哲学者たちが「認識する」ということは、**つくり出すこと**である。本当の哲学者たちがつくり出すことは、掟を定めることである。本当の哲学者たちの真理への意思は、――**力への意思**である。――今日、こんな哲学者たちがいるだろうか？　これまで、こんな哲学者たちがいただろうか？　こんな哲学者たちがいることが**必要**なのでは？……

## 212

私にはますますこう思えてくる。哲学者は、明日と明後日に**必要な**人間として、哲学者の今日とはいつも矛盾してきたし、矛盾**せざるをえなかった**。哲学者の敵は、毎回、今日の理想だった。人間にとって非凡なパトロンは、哲学者と呼ばれるのだが、これまでみんな自分のことを、知恵の友だと感じることはほとんどなく、むしろ不愉快な馬鹿で危険な疑問符だと感じていた。——そして自分たちの課題は、冷酷で、望まれてもおらず、拒むこともできず、けれども最終的には偉大な課題なのだが、それは、自分たちの時代の悪い良心たることだと見抜いていた。まさに**その時代の美徳**の胸に生体解剖のメスをあてることによって、自分自身の秘密が何なのかを漏らしたのだが、それは、人間の**新しい**偉大さを知るためであり、人間を偉大なものにする新しい未踏の道を知るためだった。毎回、哲学者たちによって暴露された。同時代のモラルで一番尊敬されているタイプのなかに、どれくらいの偽善が、不精が、自己放任が、自堕落が、どれくらいの嘘が隠されていて、どれくらいの美徳が**生き残って**いるか。毎回、こう言われた。「これから出かけていかなくちゃならないのは、**君たちが**さ、今日、一番勝手を知らない場所なんだよ」。「モダンの考え方」の世界では、誰もが「専門」の片隅に追い払われるものだが、哲学者なら、もしも今日、哲学者がいるとすれば の話だが、その世界を目の前にすると、人間の偉大さを、「偉大さ」という概念を、まさに人間の広範な多様性のなかに、多くのものにおける人間の全体性のなかに設定するよう強制されているだろう。哲学者なら、ひとりの人間がどれくらい多くのものを、多様なものを背負って引き受けることができるのか、どれくらい**広く**自分の責任とすることができるのか、に応じて価値や序列までをも決めるだろう。今日では時代の趣味と時代の美徳によって、意思が弱められ、薄められている。意思が弱いことほど時代にかなったものはない。だから、哲学者の理想では、まさに意思の強さが、長い時間をかけて決定する冷徹な能力が、「偉大さ」という概念に含まれるにちがいない。そう考えると、逆の時代、たとえば16世紀のように、鬱積した意思のエネルギーや、利己心の激流や洪水に苦しんでいた時代には、それとは逆の教えが、つまり内気で、欲のない、謙虚で、無私の人間性という理想が、ふさわしかったのも当然である。ソクラテスの時代は、本能がくたびれた人間ばかりで、保守的な古代アテナイ人たちは気ままに暮らしていた。——「幸せのために」と言いながら、娯楽にふけっていたのだ。——そのさい、あいかわらず昔ながらの美辞麗句を口にしていたのだが、彼らの生活はとっくの昔にそんな言葉を口にする権利をなくしていた。そういう時代だから、魂の偉大さのためには、もしかしたら**イロニー**が必要だったのかもしれない。年寄りの医者で賤民がもっている、あのソクラテスのような悪意のある自信である。医者で賤民は、「高貴な人間」の肉と心臓を切るように、容赦なく自分の肉を切った。その目つきは、誰にもわかるようにこう言っていた。「私の前で、とぼけるのはおよしなさい！　ここじゃあね——私たちは平等なんですよ！」今日では逆だ。ヨーロッパでは畜群動物だけが名誉にありつき、名誉を分配している。「いろんな権利の平等」が、あまりにも簡単に無権利における平等になってしまうかもしれない。つまり私が言いたいのは、あらゆるめずらしいもの、未知のもの、特別扱いされたものが、高級な人間が、高級な魂が、高級な義務が、高級な責任が、創造者のような力の充実と主人面《づら》が、いっしょくたにされて戦いの対象になってしまうかもしれない、ということだ。――今日では、高貴であること、自分のために存在しようと思うこと、別なふうであることが可能なこと、ひとりだけで自分の拳で生きるしかないこと、それらが「偉大さ」の概念なのである。そして哲学者がこんな主張をするなら、自分の理想の一部を漏らしているのだろう。「もっとも孤独な者でいられるなら、もっとも隠れた者でいられるなら、もっとも逸脱した者でいられるなら、善悪の彼岸にいる人間でいられるなら、自分の美徳の主人でいられるなら、あふれるほど意思をもっている者でいられるなら、そういう人が偉大な人だと言える。多様でありながら全体でもある、広がっていながら詰まってもいる、そういうことが可能なのが、まさに**偉大**だと言えるのだ」。そしてもう一度、質問しよう。今日において――偉大であることは**可能**だろうか？

## 213

哲学者とは何か。それを学ぶことはむずかしい。教えることができないからだ。経験で「知る」しかない。――または、それを知ら**ない**ということに誇りをもてばいい。けれども今日では、経験の**しようのない**ことについて、世間のみんながおしゃべりしている。その一番多く、一番ひどい例が、哲学者や哲学の現状についてのおしゃべりだ。——哲学者や哲学の現状を肌で知っている人は、ごくわずか。ごくわずかな人しか肌で知ることは許されない。それについて世間で流通しているすべての意見は、まちがっている。だからたとえば、大胆で奔放な精神がきわめて速く《プレストで》走ることと、弁証法的に厳密な必然性がミスステップをしないこと。そのふたつが哲学において共存することを、ほとんどの思想家や学者はその経験から知らない。そういうわけだから、誰かがそんなことをおしゃべりしようとしても、思想家や学者は信じない。どんな必然性も、必要に迫られたものだと、従わざるをえず強制される痛いものだと思っているのだ。考えることは、ゆっくりしていて躊躇《ためら》うことであり、骨折りに近いことであり、じつにしばしば「貴族が**汗を**かくに値する」ことである。——けれども絶対に、軽やかなもの、神技のようなもの、大はしゃぎのダンスに一番近いものではないのだ！「考えること」と、問題を「まじめに受けとめる」「重く受けとめる」こと——このふたつのことが、思想家や学者にとっては並んでいるので、いつもふたつを一緒に「体験」してきたのである——。この点について芸術家は、もっと繊細な嗅覚をもっているだろう。もう何ひとつ自分の「好き勝手に」せず、すべてを必然にまかせるようになった、まさにそのときに、芸術家は、自分の自由・繊細・全能の感覚が、創造者のように置き・処理し・形づくる自分の感覚が最高潮になることを、あまりにもよく知っている。——要するに、必然性と「意思の自由」が、そのときひとつになるのだ。結局のところ、魂の状態には序列があって、その序列には問題の序列が対応している。そして最高の問題は、誰かが、それを解決する精神の高さと力があらかじめ定められていないのに、あえて近づいてくれば、誰であっても容赦なく突きとばす。器用で平凡な頭の持ち主とか、不器用で誠実な機械工や実験者が、今日じつにしばしば見かけるように、平民の名誉欲をもって最高の問題に近づいて、いわばこの「宮廷のなかの宮廷」に迫っても、何の役にも立たない！　しかしまあ、そんな絨《じゅう》毯《たん》を粗野な足が踏むことは絶対に許されない。それは大昔から、ものごとの掟のなかで配慮されている。そんな厚かましい者に対してドアは閉じられたままなのだ。たとえ連中がドアに頭をぶつけて破ろうとしても！　どのような高い世界に入るにも、生まれというものが必要である。もっとはっきり言えば、そのために**育成されている**ことが必要なのだ。哲学――広い意味での哲学――をする権利があるのは、その人の素性のおかげにすぎない。先祖や「血筋」がここでも物を言う。多くの世代が哲学者の誕生の準備をしてきたにちがいない。哲学者の美徳はどれも、ひとつずつ獲得され、世話をされ、遺伝によって継承され、吸収されたにちがいない。そして、たんに哲学者の思想の大胆で、軽やかで、優しい歩き方と走り方だけでなく、また、とくに、大きな責任をすすんで引き受けることが、崇高な支配者の上から目線が、群衆および群衆の義務や美徳から自分が切り離されていると感じることが、神であれ、悪魔であれ、誤解され中傷されるものを気さくに守って弁護することが、楽しんで大きな正義に習熟することが、命令する技術が、広がりのある意思が、めったに驚くことのない、めったに見あげることのない、めったに愛することのない、ゆっくりした目が……

# 第7部　私たちの徳

## 214

私たちの徳？——おそらく私たちにも私たちの徳があるだろう。純真でごつごつした徳ゆえに、私たちはお爺ちゃんのことを尊敬するけれど、ちょっと遠ざけもするわけだが、もちろん、そういう徳のことではない。私たちは、明後日のヨーロッパ人であり、20世紀の第1子である。——危険な好奇心を、多様性と変装術を、熟した、いわば甘くされた精神と感覚の残忍さを、たっぷりもっている。——そんな私たちが、**もしも**徳をもつべきなら、どうやらその徳は、私たちの心の奥底にある秘密の傾斜と、つまり私たちのじつに熱い欲求と、最高の折り合いがつけられるようになった徳だろう。よし、では私たちの迷宮のなかで、そいつを探してやろうではないか！——この迷宮では、知ってのとおり、何度も人が迷子になり、何度も行方不明になっている。自分の徳を**探す**ことより、すばらしいことがあるだろうか？　しかしこれは、「自分には徳があることを信じる」ということだ。——ということは結局、かつて自分の「やましさのない良心」と呼ばれていたもののことではないか？　私たちのお爺ちゃんが自分の頭の後ろに、また、しばしば自分の悟性の後ろに、うやうやしく長く垂らしていた、あの概念の弁髪ではないか？　そうするとどうやら、普段は、自分のことを時代遅れだとも、お爺ちゃんみたいに立派だとも、ほとんど思っていないとしても、ある意味ではやはり私たちは、お爺ちゃんのしかるべき孫なのだ。私たちは、良心がやましくない最後のヨーロッパ人。私たちもまだ弁髪を垂らしている。――ああ！　すぐに、きっとすぐに――そうじゃなくなる日が来ることを、君たちが知ってくれているなら！……

## 215

星の王国には、ときどき太陽がふたつあり、そのふたつがひとつの惑星の軌道を決めている。ある場合には、いろんな色の太陽たちが、たったひとつの惑星を照らしている。あるときは赤い光で、あるときは緑の光で。それから今度は同時に照らされた惑星は、色とりどりの光であふれている。こんな具合なのが私たちモダンの人間だ。私たちは、私たちの「星空」の複雑なメカニズムのおかげで、――**いろんな**モラルによって定められている。私たちの行動は、かわるがわるいろんな色で輝いている。ひとつの色であることはめったにない。――そして、私たちの行動が**色とりどり**である場合も、結構ある。

**216**

自分の敵を愛する？　これは十分に学習されてきたことだろう。これは今日、大小のケースで何千回となく起きている。それればかりか、もっと高級で繊細なケースも、ときおり見かけられる。——私たちは、愛するときに、そしてまさにもっとも愛するときに、**軽蔑する**ことを学習している。——けれども軽蔑するときはいつも、無意識で、音も立てず、誇示することがない。例によって善意を恥ずかしがって隠すので、大げさな言葉や徳の決まり文句を口にすることが禁じられている。モラルを大げさな身ぶりにすることは、——今日の私たちの趣味に反している。これも進歩である。ようやく私たちの父親の時代に、宗教を大げさな身ぶりにすることが、趣味に反することになった。宗教を敵視したり、ヴォルテール流に宗教を皮肉ることも（それから、かつて自由精神のジェスチャーで語られたこともすべて）含めて、趣味に反することになったが、当時はそれが進歩だった。私たちの良心には音楽があり、私たちの精神にはダンスがある。それに合わせて、どんなピューリタンの連禱も、どんなモラルの説教や愚直な小市民根性も、響こうとはしない。

## 217

モラル、わきまえてますね。モラルの切り分け、さすがですね。そんなふうに思われることに高い価値をおいている人がいたら、ご用心！　そういう人が私たちの前で（ましてや私たち**について**）ヘマな判断をやらかしたら、私たちのことを許さない。――たとえ私たちの「友人」でありつづけるとしても、本能的に私たちを中傷し、傷つけるようになることは避けられない。――幸いなるかな、忘れっぽい人は。自分のやらかした愚かなことも、「終わったこと」にするのだから。

## 218

フランスの心理学者たちは――ところで今日、心理学者はフランス以外にいるのだろうか？――あいかわらず、ブルジョワの愚かさ《ベティーズ・ブルジョワーズ》をあれこれ辛辣に楽しむことをまだ満喫していない。いわば、あたかも……、いや、これで十分だ。まだ満喫していないということで、何かが漏らされているわけだから。たとえばフロベール。このルーアンのまじめな市民は、結局、それ以上のことは見なかったし、聞かなかったし、嗅ぎつけなかった。それがフロベール流の自虐であり、より繊細な残忍さだった。ここで気分転換のために――このままだと退屈になるから——、うっとりするような別の話を紹介しよう。それは、善良で、デブで、まじめで、凡庸な人がみんな、高級な人物やその課題に対して無意識のうちに見せている抜け目なさのことである。微妙で、ちょっと鉤《フック》があって、イエズス会のような、あの抜け目なさ。それは、中産階級がその最高の瞬間に見せる悟性や趣味よりも——それどころか、また中産階級の犠牲者の悟性よりも——千倍も微妙な抜け目なさである。これは、「本能」というものが、これまで発見されたあらゆる種類の知性のうち、もっとも知的な知性であるということをあらためて証明するものである。要するに、君たち心理学者よ、「例外」と闘っている「ルール」の哲学を研究するのだ。すると、神々や神の悪意のために演じられている芝居が見物できる！　あるいは、もっと今日風にやるなら、「善い人間」を、「善い意思を《ホモ・ボナエ・》もった人間《ウォルンターティス》」を生体解剖することだ、……**君たち**を！

## 219

モラルによる判断や判決は、制限された精神の持ち主が制限されていない精神の持ち主に加える、お気に入りの復讐である。それはまた、制限された精神の持ち主が自然からの贈り物に恵まれなかったことに対する、一種の損害賠償でもある。最後にそれは、精神を手に入れて上品に**なる**チャンスである。——悪意が精神になっているのだ。制限された精神の持ち主の心の底では、ある尺度があることがうれしい。その尺度で測れば、精神の財産や特権をたっぷり持っている者も、制限された精神の持ち主と同じになるからだ。――制限された精神の持ち主は、「神の前ではみんな平等」のために闘い、ほとんどそのために神への信仰がきっと**必要になる**。制限された精神の持ち主のなかには、じつに強力に無神論に反対する人がいる。そういう人に、「高い精神性というのは、たんに道徳的だというだけの人間に見られる実直さや立派さなんかとは比べものになりませんよね」などと言おうものなら、激怒されるかもしれない。――だから私は用心して、言わないようにするだろう。むしろ私としては次のように言って、ご機嫌をとりたいところだ。高い精神性そのものは、モラルの性質として最後に登場したでき損ないにすぎないんですよね。それはですね、「たんに道徳的だ」というだけの人間に対して陰であれこれ言われる状態を、すべて総合したものなんです。あれこれの状態は、総合される前に個別に、長いあいだの育成と練習によって、もしかしたら世代から世代へのチェーン全体のなかでかもしれませんが、確立されてるわけです。その高い精神性は、正義とあの寛大な厳しさがまさに精神になったものなのです。あの寛大な厳しさは、世界のなかで**序列の秩序**をちゃんと保つことが、自分の任務だと心得ています。ものごと自体のなかで――たんに人間たちのなかだけでなく。

## 220

世間では今、「利害関心をもたない者」がとても評判がいい。けれども、もしかしたらその身に危険がおよぶかもしれないが、意識しておく必要があるのは、いったい大衆が**どういうことに**利害関心をもっているのか、そもそも普通の人が心の底で深く気にかけているものは何なのか、ということだ。普通の人のなかには、教養のある人も含まれる。学者だって含まれるし、まったくの勘違いでなければ、哲学者もほとんど含まれる。そうすると、こういう事実が明らかになってくる。より繊細でぜいたくに慣れた趣味人や、どんなことであれ、クオリティの高い人が、利害関心をもち、魅力を感じるほとんどのことが、平均的な人には、まったく「利害関心がない」ことのように思える。――にもかかわらず、平均的な人は、クオリティの高い人がそれに没頭していることには気づくので、そんなふうに没頭していることを「利害関心《デザンテレセ》をもっていない」と呼び、どうして「利害関心をもたない」で行動できるのか、不思議がるのだ。哲学者のなかには、大衆が不思議がるこのことを、魅力的で神秘的で彼岸のようなものとして表現できた者がいた（――もしかしたら彼には、クオリティの高い人と知り合いになる経験がなかったからかもしれない？）――けれども彼が、「……ということを前提にすれば、「利害関心のない」行動は、**非常に**興味深くて、利害関心をもった行動である」という、むき出しの、ごく当然の真理を提示することはなかった。「じゃあ、愛は？」――なんと！　愛による行為でさえ「利己的なものではない」と言うわけ？　しかし愚かだね、君たちは――！　「そして自分を犠牲にする者がほめられる？」――しかし本当に犠牲をささげた者なら、わかっている。犠牲によって何かを手に入れようと思い、それを手に入れたということを。――もしかしたら、自分の何かを犠牲にして、自分の何かを手に入れたのかもしれない。——ここで犠牲にしたのは、あそこで今以上のものを手に入れるためだ、と。もしかしたら、そもそも今以上の者であるために、または、自分を「今以上の者」だと感じるために。しかしそこは、問いと答えの国である。ぜいたくに慣れた精神なら、とどまりたがらない。すでにその国では、真理が答えを要求されると、あくびをかみ殺さなければならなくなっているのだ。なにしろ真理は女であり、真理には暴力をふるうべきではない。

## 221

「どうもですね」と、細かいことにこだわるモラリストが言った。「私は、私欲のない人を尊敬して、すばらしいと思うんですが、それは、その人に私欲がないからじゃなく、その人が自腹でほかの人の役に立つ権利をもっているように私には見えるからなんですよ」。しかし問題はいつも、誰が**その人**で、誰が**ほかの人**なのか、なのだ。たとえば、命令する役割をあたえられている人が、自分をそんな柄ではないと否定したり、謙虚に遠慮したりすれば、それは徳ではなく、徳の無駄遣いということになるのではないか。私にはそう思える。利己的でないモラルはすべて、無条件に受け入れられ、誰に対しても求められるものだが、それは悪趣味という罪を犯しているだけではない。不作為という罪をそそのかしているのだ。**むしろ**博愛の仮面をつけて誘惑しているのだ。——しかも、まさに高級な人間や、稀有な人間や、特権をもつ人間を誘惑して、傷つけているのだ。モラルには強制的に、何よりもまず**序列の秩序**に頭を下げさせる必要がある。モラルが思い上がっていることをモラルの良心に思い知らせる必要がある。——そうやって、ようやくモラル同士でおたがいにはっきり確認するようになる。「ある人にとって正しいことは、ほかの人にとっても正当なことである」と言うことが、**モラルではない**、と。——では、私の知り合いで、細かいことが気になるお人好《ボノム》しのモラリストが、いろんなモラルに対して、モラルに気をつけるよう警告したら、みんなに笑われたのだが、それは当然のことだったのだろうか？　しかし、笑う人たちを**自分の**味方につけようと思うなら、あまり正しくなりすぎるべきではない。小さな一粒の不正は、良い趣味には必要でさえある。

## 222

今日、同情が説教されるところでは——そして、よく聞いてみると、今、同情でない宗教はもう説教されないが——、心理学者は耳を傾けてもらいたい。同情を説教する者たちに特有の（説教する者みんなに特有の）むなしく騒ぎ立てる声のなかから、しわがれ、うめきながら、嘘いつわりなく**自分を軽蔑する**声が聞こえるだろう。それは、ヨーロッパが暗く醜くなっていることの証拠だ。今、この1世紀のあいだにますます暗く醜くなっている（その最初の症状は、〔啓蒙期イタリアの外交官・経済学者・作家であるフェルディナンド・〕ガリアーニ〔1728—87年〕が、〔ルソーやディドロなどと交流のあったフランスの貴婦人・作家〕デピネ夫人〔1726—83年〕に宛てて書いた内省的な手紙のなかに、文書として記録されている)。**自分を軽蔑することが、ヨーロッパが暗く醜くなったことの原因ではないとしても！**「モダンの考え方」をする人間、この高慢な猿は、手に負えないほど自分自身に不満をかかえている。それは確かだ。この猿は悩んでいる。そして虚栄心から、自分は「いっしょに悩んでいる」だけなんだ、と主張する。……

**223**

ヨーロッパの混合人間は——全体として、かなり醜い平民だが——絶対、衣装が必要だ。衣装部屋として歴史が必要である。もちろん混合人間はそのとき、どの衣装も自分の体にぴったり合わないことに気づいて、——次から次へ衣装を替える。こんなふうに19世紀がいろんなスタイルの仮装が大好きで、あわただしく着替えるさまを、じっくり見てみるといい。私たちには「何ひとつ似合わない」と絶望する瞬間をも。——衣装を、ロマンチックにしても、クラシックにしても、キリスト教風にしても、フィレンツェ風にしても、バロック風にしても、「民族風」にしても、様式と技巧《イン・モリブス・エト・アルティブス》においてうまくいかず、「似合わない」のだ！　けれども「精神」は、とくに「歴史の精神」は、「似合わない」というその絶望が自分に有利に働くと見て取った。何度もくり返し、大昔や外国からの新しいものが試され、体に巻きつけられ、脱がされ、肩に掛けられ、とりわけ**研究された**。——私たち自身が、「衣装」という点《イン・プンクト》で、最初に研究された時代なのだ。衣装というのは、いろんなモラル、いろんな信仰箇条、いろんな芸術趣味、いろんな宗教のことである。大がかりなカーニバルのために、非常に精神的な謝肉祭の笑いや大はしゃぎのために、先験的な高みにある非常に高級なナンセンスや世間をアリストパネスのように嘲笑するために、こんなに準備されている時代は、これまでなかった。もしかしたら私たちはここで、まさに私たちの**発明**という王国をさらに発見するかもしれない。つまり、私たちだって、たとえば世界史の戯作者《パロディスト》や神の道化として、オリジナルな存在であることのできるような王国を。——もしかしたら、今日のものには何ひとつとして未来がないとしても、まさに私たちの**笑い**にだけは、まだ未来があるのかもしれない！

## 224

**歴史感覚**（民族にしても、社会にしても、人間にしても、いろんな価値評価にしたがって生きてきたわけだが、歴史感覚というのは、そういう価値評価の序列の秩序をすばやく言い当てる能力のことである。これら価値評価と価値評価の関係や、価値の権威と実際に働く力の権威とのつながりを「予見する本能」のことである）。この歴史感覚を私たちヨーロッパ人は、ヨーロッパ特有のものだと思っている。ヨーロッパは、身分や人種の民主的な混合によって、うっとりするほどすばらしい**半野蛮状態**に陥ったわけだが、その結果、私たちの身についた感覚なのだ。——この歴史感覚は、19世紀になってはじめて、第6感として知られることになる。あらゆる形式や生き方の過去が、以前は情け容赦なく横並びだったり上下関係にあった、いろんな文化の過去が、あのミックスのおかげで、私たち「現代の魂」のなかへどっと流れ込んでくる。私たちの本能は、今やあらゆる方向に逆流している。私たち自身が一種のカオスなのだ。——とうとう「精神」が、すでに述べたように、そういうカオスを自分には有利なものだと見て取る。私たちの体と欲望の半野蛮状態のおかげで、私たちは、上品な時代には絶対なかったような秘密の通路をあらゆる方向にもっている。特筆すべき通路は、未完の文化の迷宮への通路であり、それから、地上には過去にしか存在したことのない、ありとあらゆる半野蛮状態への通路である。人間の文化の大部分がこれまではまさに半野蛮状態だったという意味では、「歴史感覚」はほとんど、あらゆることに対する感覚と本能であり、あらゆることに対する趣味と舌のことである。とすれば、歴史感覚はたちまち、自分が**上品ではない**感覚だと自分で証明しているわけだが。私たちは、たとえばホメロスをふたたび楽しむ。もしかしたら、ホメロスを味わう心得があるということは、私たちが前進する最高に幸せなジャンプかもしれない。上品な文化の人間たちは（たとえば17世紀のフランス人だが、〔モンテーニュとフランス啓蒙主義の橋渡しとなったフランスの軍人・作家・モラリストのシャルル・ド・〕サン＝テヴルモン〔1613—1703年〕などは、ホメロスのことを空漠たる精神《エスプリ・ヴァアスト》と非難したし、その末流であるヴォルテールでさえ非難したが）、そんなに簡単にホメロスを自分のものにできないし、できなかった。——あえてホメロスを楽しもうとは、ほとんどしなかった。彼らの味覚は、イエスとノーをはっきり言う。すぐに吐き気をもよおす。見知らぬものについてはすべて、ためらい慎重になる。好奇心をかき立てられても、悪趣味なものなら遠慮する。自分に満足している上品な文化の意思は、そもそもお粗末なものだから、自分に新しい欲望があることを、自分に不満であることを、見知らぬものをすばらしいと思うことを、なかなか認めようとはしない。以上のようなわけで彼らは、世界で一番すばらしいものであっても、それが自分たちの所有物でなかったり、自分たちの獲物になり**そうでない**場合には、好意を示そうという姿勢にも気分にもならない。——こういう人間たちにとって、まさに歴史感覚とその平民の卑屈な好奇心ほど、理解しにくい感覚はないのである。これと同じなのがシェイクスピアだ。この驚くべきスペイン風＝ムーア風＝ザクセン風という趣味の合体を見たら、アイスキュロスの友人にあたる古代アテナイ人なら、死ぬほど笑うか怒るかしたのではないか。しかし私たちは——まさにこのワイルドな盛り合わせを、最高の優しさと最高の粗野と最高の作為がごちゃ混ぜになったこのシェイクスピアを、ひそかに親愛の情をこめて受け入れる。シェイクスピアを、まさに私たちのために取っておかれた芸術の洗練として楽しむ。そしてそのときは、シェイクスピアの芸術と趣味が息づいていたイギリスの賤民のそばにいることや、そこに立ちこめる不快な蒸気にわずらわされることはほとんどない。たとえばそれはナポリの〔繁華街〕キアイア通りのようなものだ。そこでは、どんなに賤民街の下水溝の臭いが空中に漂っていても、私たちは、すべての感覚をうっとりさせたまま嬉々として通りを歩くのである。私たちは「歴史感覚」の人間である。そういう人間として私たちには私たちの徳がある。これには異論の余地はない。――私たちは無欲で、無私で、控え目で、勇敢で、いつも自分を律し、いつも献身的で、感謝を忘れず、我慢を忘れず、厚意を忘れることがない。――にもかかわらず、もしかしたら、非常に「趣味が良い」わけではないかもしれない。やはり次のように告白しておこう。私たち「歴史感覚」の人間にとって、理解し、感じ、あらためて味わい、あらためて愛することが一番むずかしいことこそ、私たちに対して根っから偏見をもち、ほとんど敵意を感じていることこそ、まさに、すべての文化と芸術において、完全な、ようやく熟したものであり、作品と人間に本来そなわっている上品さであり、凪いだ海のように最終的に自分に満足している瞬間であり、完成したすべてのものが見せる黄金の静けさである。もしかしたら、私たちの歴史感覚がもっている徳は、**良い**趣味とは、少なくとも最良の趣味とは、必然的に対立しているのかもしれない。私たちはまさに、ときどき一瞬だけ輝くような、人生の小さくて短くて最高に浄められた幸せのケースを、あらためて心のなかで、ただ下手くそに、ただためらいながら、ただ無理やり思い描くことしかできない。それが、あの奇跡の瞬間だ。あのとき、大きな力が自分の意思で、節度のない無制限なものの前に立ちどまっていた。――そして、まだ揺れている大地の上で繊細な喜びがあふれ、突然、抑制されて石のようになり、バランスを保ってしっかり立ったまま、味わわれた。**節度というもの**に私たちは縁がない、と白状しておこう。私たちがうずきを感じるのはまさに、はてしないもの、測られないものに対してうずくとき。鼻息荒く前進する奔馬に乗った騎手のように、私たちは、はてしないものが目の前にあると手綱を離す。私たちは現代人であり、私たちは半野蛮人である。——そして私たちは、私たちがもっとも——**危険なときになって**はじめて、**私たちの**至福を味わう。

## 225

快楽主義でも、ペシミズムでも、功利主義でも、幸福主義でも、これらの考え方はみんな、**快楽**と**苦悩**によって、つまり、付属する状態と副次的な事柄によって、ものごとの価値を測っている。表の世界《フォアグラウンド》の考え方であり、素朴なものだ。**形づくる**力と芸術家の良心を意識している者なら誰でも、そういう素朴な考え方を、上から目線で嘲笑し、また同情するだろう。同情されるのは、**君たち**なんだ！ その同情はもちろん、君たちが思っているような同情ではない。社会的な「困窮」に対する同情ではない。「社会」とそこにいる病人や恵まれない者への同情ではない。私たちのまわりで地面にごろごろ転がっている、生まれつきの悪人や壊れた者への同情ではない。ぶつぶつ文句を言い、抑えつけられ、立ち上がろうとする奴隷層に対する同情でもない。奴隷層は、支配を——彼らの呼び方では「自由」を——手に入れようと努めている。**私たちの**同情は、もっと高級な、もっと遠くまで見ている同情である。——私たちが見ているのは、**人間が**どんなふうにして小さくなっていくのか、**君たちが**

人間をどんなふうにして小さくしているのか、である！——ある瞬間、私たちは**君たちの**同情を見ていて、言いようのない不安に駆られる。そのとき私たちは、その同情に負けないように抵抗している。——君たちのまじめさのほうが、なんらかの軽薄さなんかより危険だと思えるからだ。もしかしたら君たちは——そしてこの「もしかしたら」よりすばらしい「もしかしたら」はないのだが——**苦悩というものを廃止**しようと思っているのかもしれない。では、私たちは？——まさにこんなふうに見えているのだ。むしろ**私たちは**苦悩を、以前より高級で、以前よりひどいものにしようと思っているのだ、と！　君たちが理解しているような無病息災——それは、目標などではなく、私たちには**終わり**だと思われている、と！　無病息災が、人間をたちまち滑稽で軽蔑すべき存在にする状態であり、——人間の没落を**願うように**させる状態である、と！　苦悩を、**大きな**苦悩を育成すること——**この**育成だけがこれまで人間を高めてきたのだ、ということを君たちは知らないのか？　あんなふうに魂が不幸のなかで緊張することによって、強い魂が育ったのだ。大きな没落を目撃して魂がおののく。不幸を背負い、不幸に耐え、不幸を解釈し、不幸を利用しつくすとき、魂は発明家になり勇敢になる。そしてこれまで魂には、深さ、秘密、仮面、精神、策略、偉大さだけがプレゼントしてきたものがある。——これらが魂にプレゼントされたのは、苦悩しているとき、大きな苦悩が育成されているときではなかったか？　人間のなかでは、**被造物**と**創造者**がひとつになっている。人間のなかには、素材、破片、余り、粘土、糞便、ナンセンス、カオスが住んでいる。しかし人間のなかには、創造者、造形家、ハンマーの厳しさ、神のように傍観すること、安息の7日目も住んでいる。——君たちには、この対立が理解できるかな？　そして**君たちの**同情は、「人間のなかに住んでいる被造物」に向けられている。形づくられ、壊され、鍛えられ、引き裂かれ、燃やされ、灼熱し、純化される必要のあるものたちだ。——必然的に**苦悩**せざるをえず、苦悩**するように言われている**ものに、君たちの同情が向けられているのでは？　そして**私たちの**同情は、——君たちの同情は、あらゆる甘やかしや弱さのうち一番お粗末なものだが、**それとは逆の**私たちの同情が、それに負けないように抵抗するとき、誰に**向けられているの**か、君たちにはわからないのかな？——同情に**対する**同情なのだ！——しかし、くり返しになるが、快楽や、苦悩や、同情の問題すべてよりも高級な問題がある。快楽や苦悩や同情の問題しか考えないような哲学は、どれも素朴だ。——

## 226

**私たちはインモラリストだ！**——この世界に**私たちは**関わっている。この世界で**私たちは**恐れたり、愛したりしている。微妙に命令したり、微妙に服従したりするこの世界は、ほとんど見えないし、ほとんど聞こえない。あらゆる点で「ほとんど」の世界は、鉤《フック》があり、いかがわしく、とげとげしく、優しい。そう、この世界は、鈍重な傍観者やなれなれしい好奇心に対して上手に守られている！　私たちは、がっちりした糸で織られた義務のシャツを着せられて拘禁され、それを脱ぐことが**でき**ない。――まさにその意味で私たちは「義務の人間」なのだ、実際！　ときおり私たちは、私たちの「鎖」につながれたまま、私たちの「剣」をかいくぐりながら、気持ちよくダンスする。それは本当だ。しばしば私たちは、その状態で歯ぎしりをしながら、こっそり情け容赦のない私たちの運命に我慢ならなくなる。それも同じく本当だ。けれども私たちは、私たちが意思することをしたい。目に見えることしか信じない薄のろが、私たちを非難する。「義務ってもの**を知らない**人たちなんだ」と。――目に見えることしか信じない薄のろに、私たちはいつも非難される！

## 227

誠実であること。これが、自由な精神である私たちが逃れることのできない徳である、と仮定しよう。――とすると私たちは、たっぷり悪意と愛をもって誠実であろうとして、飽きることなく、私たちにだけ残された**私たちの**徳において、自分を「完全なものに」しようとする。たとえその徳の輝きが、嘲笑うような金メッキの青い夕日の光みたいに、古びていくこの文化とそのカビくさくて薄暗いまじめさにへばりついているとしても！　そしてそれにもかかわらず、ある日、私たちの誠実さがうんざりして、ため息をつき、手足を伸ばして、私たちのことを固すぎると思い、気持ちのいい悪徳みたいに、もっとうまく、もっと気楽に、もっと柔らかくやりたいと思う。けれども私たちは最後のストア派、私たちは**固い**ままでいよう！

そしてその徳を助けるために、私たちのなかに棲む悪魔だけがもっているものを送ってやろう。――雑な「だいたい」に対する私たちの吐き気を、私たちの「禁じられたものを得ようとする」《ニーティムル・イン・ウェティトゥム》〔オウィディウス〕を、私たち冒険者の勇気を、ぜいたくに慣れた抜け目ない私たちの好奇心を、私たちの、ものすごく繊細で、ものすごい変装をした、ものすごく精神的な、力への意思を。世界を克服しようとするその意思は、未来のすべての王国のまわりを物欲しそうにさまよい、ふらふらしている。――私たちの「悪魔」をみんな連れて、私たちの「神」を助けに行こう！　たぶん私たちは、そのせいで見誤られ、取り違えられるだろう。だが、それがどうした！　こう言われるだろう。「あの人たち、「誠実なんですよ」――それは、あの人たちの悪魔の仕業。そうとしか考えられません！」だが、それがどうした！　たとえその指摘が正しいとしても！　神という神は、これまで、同じように悪魔が改名して聖なる存在になった者ではなかったか？　そして私たちは、結局、私たちについて何を知っているのだろう？　私たちを導く霊は、何と**呼ばれ**たがっているのか？（これは名前の問題だ）。そして私たちは霊をいくつ宿しているのか？　私たちは誠実だ。自由な精神の持ち主である。――私たちの誠実さが、私たちのうぬぼれや、私たちの派手な装飾や、私たちの限界や、私たちの愚かさにならないよう、気をつけよう！　どんな徳も、愚かなものになりやすいし、どんな愚かなものでも、徳になりやすい。「聖なる愚かさ」とロシアでは言われる。――誠実であることによって、結局、退屈な聖なる者にならないよう、気をつけよう！　人生で――退屈するには、人生は、百倍も短すぎるのではないか？　きっと永遠の生を信じないかぎり、それは……

**228**

私の以下の発見をお許しいただきたい。これまでのすべてのモラル哲学は退屈で、睡眠薬になった。——そして、「徳」が損なわれてしまったのは、私の見るところ、徳を説く者がそんなふうに**退屈**だったからにほかならない。だからといって私は、徳というものが一般に役に立つものであることを見誤ったとは思いたくない。モラルのことは、できるだけ少数の人がじっくり考える。それが大事なのだ。——だから、**非常に**大事なのは、モラルが、ある日おもしろくなったりしないこと！　けれども心配は無用！　今日も、いつもと同じ昔のままだ。モラルのことをじっくり考えれば、危険で、いかがわしく、人を誘惑することになりかねないし、——そこには**宿命が**待ちかまえているかもしれないのに、私の見たところ、ヨーロッパでは誰ひとりとして、それに気づいた（または**気づかせた**）者がいないのだから！たとえば、飽くことを知らず、避けるわけにはいかないイギリスの功利主義者たちが、不器用にうやうやしく〔功利主義の父〕ベンサムの足跡を追って、あちらへ歩き、こちらへ歩いているさま（ホメロスの比喩なら、もっと的確だが）を見てみるといい。同じようにベンサム自身もすでに、うやうやしく〔フランス啓蒙期の哲学者で、功利主義に影響をあたえた〕エルヴェシウスの足跡を追って歩いていた（しかし、このエルヴェシウスは危険人物ではなかった！）。イギリスの功利主義は、新しい思想ではない。昔の思想をうまく裏返しにして畳んだものでもない。以前に考えられたことの実話ですらない。もしも、ちょっとした悪意から酢に漬けて保存されていなければ、要するに、**箸にも棒にもかからないとんでもない**文献なのだ。つまりこれらのモラリストのなかに（もしも彼らの書いたものを読ま**ざるをえない**なら、絶対ほかのことを考えながら読むことになるにちがいないが――）、あの古いイギリスの悪徳がまぎれ込んだのだ。その悪徳は、**もったいぶった言葉づかい**《キャント》と呼ばれ、**モラルにおける**〔偽善者〕**タルチュフ流の偽善**である〔英語のキャント cant は哲学者カント Kant を連想させる〕。それが今回は、新しい形式の学問らしさのなかにまぎれ込んだのだ。かつてのピューリタン族であれば、モラルを学問として扱うときには当然、良心の呵責に悩むだろうが、今回は、ひそかにそれから身を守る手も打っている。（モラリストとは、ピューリタンと対をなすものではないのか？　つまり、モラルを、疑わしいもの、疑問符をつけるに値するもの、要するに問題として、考える人間のことではないのか？　モラルのことを考えるのは――アンモラルということになるのではないか？）。結局のところ、功利主義者たちはみんな、**イギリスの**モラルが正しいと認められることを望んでいる。まさにそれが、人類に、または「公共の利益」に、または「最大多数の幸福」に、いや！**イギリスの幸福**に、もっとも役立つという意味でだが。全力でこう証明したいと思っているのだ。「**イギリス流の**幸福を、つまり快適《コンフォート》とファッションを（そして、その最高位である議会での議席を）求める努力が、同時にまた徳への正しい道《パス》なんです」と。さらに「これまで世界には多くの徳があったけれど、まさにこのような努力のなかで生まれたわけです」と。これらの鈍重で、良心の安らぎを知らない畜群動物たちは、（エゴイズムの問題を公共の福祉の問題として扱おうとしているわけだが——）誰ひとりとして、「公共の福祉」が、理想でもなく、目標でもなく、なんとか見当のつく概念でもなく、吐剤にすぎないということを、ちょっとでも知ろうとも嗅ぎつけようともしない。——ある人にとって正当なことが、別の人にとってはまったく正当でないという**可能性がある**。みんなのためにひとつのモラルを要求することが、まさに高級な人間たちを侵害することになる。要するに、人間と人間のあいだには、したがってモラルとモラルのあいだには、**序列の秩序**がある。そういうことを誰ひとりとして、知ろうとも嗅ぎつけようともしないのだ。こういう功利主義のイギリス人は、つましい、徹底的に平凡な種類の人間なのだ。そして、前にも述べたが、イギリス人が退屈しているかぎり、「イギリス人は功利的である」ということを高く評価することはできない。イギリス人を**勇気づけて**やるべきだろう。たとえば、ある意味、次の詩で試みられたように。

いいぞ、手押し車まじめに押してるね
いつもみたいに「長けりゃ長いほど結構」
いつもみたいに首が凝り、ひざが固くなる
やる気がなく、冗談も言わず
頑固なまでに平凡で

## 229

### 才能もなければ、機知もない《サン・ジェニ・エ・サン・エスプリ》！

人間性を誇りにしてもいい近代でも、「野生の残忍な動物」に対する恐れがたくさん、**迷信**のような恐れがたくさん残っている。そういう動物を支配できるようになったことが、より人間らしくなった時代の、まさに誇りなのに、手に取るように明らかな真実さえ、申し合わせたように、何世紀ものあいだ口にされないままである。口にすれば、ようやく退治した野生動物を生き返らせる手助けをするように思えるからだ。私がそういう真理を口から漏らせば、ちょっと勇気を出したことになるかもしれない。ほかの人がその真理を捕まえて、「敬虔な考え方のミルク」をたっぷり飲ませてやればいい。すると真理は忘れられて、もといた隅っこで静かにしているだろう。——私たちは、残忍さというものを学び直し、目を開くべきだ。たとえば悲劇について古今の哲学者にエサをあたえられて、ずうずうしく太っている間違いたちが、徳のある顔をして偉そうに横行しているが、いい加減、私たちはそんな横行に我慢するのはやめるべきだ。私たちが「高級な文化」と呼んでいるほとんどすべてのものは、**残忍さ**を精神的に深めたものが土台になっている。——というのが、私のテーゼだ。あの「野生の動物」は、退治などされていなかった。それは、生きている。花開いている。自分を——神にしていただけなのだ。悲劇の痛い快楽をもたらすのは、残忍さである。

悲劇を見ると同情するといわれる。また、結局、至高のもっとも優しい形而上学の戦慄に至るまでの、あらゆる高貴なものにさえ、気持ちよさを感じるが、それが甘美なのは、もっぱら、そこに残忍な成分が混じっているからなのだ。円形闘技場で見物しているローマ人、十字架にうっとりしているキリスト教徒、火あぶりの刑の薪の山や闘牛を見ているスペイン人、悲劇を見ようと押しかける今日の日本人、血なまぐさい革命に郷愁を感じているパリ郊外の労働者、身を乗り出して『トリスタンとイゾルデ』が「終わるまでじっと」聴いているワーグネリアンの女性――これらの人たちがみんな楽しんでいるもの、ひそかに発情しながら飲み込もうとしているもの、それは、「残忍さ」という偉大なる魔女《キルケ》の薬草酒なのだ。この場合ではもちろん、以前の薄のろの心理学を追放する必要がある。残忍さについて、**見慣れない**苦痛を見たときに生まれるとしか教えることができなかったからだ。自分自身の苦痛を、自分自身に苦痛を味わわせることを、たっぷり楽しむ、こぼれるほどたっぷり楽しむことがある。――そしてただ人間だけが説得されて、フェニキア人や禁欲の苦行者のように、**宗教的な**意味において自分を否定したり、自分の体を切断するわけだし、また一般に、官能を脱し、肉を脱し、悔悛し、ピューリタンのように懺悔の痙攣をし、良心の生体解剖をし、パスカルのように「知性を犠牲にする《サクリフィツィオ・デリンテレット》」わけだが、そのとき人間はひそかに、自分の残忍さに誘われて背中を押されているのだ。**自分自身に向けられた**残忍さの、あの危険な戦慄に誘われて。最後に、じっくり考えてもらいたいことがある。認識する者でさえ、自分の精神には無理やり、精神の好み**に反して**、またしばしば自分の心の願いに反して認識させることがあるが――つまり、イエスと言いたかったり、愛したり、崇拝したいときに、ノーと言わせることがあるが――、その場合は、残忍さの芸術家として働いて、残忍さを浄化しているのである。どんなことについても深く根本から考えようとするだけで、すでに暴力なのだ。絶えず、見かけのほうに、表面のほうに向かおうとする精神の、根本意思を痛めつけようとすることなのだ。――どんなことについても認識しようと思うだけで、そこには残忍さが1滴すでに含まれている。

## 230

もしかしたら、私がここで「精神の根本意思」について言ったことは、すぐには理解されないかもしれないので、ちょっと説明させてもらいたい。――命令する者のようなものは、世間では「精神」と呼ばれているが、それは、自分のなかでも自分のまわりに対しても、主人であろうとし、また自分を主人だと感じようとする。それは、多様なものを単純なものにする意思をもっている。まとめて縛り、飼い慣らし、支配欲が強く、本当に支配者のような意思をもっている。その欲求と能力は、この点にかんしては、生きていて・成長し・増殖するすべてのものに対して生理学者たちが想定している欲求と能力と同じだ。見慣れぬものを自分のものにするという精神の力は、新しいものを古いものに似せる・多様なものを単純なものにする・完全な異論は無視または追放するという強い傾向のなかに現われる。同様に精神は、見慣れぬものや「外界」のどんなものについても、特定の特徴やラインをわざと強調したり、際立たせたり、自分に都合のいいように変えてしまったりする。そのときに精神がめざしているのは、新しい「経験」を自分のものにすること、新しいものごとを古い行列のなかに加えること――つまり、成長である。もっとはっきり言えば、成長している**感**である。力が増えた感なのだ。まさにこういう意思に尽力しているのが、見たところ対立している、精神の衝動である。たとえば、突発的に決心して、わざと終わりにして知らないことにする。自分の窓を閉める。あれこれに対して心のなかでノーと言う。こちらに近づけないようにさせる。知ることができる多くのことに対して防御のような姿勢になる。消えていく地平線に、暗闇に満足する。知らないということにイエスと言い、よしと言う。これらすべてのことは、精神が身につけている力の程度、比喩で言えば「消化力」の程度に応じて必要である。――そして実際、「精神」に一番よく似ているものは胃だ。同様にここに含まれるのが、場合によってはだまされようとする精神の意思である。もしかしたら、「これは、これではな**い**ぞ。これこれだと思わされてるだけなんだろう」と悪乗りして、だまされようとするのかもしれない。だから、不確かなものや多義的なものなら、どんなものでも楽しむ。狭い隅っこに勝手にひそんでいるものを、あまりにも近くにあるものを、表の世界《フォアグラウンド》を、拡大されたもの・縮小されたもの・ずらされたもの・美化されたものを、ひとりで歓声を上げて楽しむ。このように力が勝手に発露したものならどんなものでも、ひとりで楽しむ。最後にここに含まれるのが、ほかの精神をだまして、その連中の前で自分を偽装したくてたまらない精神の、あのいかがわしさである。創造し、形づくり、変化可能な力の、あの圧力と切迫である。精神はそこで、自分の仮面が抜け目なく多様であることを楽しむ。精神は、自分がそこでは安全であるという感覚を楽しむ。――まさに自前の〔変身が得意なギリシャ神話の海神〕プロテウスのテクニックによって、精神は、一番うまい具合に守られ、隠されている！――**この**、見かけへの、単純にすることへの、仮面への、マントへの、要するに――どんな表面もマントなのだから――表面への意思**に対抗して**働くのが、認識する者の、あの至高の傾向である。ものごとを深く、多様に、根本的に受け取り、受け取**ろうとする**わけだが、それは、知的な良心と趣味が見せる一種の残忍さである。その残忍さは、勇敢にものを考える者なら誰でも、持ち合わせていることを認めるだろう。ただしその前提として、当然のことだが、自分自身に向ける目を時間をかけて容赦のない鋭いものにして、厳しい育成に、それから厳しい言葉にも慣れていることが必要だが。勇敢にものを考える者は言うだろう。「私の精神の傾向として、残忍なところがあります」――できることなら、徳のある人や親切な人が、「そんなこと言わないように」と言ってくれればいいのだが！　実際もしも、私たちには――自由な、**非常に**自由な精神の持ち主である私たちには――残忍さではなく、たとえば「度を越した誠実さ」がある、と陰で言われたり、ささやかれたり、ほめられたりすれば、もっと心地よくなるのだが。――もしかしたら本当にそのうち、私たちの――後世の名声が**心地よく**響くかもしれない？　とりあえず――それまでには時間があるから――私たちとしては、モラルの美辞麗句で自分を飾ろうなどと思わないでおきたい。これまで私たちがやってきた仕事からしても、まさにそういう趣味や派手な演出は私たちが嫌うところである。美しくて、きらきら光り、カチャカチャ鳴る、お祭りのような言葉がある。誠実さ、真理への愛、知恵を愛する、認識のために犠牲になる、正直者のヒロイズム——これらの言葉には、プライドをふくらませるようなところがある。けれども私たちは隠遁者でマーモット。とっくの昔に隠遁者の良心をもって、ひそかに自分に言い聞かせてきた。そのようにいかめしく派手な言葉は、昔から、無意識のうちに人間の虚栄心を嘘で飾ったり、嘘のガラクタにしたり、嘘の金粉にしたものである、と。そして、媚びるような色や上塗りの下にも、自然人間《ホモ・ナトゥーラ》という恐ろしい根本テキストがふたたび見つけ出される必要がある、と。つまり、人間を翻訳して自然に戻すこと。あの永遠の根本テキスト自然人間《ホモ・ナトゥーラ》について、これまでなぐり書きやお絵描きをしてきた数多くのむなしく狂信的な解釈や深読みに、ぎゃふんと言わせること。人間は今日すでに、科学に鍛えられて情け容赦なくなっており、人間とは**別の**自然の前に立っているが、それと同じように将来は、人間が人間の前に立つようにすること。恐れを知らぬオイディプスの目をもち〔オイディプスは、自分が実の父を殺し、実の母を妻にしていることを知って、自分の両目をえぐり出して、放浪の旅に出る〕、ふさがれたオデュッセウスの耳をもって〔船に乗ったオデュッセウスは、セイレンの歌に誘惑されないよう、部下の耳を蠟でふさぎ、自分の体は帆柱にしばりつけて、自分だけはセイレンの歌を耳にしながらも、無事に難所を通過した〕、昔ながらの形而上学の鳥刺したちの誘惑の歌には耳をふさいで。鳥刺したちは人間に笛を吹きながら、あまりにも長いあいだ、「あなたは自然以上！　あなたは自然より高級！　あなたは自然とは別の素姓！」と歌って誘っていたのだ。――これは、めったにない、すばらしい課題かもしれない。だが**課題**であることに変わりはない。――誰がこの課題を否定するだろう！　どうして私たちは選んだのか、この課題を？　あるいは質問を変えよう。「どうして、そもそも認識という課題を選んだのですか？」――誰もが私たちにそう質問するだろう。そして私たちは、そんなふうに詰め寄られても、もう百回も自分で自分に同じ質問をしてきたのだ。けれども、ましな答えは見つからなかった。そして見つけていない……

**231**

学習は、私たちを変える。すべての栄養がしていることを、学習はしている。栄養は――生理学者が知っているように――たんに「維持する」だけではない。けれども私たちの根本のところ、ずっと「下のところ」には、もちろん、教えることのできないものがある。精神の宿命という花崗岩だ。あらかじめ定められた選り抜きの質問に対する、あらかじめ定められた決心と答え。枢要な問題のときにはかならず、変えようのない「それが私だ」が発言している。たとえば男と女について考えても、新しく学習することはできない。学習を終わらせることしかできない。男と女について考える人にとって「確かであること」を、最後に発見することしかできない。ときには問題が、ある意味で解決され、その解をまさに**私たちが**

強く信じるようになる。その解は将来、みんなが「確信するもの」になるかもしれない。しかし後になって——その「確信するもの」が、自己認識への足跡、私たち**という**問題への道標にすぎないと見なされる。——もっと正しく言えば、私たち自身の大変な愚かさへの道標、私たちの精神の宿命への道標、ずっと「下にある」**教えることのできないもの**への道標にすぎないと。——これまで私は自分自身に対してずいぶん行儀よくしてきたが、そのお行儀のよさに免じて、もしかしたら私にはむしろ、「女というもの」について真理をいくつか口にすることが許されているのかもしれない。ただし、まさにそれは——**私の**真理にすぎないということが、前もって知られているとしての話だが。——

## 232

女は自立しようとしている。そしてそのうえ、「女というもの」について男たちを啓蒙しはじめている。——**このことは**、ヨーロッパが全体に**醜くなっている**が、そのなかでも一番ひどい進歩だといえる。というのも、こんなふうにぶざまに女を科学の対象にして、女に自分をむき出しにさせようとすれば、ありとあらゆるものが白日のもとにさらされてしまうからだ！　女には恥ずかしがる理由が山のようにある。細かいことにうるさい、表面的である、学校の先生みたい、こせこせしていて偉そうにしている、こせこせしていて手綱がきかない、こせこせしていて遠慮がない。そういうところを、女は山のように隠している。——

どんなふうに女が子どもたちの相手をしているか、研究してみるといい！――そういうところは、結局これまでは男に対する**恐怖**のせいで、じつにうまく押し戻され、抑えられていたのだ。ああ、もしも「女の、永遠に退屈な面」――これはたっぷりあるぞ！――が、厚かましくも外に出てきてもよいということになったら！　〔ゲーテ『ファウスト』終幕の「永遠に女性的なものが、私たちを引き上げる」を揶揄している〕もしも女が、優美さ、演技、憂さ晴らし、気休め、軽薄さといった抜け目のない技を、もしも女が、気持ちのいい欲求を上品に処理することを、徹底的に忘れはじめたら！　すでに今、女の声が大きくなっている。その声は、聖なるアリストパネス！の芝居のように〔喜劇『女の平和』では、女たちがセックス・ストライキによって男たちの戦争をやめさせる〕、ショッキングなものである。女が最初にそして最後に男に**望む**ことは、医学的にもはっきり脅威になっている。女がこんな具合に科学的になろうとしていることは、じつにお粗末な趣味ではないか？　これまでは幸い、啓蒙は男の仕事、男の才能だった。――啓蒙は「男たちだけで」やってきた。そして、女たちが「女」について何を書いても、最終的に私たちには不信感を表明することが許されている。女は本当に自分自身について啓蒙を**望んでいる**のか、――そして望むことが**できる**のか。……もしも女が啓蒙によって自分を新しく**飾ること**は求めていないなら――しかし私は、自分を飾ることは永遠に女性的なことではないか、と思っている？――、だとすれば、女は自分に対して恐怖を感じさせようとしているわけだ。――女は啓蒙によって、もしかしたら支配を望んでいるのかもしれない。――けれども女は、真理を**望んではいない**。女にとって真理は大切だろうか！　最初から女にとって真理ほど、未知で不愉快な敵はない。——女のすばらしい技は、嘘である。女にとって最大の関心は、見かけと美しさだ。男として白状しておこう。私たちが敬愛するのは、まさに女の**その**技であり、**その**本能なのだ。私たちは大変な思いをして生きているので、気休めに女たちの仲間になりたいのだ。女たちの手や、視線や、かわいらしいお馬鹿さんぶりに触れていると、私たちがまじめに、重苦しく、深刻にしていることが、馬鹿ばかしく思えてくるのだ。最後に質問をする。これまでにもう女は自分で、女の頭に深さがあることを、女の心に正義があることを認めたことがあるだろうか？　そして、大きく見積もって、これまで「女」を一番軽蔑したのは、女のほうであって——まったくもって男ではなかった。それは本当ではないのか？——私たち男が願うのは、女が啓蒙によって自分の面目をつぶしつづけないことである。教会が「女は教会では《ムリエル・タケアト・》黙ってなさい《イン・エクレシア》！」と布告したのが、女に対する男の配慮であり、いたわりであったように。ナポレオンがおしゃべりなスタール夫人に「女は政治では黙ってなさい《ムリエル・タケアト・イン・ポリティキス》！」とさとしたように。——そして私が考えるに、今日の女性たちに向かって「女は女のことについては黙って《ムリエル・タケアト・デ・》なさい《ムリエレ》！」と呼びかけるのが、女の本当の友である。

**233**

もしも女が、〔フランス革命で「ジロンド派の女王」と呼ばれた〕ロラン夫人や、〔『ドイツ論』で有名な作家〕スタール夫人や、〔ショパンの恋人としても有名な、作家でフェミニストで、男装もしたジョルジュ・〕サンド氏を引き合いに出して、それで「女というもの」が**有利である**ことが証明されたかのように思うのは、——お粗末な趣味であることは、もちろんだが——本能の腐敗をさらけだすものである。男たちのあいだでは、これらの人物は、3人の**おかしな**女というものであり——それ以上のものではない！——、まさに解放と女性の自立を、知らないうちに否定している最上の**反証**になっている。

## 234

馬鹿な台所。料理をするのは女。恐ろしいほど何も考えずに、家族と家長の栄養を用意している！　料理がどういうことを**意味する**のか、女は理解していない。それなのに料理人のつもりだ！　女に考える頭があるなら、何千年も前から料理をしてきたのだから、生理学の最大の事実を見つけたにちがいなかっただろうし、同様に治療術も身につけたにちがいなかっただろう！　できの悪い料理人のせいで——台所にまるで理性が欠けていたせいで、人間の発達がじつに長いあいだ阻止され、じつにひどく損なわれてしまった。今日もその事情に変わりはない。レベルの高いお嬢さんたちへのお話でした。

**235**

才気あふれる表現とか、格言とか、ひとにぎりの言葉のなかで、ひとつの文化がまるごと、ひとつの社会がまるごと、突然結晶することがある。〔フランスの作家でサロンを主宰していたマルキーズ・ド・〕ランベール夫人〔1647—1733年〕が息子にたまたま言った、あの言葉も、そのひとつの例だ。「あなた、馬鹿なことは、うんと楽しめるものだけになさい《モナミ・ヌ・ヴ・ペルメテ・ジャメ・ク・ド・フォリ・キ・ヴ・フロン・グラン・プレジール》」——ちなみにこれは、これまで息子に向けられた言葉のなかで、もっとも母親らしく、もっとも利口な言葉である。

**236**

ダンテとゲーテが女について思ったこと。——ダンテは〔『神曲』で〕、「彼女は上をながめ、私は彼女をながめた〔ella guardava suso, ed io in lei とニーチェは書いているが、ダンテは Beatrice in suso, e io in lei guardava（ベアトリーチェは上を、私は彼女をながめた）と書いている〕」と歌い、ゲーテは〔『ファウスト』で〕それを、「永遠に女性的なものが、私たちを引き**上げる**」と翻訳した。——どんな高貴な女でもこの思いには抵抗するだろうことを、私は疑わない。というのも、どんな高貴な女も、永遠に男性的なものについて、まさにそう思うからだ……

## 237

## 女のための7つの寸言

長ーいご無沙汰が逃げていくのは、男が私たちのところへ這ってくるとき！

＊　＊

老齢《とし》だわ、ああ！　でも学問が、弱い徳にも力をあたえてくれる。

＊　＊

黒いドレスを着て、口数が少ないと、どんな女も——利口に見える。

＊　＊

幸せなときは誰に感謝する？　神様に！——そして私の仕立て屋に。

＊　＊

若いときは、びっしり花で飾られた洞穴の家。年を取ると、竜がそこから飛び出してくる。

＊　＊

貴族の名前、美脚、そして男らしい。ああ、**それが**私の夫なら！

＊　＊

短い話、深い意味。——雌ロバにとってはアイスバーンだ！

**237 a**〔原文には**a**がありませんが、**73 a**の真似をしました〕

女性たちはこれまで男たちに、どこか高いところから降りてきて彼らのところへ迷ってきた鳥のように扱われていた。男たちより繊細で、傷つきやすくて、ワイルドで、不思議で、かわいくて、情があって。——でも、飛んで逃げてしまわないよう、閉じ込めておかなければならない。

**238**

「男と女」という根本問題で間違えること。男と女のあいだには奈落のような対立があって、永遠に敵対する緊張が必然である、ということを否定すること。男と女に、もしかしたら同じ権利、同じ教育、同じ要求と義務を夢見ること。以上のことは、浅薄な頭であることの**典型的な**しるしである。そしてこの危険な場所で考えて、自分が浅薄であることを証明した者は――本能が浅薄なのだ！――、そもそもいかがわしい者である、それどころか、化けの皮が剝がれた者、底が割れた者であると見なしてもいい。たぶん彼が、生の、また未来の生の、あらゆる根本問題を考えるには、あまりにも頭のサイズが「短《みじか》」すぎるだろう。そして深いところには降りていけ**ない**だろう。それとは逆に、精神においても、欲求においても深さをもっている男なら、それだけでなく、厳しく容赦しないこともできるので、よく厳しさや情け容赦のなさと勘違いされる、あの深い好意ももっている男なら、女のことについてはオ**リエント風に**しか考えられない。彼は女のことを、財産として、施錠できる所有物として、サービスすることが運命であり、サービスで自己完結する物として考えているにちがいない。――この点において彼は、アジアの法外な理性、アジアの本能優位をよりどころにしているにちがいない。それはかつてギリシャ人がやっていたことだ。アジアの最高の相続人であり生徒であるギリシャ人は、周知のように、ホメロスからペリクレスの時代まで、文化と勢力範囲が**大きくなる**にしたがって、一歩ずつ、女に対して**厳しくなって**いった。要するに、オリエント風になっていった。これが、どんなに必然的で、どんなに論理的で、どんなに人間的で望ましいことですらあったのか。胸に手をあてて、じっくり考えてもらいたい！

## 239

弱い性が、男たちの側からこんなに敬意をもって扱われたのは、私たちの時代のほかにはない。――これは、デモクラシーがもっている傾向と根本的な趣味によるものである。老人が尊敬されないのも、同じ傾向と趣味によるのだが。――この敬意がすぐにまた濫用されるのも、当然？ 女は、より多くを望む。要求するようになる。ついには、あの敬意という関税をほとんどわずらわしいもののように感じる。権利を求める競争を、いやそれどころか、闘いそのものを好むようになるだろう。要するに、女は恥ずかしいという気持ちをなくすのだ。趣味もなくす、と大急ぎでつけ加えておこう。女は男を**恐れる**ことを忘れる。けれども「男を恐れることを忘れた」女は、もっとも女らしい本能を捨てている。男が恐れを感じさせること、もっとはっきり言えば、男の**男らしさ**が、望まれなくなり、大事なものとして育成されなくなれば、女が前に出てこようとする。それは当然のことだし、十分に理解できることだ。しかし、もっと理解されにくいことは、まさにそのせいによる――女の退化である。こういうことが今日起きているのだ。勘違いしないでおこう！ ともかく産業の精神が、軍隊と貴族の精神に勝利してしまうと、今度は女が、店員・代理人《コミ》として経済的に法的に自立しようとする。「店員・代理人《コミ》としての女」が、でき上がりつつある現代社会の門扉に立っているのだ。そんなふうにして女が新しい権利を手に入れ、「主人」になろうとし、女の「進歩」を自分の旗や小旗に書くことによって、逆のことが恐ろしいほどはっきり起きている。**女というものが後退しているのだ。**フランス革命以降、ヨーロッパでは女の影響力は、女の権利と要求が強くなるにつれて、**弱くなっている**。「女の解放」は、女性たち自身によって（そして平凡な頭の男たちによってだけではなく）望まれ促進されるかぎり、なんとも奇妙な症状として現われる。もっとも女性的な本能がどんどん弱くなり、鈍くなっていくのだ。これが、この運動の**馬鹿なところ**である。「男っぽい」と言えそうな馬鹿なところだ。まともな女なら――まともな女は、いつも利口な女であるが――、心の底から恥ずかしいと思うような馬鹿なところだ。どの地点に立てば一番確実に勝つことができるか、の勘をなくす。自分の武器になる得意技の練習を怠る。以前なら自分に厳しく、抜け目なく、しとやかに振る舞っていたのに、男の前に出て、もしかしたら「本にまで」手を伸ばそうとする。女のなかにはまったく別な理想が**隠されていて**、なにか永遠で必然的で女性的なものが存在するのだと信じている男に対して、厚かましく徳があるふりをして反対する。女は優しくて、驚くほどワイルドで、しばしば感じのいい家畜のようなものだから、養ってやり、世話をしてやり、守ってやり、大事にしてやらなければ、と男が考えていたら、うるさくしっかり説得して、その考えを改めさせる。これまでの社会秩序において女性の立場がもっていた、そしてもっている、ありとあらゆる奴隷・農奴的なものを探して、おぼつかない手つきで憤激しながら集める（あたかも奴隷制が、すべてのレベルの高い文化、すべての文化のレベルアップの反証であって、むしろ条件ではないかのように）。――これらのことは、女性本能の粉砕、脱女性化でなければ、何なんだろう？　もちろん、学のある男性族のロバのなかには、女性の友や女を甘やかして駄目にする間抜けがたっぷりいる。間抜けたちは女に、上述のような脱女性化をすすめている。また、ヨーロッパの「男らしさ」、ヨーロッパの「男っぽさ」が病んでいる、ありとあらゆる馬鹿な真似をすすめている。――そうやって女を、「一般教養」にまで引き下げたいのだ。たぶん新聞を読み、政治の話をするところにまで引き下げたいのだろう。あちこちで女性を自由思想家や三文文士にまでしようとしているのだ。まるで、敬虔でない女は、神をもたない深い男にとって、完全に不快な存在または滑稽な存在ではないみたいに――。ほとんどあらゆるところで彼女たちの神経は、あらゆる種類の音楽のなかでもっとも病的でもっとも危険な音楽（私たちの最新のドイツ音楽）によって駄目にされている。そして、彼女たちは日ごとにヒステリックにされ、丈夫な子どもを産むという彼女たちの最初で最後の使命を果たせなくなっている。間抜けたちは、そもそも彼女たちを「文化的にしよう〔＝耕作しよう〕」としている。そして、よく言われるように、「弱い性」を文化〔＝耕作〕によって**強く**しようとしているのだ。あんなに切実に歴史が教えてくれているのに、まるで知らんぷりして。人間を「文化的にする」ことと、人間を弱くすること――つまり、**意思の力**を弱くすること、粉々にすること、病気にすること――とは、いつも足並みをそろえて歩いてきたのだが。また、世界でもっとも権力をもち、もっとも影響力のある女性たち（最近ではナポレオンの母がそうだった）が、権力を手に入れ、男たちより優位になったのは、まさに彼女たちの意思の力のおかげであって――学校の先生たちのおかげではなかった！――のだが。女に対するリスペクトの念を、そしてしばしば恐れの気持ちを感じさせるものは、女の**自然**である。女の自然は、男の自然より「より自然で」ある。本物の、肉食獣のように狡猾なしなやかさ。手袋の下には虎の爪。素朴な利己主義。しつけることとは無理で、内面は野生。その欲求と徳は、とらえどころがなく、広がってい て、あちこちにさまよって………。恐ろしいけれど、「女」という危険で美しいこの猫に同情するのは、女がどんな動物より悩んでいて、傷つきやすく、愛に飢え、失望する運命をもっているように思えるからだ。そんな感情をもって、これまで男は女の前に立っていた。うっとりさせてくれると同時に心を引き裂く悲劇のなかに、いつも片足を突っ込んだまま――。えっ？　で、これでおしまいのつもり？　そして女の**魅力は消滅**中？　女がゆっくり退屈な存在になろうとしている？　おお、ヨーロッパ！　ヨーロッパ！　お前にとっていつも一番魅力的だった、角のある動物は、よく知られている。その動物のせいでお前はくり返し危険にさらされる！　お前の古い寓話が、またもや「歴史《ゲシヒテ》〔実際に起きたことの話〕」になるかもしれない。――またもや、とんでもない愚かさがお前の主人になるかもしれず、お前を連れ去るかもしれない！　そしてその愚かさの下に神は隠れていない。絶対に！　隠れているのは、ひとつの「考え方」、「モダンの考え方」にすぎない！……〔ヨーロッパ（Europa）の語源は、ギリシャ神話の女性エウロペ（Europe)。ゼウスが美しいエウロペに心を動かされ、白い雄牛になって接近する。エウロペが戯れに背中にまたがると、雄牛は疾走して海を渡り、クレタ島に上陸する。ふたりは交わり、エウロペはミノス、ラダマンティス、サルペドンを生む。その後、エウロペはクレタ島の王の妻となり、死後、神格化され、雄牛はおうし座となる。エウロペが牛に乗ってやってきたという地域が、その名前にちなんでヨーロッパになったと伝えられている」

# 第8部　いろんな民族といろんな祖国

## 240

またもや初めて、私は聴いた――リヒャルト・ワーグナーの『**マイスタージンガー**』の序曲を〔ニーチェは「序曲（Ouverture）」と書いているが、『マイスタージンガー』第1幕への前奏曲（Vorspiel）のこと〕。絢爛豪華で、荷物を積み過ぎた、重い、遅れてきた芸術だ。「俺を理解するには、2世紀にわたる音楽がまだ生きていることを前提にしてもらわなければな」、というプライドがこもっている。――そういうプライドが計算違いではない、ということがドイツ人たちをたたえているのだ！　どんな体液や力が、どんな季節や地域が、ここに混じり合っているのだろう！　私たちはあるときはアルカイックな、あるときはよそ者のような、苦くて青臭い気分になる。曲は、気ままでありながら、派手で因襲的である。いたずらもめずらしくなく、粗野でがさつなところもよく目につく。――火があり、勇気がある。と同時に、あまりにも遅く熟した果実の、朽ち葉色のたるんだ肌。広がりをもって豊かに曲が流れる。そして突然、不可解なためらいの瞬間。あたかもそれは、原因と結果のあいだに口を開いたすき間のようなもの。私たちは夢を見るように圧がかけられる。ほとんど悪夢のような圧だ。――けれどもすでにまた以前の心地よい流れが広がっている。じつに多様な心地よさが、古くて新しい幸せが流れている。その流れには、芸術家その人の幸せも**しっかり**含まれている。彼はその幸せを隠すつもりはない。彼がここで使っている手法は、新しく獲得したもので、その効果がまだチェックされていない芸術の手法だが、そのことを彼は私たちにそれとなく知らせようとしているらしい。そしてその手法のすばらしさが、驚くべきことに幸せにも、聴衆に関知されているのだ。要するに、美しくない。南ではない。南の上品な空の明るさがない。優雅さがない。ダンスがない。論理への意思がほとんどない。それどころか、ある種のぎこちなさまであって、あたかも芸術家が私たちに「これ、私の意図なんですよ」と言おうとしているかのように、それが強調までされる。重苦しい衣装。勝手に野蛮になったり、儀式ばったりする。学術的で尊い貴重品やレース飾りがキラキラしている。言葉の最良最悪の意味でドイツ的。ドイツ式に多様で、ざっくばらんで、汲みつくせない。魂が、ある意味、ドイツ的に力強くみなぎっているので、恐れることなく、洗練された衰退のなかへ身を隠す。――魂は衰退のなかで、もしかしたら初めて、もっとも気持ちよくなっているのかもしれない。この曲は、ドイツの魂の、正真正銘のランドマーク。若さと時代遅れが同居している。熟しすぎていながら、未来に富みすぎている。このような音楽が、私のドイツ人観を一番うまく表現している。ドイツ人は、一昨日《おととい》に住み、明後日《あさって》に住んでいる。――**ドイツ人には、まだ今日《きょう》がない。**

**241**

私たちは「良きヨーロッパ人」である。私たちにも、あえて心をこめて祖国談義をしたり、昔の愛や偏狭さにドシンと逆戻りしたりするときがある。――私もさっき〔**240**で〕そのサンプルを見せたばかりだが、――そういうときには、国民として胸を高鳴らせたり、愛国心で息苦しくなったり、その他いろんな種類の古風な感情で高潮したりする。私たちより鈍重な精神の持ち主たちは、私たちなら数時間限定で数時間後には終わらせることを、もっと長い時間をかけて片づけることになるだろう。彼らの消化と「新陳代謝」の、スピードと能力によるが、ある者は半年で、また別の者は半生をかけて。たしかに、のろまでグズの人種を想像することができる。私たちの目まぐるしいヨーロッパでも、連中なら、このような祖国愛や郷土愛という隔世遺伝の発作を克服して、ふたたび理性を、いわば「良きヨーロッパ気質」を取り戻すには、半世紀は必要だろう。そしてその可能性についてあれこれ妄想しているときに、たまたま私は、年寄りの「愛国者」ふたりの会話を耳にした。――どうやらふたりとも耳が悪いらしく、そのせいで大きな声でしゃべっていた。「**あいつのさ**、哲学なんて、農民とか、学生組合《コーア》の学生とか、の程度だ」――と、ひとりが言った。――「あいつのせいじゃない。でも今どき、そんなこと、どうでもいい！　大衆の時代だからな。大衆って、大衆的なものの前じゃ、かならず這いつくばる。政治《ポリティキス》の場面でも、そうだ。政治家がさ、大衆のために新しいバベルの塔を建ててやれば、とにかく馬鹿でかい王国や権力をだよ、用意してやれば、「すごい」と評価される。——俺たちは、もっと用心深くて、もっと慎重だから、とりあえず昔ながらの考え方を捨てないでいる。行動や事柄をすばらしいものにするのは、すばらしい思想だけなんだと考えてるからだ。仮にだよ、政治家が状況を変えて、以後、国民も参加する「すばらしい政治」をせざるをえなくなるとしよう。国民は生まれつき、「すばらしい政治」用にちゃんと作られてないし、準備もしてないから、結局、怪しげな新しい凡庸さのために、それまで自分がしっかりもっていた徳を犠牲にしなければならなくなるだろう。——仮にだよ、政治家が国民に、みんな「政治に目覚めよ」と厳命するとしよう。ところが国民のほうは、それまでは政治なんかよりましなことをしたり、考えたりしてたわけだからさ、心の底じゃ、各国の国民が本当に政治に目覚めたら、不安になったり、むなしくなったり、騒々しく口喧嘩したりするようになるんじゃないかと心配して、吐き気から逃げられなくなってしまう。——仮にだよ、そんな政治家がさ、眠り込んでいた国民の情熱や欲望を刺激して、国民のそれまでの内気や、何もせずに傍観していたいという気持ちを汚点だと言い、国民の外国趣味や無限へのひそかなあこがれには落ち度があると言い、国民が心の底から好きなものをつまらないと言い、国民の良心をひっくり返し、国民の精神を偏狭にして、国民の趣味を「愛国的」なものにするとすれば、——どうだろう！ そんなことをするような政治家がやったことを、国民は、未来永劫にわたって、もしも国民に未来があればの話だがね、償わなければならないだろう。そんな政治家が**すばらしい**わけ？」「もちろんそうさ！」と、もうひとりの年寄りの愛国者が激しく答えた。「すばらしい政治家じゃなきゃ、そんなこと**でき**なかったわけだろ！　そういうことを望むのは、もしかしたら無茶だったのかもしれない？　でも、もしかしたら、すばらしいことって、みんな最初は無茶苦茶だったのかも！」――「言葉の濫用だよ！」と、話し相手が叫んで反対した。「強かったんだよ！　強かった！　強くて無茶だったんだよ！　すばらしくは**なかった！**」――ふたりの年寄りは明らかに興奮していた。まるでそうやって叫んで、おたがいに自分の「真理」を相手にぶつけているみたいだ。ところで私は、幸い、ふたりの向こう岸にいたので、こう考えていた。そのうち、その強い政治家よりも強い政治家が支配するようになるだろうな。それに、どこかの国の国民の精神が薄っぺらになれば、その埋め合わせがある。つまり、ほかの国の国民の精神が深くなる。――

**242**

今、ヨーロッパ人につけるレッテルを探すなら、「文明」とか、「人間化」とか、「進歩」とかがいいだろう。または、ほめたり、けなしたりせず、あっさり政治のフレーズを使って、ヨーロッパの**デモクラシー**運動と言ってもいい。デモクラシーと呼ばれるモラルや政治のあらゆる表《フォアグラウンド》の世界の裏では、**生理学の**巨大なプロセスが進行中で、どんどん大きな流れになっている。――ヨーロッパ人がみんな同じようになっているというプロセスだ。気候や身分に縛られて人種ができるわけだが、ヨーロッパ人はその条件からどんどん解放されている。それぞれ**特定の**環境《ミリュー》が何世紀にもわたって同じ要求をして、自分の名前をそこに住む人間の心と体に記入したがっているわけだが、ヨーロッパ人はその環境《ミリュー》からますます自立しつつある。——つまり、基本的には国民や民族を超えて遊牧民のような人間が、じょじょに登場しているのだ。その登場に典型的なレッテルをつけるなら、生理学的に言って、適応技術と適応能力の最大値ということになる。**ヨーロッパ人の生成**というこのプロセスは、大がかりな揺り戻しによってテンポが遅くなる可能性があるが、もしかしたらまさにそのおかげで、激しさと深さを手に入れて成長するかもしれない。——今も荒れ狂っている疾風怒濤の「国民感情」もこのプロセスの一部だし、まさに登場しつつあるアナキズムも同様だ。——このプロセスが向かっている結果は、どうやら、このプロセスを素朴に促進したり賛美したりしている者、つまり「モダンの考え方」の使徒たちが、もっとも当てにしたくない結果だろう。これと同じ新しい条件のもとで、平均して見れば、人間が均一にされ、凡庸にされていく。——役に立つ、働き者で、いろんなふうに使うことができ、雇うことができる畜群動物である人間の誕生だ。——その同じ条件が、もっとも危険で、もっとも魅力的な性質をもった例外人間の誕生のための最適条件でもある。つまりその適応能力は、変化しつづける条件をつぎつぎに試しては、世代が交代するごとに、ほとんど十年ごとに、新しい仕事を始め、〔人間の〕原型が**もっている力**をまったく発揮できなくしてしまうのだ。また、そういう未来のヨーロッパ人の全体としての印象は、おそらく、いろんな種類の、おしゃべりで、意思が弱く、きわめて使い勝手のいい労働者といったところだろう。そういう労働者は、毎日のパンのようなものとして、主人を、命令してくれる者を**必要としている**のだ。こうしてヨーロッパのデモクラシー化は、きわめて微妙な意味での**奴隷制**にぴったりしたタイプ〔の人間〕を生み出すことに行き着く。その一方、個別の例外的なケースでは、**強い**人間が、もしかしたらこれまで以上に強くて豊かな人間になっていくにちがいないだろう。――それは、強い人間の訓練に先入観がないからであり、練習、技術、仮面がとんでもなく多様だからだ。私が言いたいのはこういうことである。ヨーロッパのデモクラシー化は、そのまま同時に、意図せずして**専制君主たち**を育成することになっているのだ。――専制君主という言葉を、あらゆる意味で、もっとも精神的な意味ででも、理解してもらいたい。

**243**

私たちの太陽が〔ギリシャ神話で最大の英雄〕**ヘラクレス**の星座に向かって突進している最中だ、と聞いて、私は楽しくなった。そして私は望む。人間がこの地上で太陽と同じように突進することを。そしてその先頭に立つのが私たちだ。私たち良きヨーロッパ人なのだ！

――

## 244

ドイツ人のことを「深い」というレッテルをはって呼ぶのが普通だった時代がある。今では、新しいドイツ気質のもっとも成功したタイプは、まったく別の名誉をほしがっており、深さをもつものすべてには、もしかしたら「切れ味」が欠けているのかもしれないと不満を感じている。今では、昔は「深い」がほめ言葉だとだまされていたのではないか、と疑うことが、ほとんど時代に即していて愛国的だと思われている。ドイツ的な深さというものは、要するに、何か別のひどいものではないか、というわけだ。——そしてそれを、ありがたいことに、今はうまい具合に厄介払いしている最中なのだ、と。だから実験をして、ドイツ的な深さについて学習し直そうではないか。そのためには、ドイツ魂をちょっと生体解剖するだけでいい。——ドイツ魂というのは、とりわけ多様で、起源もさまざまで、実際にそれとして作られていたものではなく、むしろ組み合わされたり重ね合わされたりしたものである。それはドイツ魂の由来の問題である。もしもドイツ人が、厚かましくも「魂がふたつ住んでるんですよ、ああ！　私の胸には」と主張しようとすれば、それは、真理にひどい暴行をしていることになるだろう。もっと正確に言えば、多くの魂については真理にまで達していないのだろう。いろんな人種が猛烈にかき混ぜられてミックスされた民族として、もしかしたら前アーリア的な要素が優位ですらあるかもしれないが、あらゆる意味において「中間の民族」として、ドイツ人は、ほかの民族がそうであるよりは、理解しにくく、広範で、矛盾に満ち、得体が知れず、予測しにくく、人を驚かせ、恐ろしくさえある。――ドイツ人は**定義**をすり抜ける。だからそれだけでフランス人を絶望させている。ドイツ人については「ドイツ的って何？」という質問が死に絶えることがない。それがドイツ人の特徴である。〔「反動的」と見なされていたドイツの劇作家アウグスト・フォン・〕コッツェブー〔１７６１―１８１９年〕は、たしかに当時のドイツ人のことをよく知っていた。ドイツ人はコッツェブーに「われわれのことが分かっている」と喝采を送った。――けれども、〔自由主義とナショナリズムを掲げて活動していた学生組合《ブルシェンシャフト》の急進派で、コッツェブーを暗殺したカール・ルートヴィヒ・〕**ザント**〔１７９５―１８２０年〕も、ドイツ人のことをよく知っていると思っていた。〔古典派にもロマン派にも分類されないドイツの作家〕ジャン・パウルは、〔ナポレオン占領下のベルリンでの講演『ドイツ国民に告ぐ』（１８０７―０８年）でドイツのナショナリズムに大きな影響をあたえた哲学者〕フィヒテの、嘘を吹き込んでいるけれども愛国的な、お世辞と誇張に怒って反対を表明したが、自分のやっていることが分かっていた。――けれども、どうやらゲーテは、フィヒテにかんしてジャン・パウルの言い分を認めてはいたが、ドイツ人については、ジャン・パウルとは別の考えをもっていたようだ。ゲーテはいったいドイツ人のことをどう考えていたのか？――だがゲーテは、自分の身のまわりの多くのことについて、けっしてはっきり語ったことがないし、生涯、微妙な沈黙を守ることを心得ていた。――たぶん、沈黙する理由がちゃんとあったのだ。確実に言えることだが、ゲーテの目を喜びで開かせたのは、「〔反ナポレオンの〕解放戦争〔1813―14年〕」でもなければ、フランス革命でもなかった。――ゲーテが彼のファウストを、そう、「人間」という問題すべてを、**考え直す**きっかけになった出来事は、ナポレオンの出現だった。これはゲーテの言葉だが、ドイツ人が自分たちの誇りのひとつとして考えているものについて、ゲーテは、外国から見ているように、いらいらと厳しい調子で否定している。つまり、有名なドイツ人気質をかつて、「自分の弱さにも他人の弱さにも寛大である」と定義しているのだ。ゲーテのこの言葉はまちがっているだろうか？――ドイツ人について語られることが完全にまちがっていることは、めったにない。それがドイツ人の特徴である。ドイツ魂には通路があり、抜け道がある。そこには洞穴があり、隠れ場があり、城の地下牢がある。ドイツ魂の無秩序には、秘密に満ちたものの魅力がたっぷりある。ドイツ人は、カオスに通じる間道をいくつも心得ている。どんなものでも自分に似たものが大好きだが、ドイツ人は雲が大好きだ。それから、クリアでないもの、生成《なる》するもの、薄明かりや薄暗がり、湿ったもの、おおい隠されたものなら、何でも大好きだ。不確かなもの、整えられていないもの、ずれるもの、成長するものなら、どんな種類のものでも、ドイツ人は「深い」と感じる。ドイツ人そのものは、**ある**のではない。**なる**のである。「発達する」のである。というわけで「発達」は、哲学の公式たちが住む大きな王国で、本当にドイツが見つけた掘り出し物なのだ。――つまり、ドイツのビールやドイツの音楽と同盟を結んで、全ヨーロッパをドイツ化するために働いている支配的な概念なのだ。外国人は、ドイツ魂の底にある「矛盾をはらむ性質」が見せてくる謎の前に立って、驚き魅せられている（その「矛盾をはらむ性質」をヘーゲルは体系にし、リヒャルト・ワーグナーはつい最近、音楽にした）。「気立てがよくて悪意がある」——このような並立は、他のどの民族にとってもナンセンスだが、残念ながらドイツではあまりにもしばしば正しいとされる。ほんのしばらくでいいから〔ドイツ南西部の〕シュヴァーベンで暮らしてみるといい！　ドイツの学者のぎこちなさ、その社交センスのなさは、驚いたことに、内面での軽やかで大胆な綱渡りとうまく調和しているのだ。その綱渡りを見て、すでにすべての神々が恐れをなしたほどである。「ドイツ魂」を目の前に見せたいなら、ドイツ人の趣味を、ドイツの芸術や風習をのぞいてもらえばいい。「趣味」に対しては、農民みたいになんとも無関心！　もっとも高貴なものともっとも下品なものが、なんと肩を並べている！　このドイツ魂の全世帯は、なんと無秩序で豊かなことだろう！　ドイツ人は、自分の魂を**ひきずって歩いている**。ドイツ人は、自分が体験することを全部ひきずって歩いている。ドイツ人は、自分の出来事を消化するのが下手くそだ。それを「平らげる」ことはけっしてできない。ドイツ人が深いのは、「消化」が上手くいかず遅いだけの場合がしばしばだ。習慣に病気がある人、消化不良の人はみんな、快適さを好むが、同じようにドイツ人も「隠しごとをしない」で「実直である」ことが大好きだ。隠しごとをしないで実直であることは、なんと**快適な**ことだろう！——もしかしたら今日ではこれが、ドイツ人が心得ている、もっとも危険で、もっとも幸せな変装なのかもしれない。ドイツ人は**誠実**だから、親しみやすく、親切で、手持ちのカードを開いて見せる。これが、ドイツ人が本来もっているメフィストフェレス術なのだ。この術によって、ドイツ人は「もっとうまくやる」ことができる！　ドイツ人は成り行きにまかせ、それをドイツ人の忠実で、青い、うつろな目で見ている。——だから外国の人はすぐにそれを、部屋着姿のドイツ人だと思ってしまうのだ！——私が言いたいのは、こういうことである。「ドイツ人の深さ」は、どんなものでもかまわないが、——私たちがあえてそれを馬鹿にして笑うとしても、私たちのあいだだけにしておこうではないか？——私たちとしては、その見かけと名声を将来にわたっても尊重して、私たちの以前からの「深みのある民族」という評判を、プロイセンの「切れ味」とかベルリンの機知や砂とかと簡単には交換しないのが賢明だ。民族としては、深いと思われ、不器用だと思われ、気立てがいいと思われ、誠実だと思われ、利口でないと思われるのが、そう**思わせておく**のが、利口なのだ。それどころか、——深い！——とすら言えるかもしれない。要するに、自分の名前は高めるべきなのだ。——「ティゥシュ」民族、だます《トイシュ》民族と呼ばれるのには、わけがある（「ティゥシュ」は、ゲルマン系のひとつである「テウトネス族（＝チュートン族）」の形容詞）。……

## 245

「古き良き」時代がなくなった。モーツァルトのなかで歌い尽くされた。——〔けれども〕**私たちは**、なんと幸せなんだろう！　彼のロココがまだ私たちに話しかけてくれるのだから。彼の「すてきな社交」が、彼の優しい熱狂が、中国風や唐草模様を子どものように喜ぶ彼の気持ちが、彼の心の礼儀正しさが、小さくてかわいらしいもの・夢中になったもの・ダンスするもの・涙が出るほど幸せなものへの彼の欲求が、〔ヨーロッパの〕南を信じる彼の心が、私たちの心に**残っている**なにがしかに、まだ訴えてくれるのだから。ああ、いつか、こういうこともおしまいになるのだろう！――けれども、ベートーヴェンを理解し、味わうことのほうが、それより早くおしまいになるだろう。これを疑う者がいるだろうか！――なにしろベートーヴェンは、スタイルが移行しスタイルが断絶する終結部《コーダ》にすぎなかったわけで、モーツァルトと違って、何世紀にもわたる大ヨーロッパ趣味の終結部《コーダ》では**なかった**のだから。ベートーヴェンは、たえず壊れていく古いボロボロの魂と、たえず**やってくる**未来の若すぎる魂の、中間の出来事である。彼の音楽には、永遠の喪失でもあり、永遠に羽目をはずしている希望でもある薄暗い光が射している。――これと同じ光のなかにヨーロッパがひたっていたのは、ヨーロッパがルソーといっしょに夢見ていたときだ。そしてヨーロッパが、革命の自由の木のまわりで踊り、最後にはナポレオンの前でほとんどひざまずいていたときだ。しかし、まさに**この**感情は今、なんと速く色褪せていくことか。今日ではもう、この感情を**知ること**さえ、なんともむずかしいのだ。――あのルソーの、シラーの、〔イギリスのロマン派の詩人〕シェリーの、バイロンの言語が、なんとよそよそしく私たちの耳に響くことだろう！　彼らのなかでは、**みんな一緒になって**ヨーロッパの同じ運命が、言葉になる道を見つけて、ベートーヴェンのなかで歌うことができたわけだが〔ベートーヴェンの

『第九』では、「すべての人が兄弟になる」というシラーのロマンチックな詩が歌われる」。――ドイツ音楽がその後どうなったのか。ロマン派に落ち着いた。ロマン派は、歴史として計算すれば、〔ベートーヴェンという〕あの偉大な幕間《インターミッション》、つまりルソーからナポレオンへ、そしてデモクラシーの到来へという、あのヨーロッパの移行期よりは、短くて、はかなくて、表面的な運動だった。しかしウェーバーだが、今日の**私たちにとって**、『魔弾の射手』や『オベロン』が何だというのだ！　または、〔ハインリヒ・〕マルシュナーの『ハンス・ハイリング』や『吸血鬼』が何だというのだ！　または、さらにワーグナーの『タンホイザー』ですら何だというのだ！　まだ忘れられてはいないとしても、音楽がじょじょに消えていく。おまけにロマン派の音楽はみんな、高貴さが足りず、ちゃんと音楽になっていなかったので、劇場や大勢が詰めかけている場所は別として、権利を主張することができなかった。最初から二流の音楽だったので、本物の音楽家たちからはほとんど見向きもされなかった。それとは別だったのがフェーリクス・メンデルスゾーンだった。あの穏やかな大家は、その軽やかで、純粋で、幸福な魂のおかげで、あっという間に尊敬されたが、同じくあっという間に忘れられた。ドイツ音楽の美しい**偶然の出来事**《エピソード》だった。ところでローベルト・シューマンは、ものごとを重く考える人で、最初から重く受け止められていたが――流派をつくった音楽家としては、もっとも若手だが――、まさにこのシューマン風のロマン主義が克服されているということが、私たちのあいだでは今日、幸せなこと、ひと息つけること、自由になったことと思われているのではないだろうか？　シューマンは、自分の魂の「ザクセンの風のスイス」へ逃げ、半分は「若きウェルテル」風で、半分はジャン・パウル風だったが、たしかにベートーヴェン風ではない！　たしかにバイロン風ではない！——彼の劇音楽『マンフレッド』〔バイロンの詩劇『マンフレッド』を下敷にしている〕は、不正と呼んでいいほどの失敗であり誤解だ。シューマンの趣味は、結局、**小物の**趣味だった（つまり危険な性癖だった）。ドイツ人のあいだでは、静かな抒情と感情の泥酔という、二重の意味で危険な性癖だった）。いつも脇道にそれ、恥ずかしそうに後ずさりして身を引き、ひたすら匿名の幸福と悲痛にひたる上品な優男《やさおとこ》であり、少女みたいで、最初から「私に触れるな」《ノリ・メ・タンゲレ》〔復活したイエスがマグダラのマリアに言った言葉〕だった。このシューマンはすでに、音楽におけるドイツの出来事にすぎなかった。もはやヨーロッパの出来事ではなかった。ベートーヴェンは、ヨーロッパの出来事だったし、モーツァルトは、もっと大きなスケールでヨーロッパの出来事だったが。——シューマンとともにドイツ音楽は、最大の危険に直面した。**ヨーロッパの魂のための声**を失って、たんなる祖国愛に陥ってしまうという危険に。

## 246

——ドイツ語で書かれた本は、**第3の**耳をもつ人にとって何という拷問だろう！　どんな不本意な思いでその人は、どんよりした響き、ダンスをしないリズムで、ゆっくり回っている沼のそばに立っていることだろう！　その沼が、ドイツ人に「本」と呼ばれているものだ。おまけに、本を**読んでいる**ドイツ人ときたら！　何とだらしなく、何と嫌々ながら、何と下手くそに読んでいるのだろう！　良い文章にはかならず**テクニック**が使われており、——文章が理解されようと思うかぎり、テクニックは見抜かれていることを望むわけだが、そのことを何人のドイツ人が心得ていて、その心得を自分に要求しているのだろう！　たとえば文章のテンポが誤解されている場合、文章そのものが誤解されているのだ！　リズムを決定するシラブルがあることを疑ってはならない。あまりにも厳密なシンメトリーに破れがあることは、意図されたもので魅力だと感じること。どんなスタッカート、どんなテンポ動かし《ルバート》にも、繊細に我慢づよく耳を傾けること。母音や二重母音の連続に意味を推測すること。そして母音や二重母音が続くことによって、どんなに柔らかく豊かに色づいたり、変色したりするものなのか。このような義務や要求を承認し、こんなに多くのテクニックや意図を言語に耳を傾けて聞き分けようとする者が、本を読むドイツ人のなかにいるだろうか？　結局、誰もまさに「こういうことを聞く耳をもっていない」ので、文体がもっているじつに強力な対照も聞かれることがなく、じつに繊細な芸術性も、聞く耳を持たない者が聞いているときのように**浪費されて**いる。——こんなことを考えたのは、何も知らない不器用な人たちが散文芸術のふたりの大家を取り違えていることに、私が気づいたからだ。一方の大家にとって、言葉は、湿った洞穴の天井からのように、ためらいながら冷たく滴り落ちてくる。——こもった言葉の響きや反響を計算しているのだ。——そして、もう一方の大家は、自分の言語をしなやかな剣のように構えて、危険な幸せを腕から爪先まで感じている。研ぎすまされた刃《やいば》がぴくぴく震えて、今にも刺そうとし、ヒュッと風を切ろうとし、切断しようとしているのだ。——

**247**

ドイツ語の文体が、音の響きや耳のこととどんなに縁遠いか。私たちドイツのすぐれた音楽家の書く文章が下手くそであるという事実が、それを示している。ドイツ人は声を出して読まず、耳のために読まず、目だけで読む。読むとき、耳は引き出しに入れてしまっている。古典古代の人間が読むときは——読むということは、きわめてまれなことだったのだが——自分自身に向かって読んで聞かせた。しかも大きな声で。誰かが小さな声で読んでいると、不思議がられたし、その理由をこっそり詮索された。大きな声で読むということは、ふくらみ、曲がり、急変する音や、変わるテンポのすべてが含まれるということであり、それらが古典古代の世界の**公**の場で喜ばれた。当時は、文章のスタイルのルールと演説のスタイルのルールは同じものだった。そのルールは、一部は、耳と喉の驚くべき発達と洗練された要求に依存したもので、他の部分は、古典古代人の肺の強さと持続と力に依存したものだった。総合複合文《ペリオーデ》というのは、古代人の考えでは、なによりもまず、ひと呼吸でまかなえる生理学的なまとまりのことだ。そのような総合複合文《ペリオーデ》は、〔古代ギリシャの政治家・弁論家〕デモステネス、〔古代ローマの政治家・雄弁家〕キケロに見られるように、2回ふくらんで、2回下がるのだが、全部がひと呼吸のあいだに行なわれる。それが**古典古代の**人たちにとっては楽しみで、彼らは、自分でも訓練することによって、その徳を、つまり総合複合文《ペリオーデ》の朗読のときのめずらしくてむずかしいポイントを、評価することができた。——**私たちには**実際、**大きな**総合複合文《ペリオーデ》に対する権利がない。私たちは現代人であり、私たちはあらゆる意味において息が短いのだ！　これらの古代人はみんな、演説については自分でも、ディレッタントであり、したがって通《つう》であり、したがって批評家だった。——だから彼らは、自分たちの演説家の尻をたたいて、ものすごい名人に仕立てたのである。同じようにして、前世紀〔18世紀〕、イタリア人は男も女もみんな歌の心得があったので、イタリアでは歌の名人芸が（そしてそれとともにメロディーの芸が——）頂点に達した。ところがドイツでは（ごく最近になって、演壇での雄弁のようなものが、おずおずと不器用にその若い翼を動かすようになったが）、実際、公衆の前でやる**ほぼ**芸術的な演説がひとつだけジャンルとしてあった。説教壇から見おろしてやる演説である。説教者だけがドイツでは、ひとつのシラブルが、ひとつの単語が、どんな重みをもつのか、知っていた。ひとつのセンテンスが、どこまで打ち、ジャンプし、倒れ、走り、どこで終わるのか、知っていた。説教者だけが自分の耳のなかに良心をもっていた。やましい良心がしばしばだったが。というのも、いろいろ理由があって、まさにドイツ人の場合、演説が達者になることはめったになく、なるとしても、ほとんどいつも遅すぎるからである。ドイツ語の散文の傑作は、だから当然、その最大の説教者の傑作である。つまり**聖書**が、これまでのところ、ドイツ語で書かれた最高の本だった。このルター訳の聖書に比べれば、その他ほとんどすべての本は、「文献」にすぎない。──ドイツで育ったわけではなく、だからドイツ人の心のなかに根を張って育つことのない物にすぎない。ルター訳の聖書とは違って。

## 248

天才には2種類ある。一方は、なによりも受胎させる、そして受胎させようとする。もう一方は、好んで受胎させられ、そして出産する。そして同様に天才的な民族にも2種類ある。一方は、妊娠という女の問題や、形づくる・成熟させる・仕上げるという秘密の課題があたえられている民族である。──たとえばギリシャ人はこの種の民族であり、同じくフランス人もそうだ。──そしてもう一方は、受胎させてしまい、新しい「生の秩序」の原因になる民族である。──ユダヤ人、ローマ人がそうだが、そっと控えめにたずねられたら、ドイツ人もそうではないか？──民族というものは、未知の熱病に苦しみながらうっとりして、どうしようもなく自分を忘れて駆り立てられ、他の人種（つまり「受胎」可能な人種──）に惚れて欲情するのだが、そのときは支配欲に燃えている。自分が受胎させる力に満ちていること、したがって「神の恩寵によって」いることを知っている者なら、みんなそうだが。この2種類の天才は、男と女のように求め合う。けれどもおたがいに相手を誤解している。──男と女のように。

**249**

どの民族も、自分なりのタルチュフ流の偽善をもっていて、それを自分の徳だと呼んでいる。――自分の最善は、誰も知らない。――知ることができない。

**250**

ヨーロッパはユダヤ人に何を負っているか?――多くのものを負っている。よいものも、ひどいものも、負っている。とくに、最もよいものと最もひどいものがひとつになったものを、負っている。それは、モラルにおける最大のスタイルである。はてしなくつづく要求、はてしなくつづく意味がもつ、恐れと威厳である。モラルから見て疑わしい数々の行為がもつ、まるごとのロマンと崇高さである。――したがってまさにあの、色がたわむれ、生へと誘惑するもののなかで、最も魅力的で、最もいかがわしく、最もすばらしく選ばれた部分である。その残照のなかで今日、私たちのヨーロッパ文化の空が、その夕空が、燃えている。――もしかしたら燃え尽きようとしているのかもしれない。傍観者や哲学者のなかに混じっている私たち芸人《アーティスト》は、そのことに対してユダヤ人に――感謝している。

**251**

　ある民族が、国民的な神経熱や政治的な名誉欲に悩んでいるとき、悩**もうとしている**とき、──その精神のうえをいろんな雲や障害が通過しても、要するに、精神が馬鹿な小さな発作を起こしても、私たちとしてはそれを我慢するしかない。たとえば今日のドイツ人の場合、あるときは反フランスの発作であり、あるときは反ポーランドの発作であり、あるときはキリスト教のロマンチックな発作であり、あるときはワーグナー狂の発作であり、あるときはチュートン族の発作であり、あるときはプロイセン〔中心主義〕の発作であり（〔ハインリヒ・フォン・〕ジーベルや〔ハインリヒ・フォン・〕トライチュケといった、その哀れな〔プロイセン学派の〕歴史学者たちと、包帯をぐるぐる巻きにされた彼らの頭を、じっくり見てもらいたいものだが──）、これらは、どう呼んでもかまわないが、ドイツ人の精神と良心にちょっと霧がかかったものなのである。どうかお許しいただきたい。私もまた、感染のひどい地域に短期間あえて滞在したため、まったく病気にかからないというわけにはいかなかった。そして、世間のみなさんと同様に、自分にはまるで関係のない事柄について、もうあれこれ考えはじめていたのだった。政治に感染した最初の症状である。たとえばユダヤ人について、である。まあ、聞いていただきたい。──私はこれまで、ユダヤ人に好意的だったというドイツ人には、ひとりも会ったことがない。そして本来の反ユダヤ主義は、用心深い人や政治家のすべてが無条件に拒絶してはいるけれど、その用心や政治にしても、たとえば反ユダヤの感情そのものに向けられているのではなく、ただ、その感情が度を越して危険なものになることに対してだけ向けられている。とくに、度を越したその感情が無趣味で恥ずべき形のものになることに対して向けられている。――この点について勘違いしてはならない。ドイツにはたっぷり**十分な**数のユダヤ人がいるので、ドイツ人の胃は、ドイツ人の血は、それだけの量の「ユダヤ人」を片づけるだけでも、苦労している（そして長期にわたって苦労するだろう）。――イタリア人や、フランス人や、イギリス人は、ドイツ人より消化力が強いので、片づけたわけだが。――これをはっきり口にして言っているのが、誰もがもっている本能である。その本能には耳を傾けるしかなく、その本能にしたがって行動するしかない。「もう誰ひとり新しいユダヤ人は入れるな！　いいか、とくに東に開いている門は（それからオーストリアに開いている門も）閉めておけ！」こんなふうに、ある民族の本能が命令するのは、その民族の性格がまだ弱くて不確かなので、簡単にぼやかされ、より強い人種に簡単に消されかねないからだ。ユダヤ人はしかし疑いようもなく、今ヨーロッパで生きている人種のなかで、もっとも強く、もっとも粘りがあり、もっとも純粋な人種である。どんなにひどい条件であっても（それどころか、どんなに有利な条件のときよりも、上手な）切り抜け方を心得ている。それは、今日ならむしろ悪徳の烙印を押されるような、ある種の徳のおかげである。――とりわけ、断固とした信念のおかげである。その信念は、「モダンの考え方」を前にしても恥じる必要を感じない。ユダヤ人は、変化する**ときには**いつも、ロシア帝国のように変化する。つまり、ロシア帝国は――昨日できた国ではなく、時間をもっている国なので――、征服するときの原則が、「できるだけゆっくり！」なのだ。ヨーロッパの未来を良心的に考える思想家なら、自分でヨーロッパの未来をあれこれデザインするとき、ロシア人と同様にユダヤ人のことを、列強の大きな勢力ゲームや勢力闘争において、さしあたりもっとも確実で、もっとも見込みのあるファクターとして考えるだろう。今日のヨーロッパで「国民」と呼ばれるもの、そしてもともとは生まれたもの《レース・ナータ》というよりは作られたもの《レース・ファクタ》であるものは（たしかにときどき、虚構されて描かれたもの《レース・フィクタ・エト・ピクタ》と間違えられるほど似ているのだが――）、どんな場合でも、なるもの、若いもの、簡単にずらすことができるものであって、まだ人種ではなく、ましてや、ユダヤ民族のように青銅より長持ちする《アエレ・ペレニウス》ものではない。これらの「国民」は、すぐにかっとなる競争や敵意にはどんなものでも、慎重に用心するべきだろう！　ユダヤ人は、その気になれば――または、反ユダヤ主義者がそうしたがっているようだが、無理やりユダヤ人をその気にさせれば――、今すぐにもヨーロッパに対する優位を、いや文字通り支配を手に入れることが**できるだろう**。それは確かだ。ユダヤ人は、それを目標にして動いては**おらず**、計画も立てていない。それも確かだ。さしあたりユダヤ人がむしろ望んで願っていることは、ちょっと厚かましくさえあるが、ヨーロッパのなかへ、ヨーロッパによって吸い込まれ、吸い上げられることである。ユダヤ人が渇望しているのは、いい加減、どこかに腰を落ち着けて、許可されて、尊重されることである。そして「永遠のユダヤ人〔＝さまよえるユダヤ人〕」という遊牧民の生活に、ゴールを定めることなのだ。——そして、ユダヤ人のこの〔「疾風怒濤《シュトゥルム・ウント・ドラング》」のもじりである〕「引きと押し《ツーク・ウント・ドラング》」は（もしかしたらこのこと自体すでに、ユダヤ人の本能が穏やかになったことを表現しているのかもしれないのだが）、しっかり見守られて、歓迎されるべきだろう。そのためにはもしかしたら、この国のやかましい反ユダヤ主義者を追放することが、有効で正しい手かもしれない。大いに用心しながら歓迎して、選ぶこと。おおよそのところイギリスの紳士を真似ればいい。手に取るように明らかなことだが、たとえば辺境出身の貴族の将校のように、新しいドイツ気質をすでによりしっかり刻印した、より強いタイプの人間でも、何の心配もなくユダヤ人とうまくやっていくだろう。命令と服従という遺伝されている技能に対して——このふたつの技能にかけて辺境は今日では古典的だが——、お金と忍耐（それに、とりわけちょっとばかりの精神と精神性が、この辺境の地にはたっぷり欠けているのだが——）の天才が、つけ加えられるものなのか、つけ加えて育成されるものなのか。それを見るのは、いろんな意味で興味深いことだろう。けれどもこのあたりで、ドイツ気質への私の陽気な祝辞はおしまいにするのが礼儀というものだ。というのも私はすでに、私が**まじめであること**には触れたし、私が理解しているところの「ヨーロッパの問題」に触れたし、ヨーロッパを支配する新しいカーストの育成についても触れたのだから。——

哲学的な人種ではありませんね——次のイギリス人は。ベーコンは、哲学の精神というものを**攻撃**した人です。ホッブズ、ヒューム、そしてロックは、1世紀以上にわたって「哲学者」の概念を卑しいものにして、その価値を下げました。ヒュームに**反対して**カントが立ち上がった。ロックは、シェリングに「私はロックを軽蔑する《ジュ・メプリズ・ロック》」と言われて**当然の**人物でした。機械論によって世界を薄のろにしているイギリスと闘うという点では、ヘーゲルとショーペンハウアーは（そしてゲーテも）同じ意見でしたが、このふたりは哲学では敵対する天才の兄弟でした。ドイツ精神の、相反するふたつの極をふたりはめざしていたわけですが、そのとき、まさに兄弟だけがするようないがみ合いを演じました。——何がイギリスには欠けているのか、これまでずっと欠けていたのか。それをよく知っていたのが、あのなかば俳優の修辞家です。頭が混乱した無趣味な〔歴史家のトーマス・〕カーライルは、情熱的なしかめ面をして、自分自身について知っていることを隠そうとしたのです。つまり、カーライルに**欠けている**のは何であるか、を。それは——精神性にもともとそなわっている**力**であり、精神の視線にもともとそなわっている**深さ**であり、要するに、哲学だった。——そのような非哲学的な人種の特徴は、厳密にキリスト教を尊重すること。キリスト教による「モラル」と人間らしさの育成が**必要なのです**。イギリス人は、ドイツ人より陰気で、官能的で、意思が強く、残酷です。——まさにそれゆえ、ドイツ人と比べると平俗なので、ドイツ人より信心深い。キリスト教をまさにドイツ人**より必要とする**わけです。より繊細な鼻の穴なら、このイギリス人のキリスト教にさえ、憂鬱《スプリン》と酒の飲み過ぎが正真正銘のイギリス臭としてくっついていることを嗅ぎつけます。ちゃんとした訳があってキリスト教が憂鬱《スプリン》と酒の飲み過ぎの治療薬として使われているのです。――より繊細な毒でもって、より粗野な毒を制するわけです。より繊細な毒を使うことは、実際、不調法な民族のところではそれだけで進歩です。イギリス人が不調法で農民のようにまじめであることは、キリスト教の身ぶり言語や、祈ったり讃美歌を歌うことで、なんとか我慢できるような変装をほどこされる。もっと精確に言えば、それらをちりばめられて解釈を変更されるのです。大酒飲みや放蕩者という家畜は、以前は〔規則正しく禁欲的な〕メソジスト派に力ずくで抑えつけられていましたが、最近では「救世軍」としてモラルをブーブー唸るようになっている。そういう家畜にとって、実際、改悛の痙攣が、比較のうえでの話だが、この家畜が高めてもらえる最高の「人間らしさ」の成果でしょう。ここまでのところは当然だと認めてもらってもかまわない。けれども、もっとも人間らしい点でイギリス人を侮辱することがあるのです。イギリス人には音楽が欠けているのです。比喩的に言って（あるいは、比喩的に言わなくても――）。心を動かすとき、また体を動かすとき、イギリス人には拍子とダンスがない。それどころか、拍子とダンスに対する渇き、「音楽」に対する渇きすらないのです。イギリス人がしゃべるのを聞いてください。イギリスで最高の美女たちが**歩く**のを見てください。――地上のどの国にも、これほど美しい鳩や白鳥はいません。――最後に、彼女たちが歌うのを聴いてください！　でもこれは、ねだりすぎというものですね。……

凡庸な頭に一番ふさわしいので一番よく認識される真理がある。——凡庸な精神に対してだけ魅力があり、誘惑する力をもっている真理がある。——もしかしたら不快かもしれないこういう文章に、まさに今よく出くわす。これは、尊重するべきだが凡庸なイギリス人——たとえばダーウィン、ジョン・スチュアート・ミル、ハーバート・スペンサーだが——の精神が、ヨーロッパ趣味の中心地帯で優勢になりはじめてからのことである。一時的に**このような**精神の持ち主が支配的であることは有益であり、実際、それを疑いたい人はいないのではないか？　高い資質に恵まれ、離れた場所にまで飛んでいく精神の持ち主がまさに、細々とした平凡な数多くの事実を確かめて、集めて、結論を出すことに特別に有能だなどと思うことは、間違っているだろう。——そういう人はむしろ例外であり、最初から「ルール」に対してきわめて有利な立場には立っていない。結局、そういう人の仕事は、たんに認識することと以上のことをすることなのである。——つまり、新しいもの**であること**、新しいことを**指し示すこと**、新しい価値**を描くこと**！「知る」と「できる」の裂け目は、もしかしたら、思っている以上に大きくて、また不気味なものかもしれない。大きな意味で「できる」者、つまり創造する者は、「知らない」者であるにちがいないという可能性もあるだろう。——その一方、ダーウィン流の科学的な発見に対しては、ある種の狭さ、無味乾燥、ていねいで勤勉であることが、要するにイギリス的なことが、それなりに役に立つだろう。——最後にイギリス人について忘れてならないことだが、彼らはすでに一度、その徹底した平均志向のせいで、ヨーロッパ精神を全般にわたって低迷させたことがある。「モダンの考え方」とか、「18世紀の考え方」とか、また「フランスの考え方」と呼ばれているもの——つまり、**ドイツ**精神が深い吐き気をもって反対してきたもの——は、イギリス起源のものである。これについて疑う余地はない。フランス人は、そういう考え方の猿であり、俳優にすぎない。また、そういう考え方の最良の兵士でもあり、同じく残念ながらそういう考え方の、最初に一番ひどい目にあった**犠牲者**でもある。というのも、「モダンの考え方」という呪われたイギリス狂いのせいで、結局、フランス魂《アム・フランセーズ》は薄っぺらになり、痩せ衰えてしまったので、フランスの16世紀と17世紀を、フランスの深い情熱の力、フランスの創造力にあふれる高貴さを思い出しても、今日ではほとんど信じられないほどだ。けれども次の文章は、歴史的には正当なものなので、しっかり噛みしめて、ぱっと見に左右されないよう擁護する必要がある。ヨーロッパの高貴《ノブレス》は——感情であれ、趣味であれ、風習であれ、要するに、言葉のすべての高い意味での高貴《ノブレス》は——、**フランスの**作品であり発明なのです。ヨーロッパの平俗は、「モダンの考え方」という平民主義は、——**イギリスの**作品であり発明なのです。——

今もまだフランスは、もっとも精神的でもっとも洗練されたヨーロッパ文化の本拠地であり、趣味のハイスクールだ。けれどもこの「趣味のフランス」を見つけるには心得が必要だ。フランス趣味の人間は、自分を隠すのが上手いからだ。――フランス趣味を体現し、フランス趣味で暮らしている人の数は少ないだろう。それにもしかしたら、しっかり両足で立っていない人たちかもしれない。たとえば宿命論や、陰鬱な気分や、病気で、またたとえば甘やかされて育てられていたり、凝りすぎたりしていて。そういう人たちには、自分を隠すという**名誉心**があるのだ。全員に共通点がある。デモクラシーに目覚めたブルジョワが馬鹿騒ぎをして、大声でまくし立てているのに対して、耳をふさいでいる。実際、今日フォアグラウンドでのたうっているのは、馬鹿で粗野になったフランスだ。――フランスは最近、ヴィクトル・ユゴーの埋葬で、悪趣味であると同時に自己賛美の本物の狂宴をやった〔1885年の国葬には、凱旋門からパンテオンまで百万のパリ市民が参列したといわれている〕。もうひとつ共通点がある。精神のゲルマン化を払いのけようとする、すばらしい意思だ。――それから、それができないという、もっとすばらしい無能力だ！　この精神のフランスは、ペシミズムのフランスでもあるのだが、もしかしたら今すでにショーペンハウアーは、かつてのドイツのときよりもこのフランスでのほうが、もっとくつろいで、わが家のように感じるようになっているのかもしれない。言うまでもなくハインリヒ・ハイネもそうだ。もう長いこと、パリの、もっと繊細でもっとうるさい抒情詩人たちの血となり肉となっている。またヘーゲルも言うまでもない。今日では〔フランスの哲学者・批評家イポリット・〕

テーヌ――つまり彼は現存する**第一級の**歴史家だが――の姿をとって、ほとんど専制君主のような影響をもっている。ところでリヒャルト・ワーグナーについて言えば、フランス音楽がモダン《アム・モデルン》な魂の現実の要求にしたがって作られるようになればなるほど、ますます「ワーグナー化」するだろう、と予言してもいい。――今すでに、十分そうなっているのだ！ にもかかわらず、今日でもフランス人には、自分たちが所有している遺産として、自分たちの文化が昔からヨーロッパに対して優位であることの消えない特徴《メルクマール》として、誇りをもって示すことのできる3つのものがある。趣味が、自分の意思であれ、自分の意思にかかわらずであれ、どんな形でゲルマン化し、賤民化しているとしても。まず第1に、芸術的な情熱をもつことができること、「形式」に没頭できること。この能力を表わす言葉として、「芸術のための芸術《ラール・プル・ラール》」をはじめとして、ほかに千もの言葉が作られている。――この種のものは、フランスでは3世紀前から欠けたことはないし、「少数派」への畏敬のおかげで、室内楽のような文学をくり返し生んでおり、その種の文学は、フランス以外のヨーロッパで需要がある。――フランスがヨーロッパに対して優位を誇ることができる第2のものは、古くからの多様な**モラリスト**文化である。そのおかげで平均して言えることだが、新聞小説を書いているちょっとした作家や、たまたまパリの大通り《ブールヴァール》をぶらぶら歩いている人にさえ、心理学的な魅力や好奇心を感じる。たとえばドイツでは、そういうことが理解されない（ましてや、そういうことすらない！）。そういうことを理解するためのモラリストの世紀が、ドイツ人には何世紀か欠けている。フランス人は、すでに述べたように、そういう世紀を欠かすことがなかった。そういうわけでドイツ人のことを「素朴だ」と言えば、ドイツ人の欠点をそれなりにほめることになる（心理学の楽しみ《ウォルプターテ・プシコロギカ》におけるドイツ人の経験のなさと無邪気さは、ドイツ人との交流が退屈であることとまったく無縁ではないのだが、それとは対照的に――そして、この〔心理学という〕優しい恐怖の王国に対する正真正銘フランス風の好奇心と発明の才の、もっともすばらしい成功例として、アンリ・ベール〔＝小説家スタンダール〕が考えられるだろう。先見の明をそなえた先駆者である、あの驚くべき人物は、ナポレオンのテンポで**自分の**ヨーロッパを、ヨーロッパ人の魂の数世紀を駆け抜け、ヨーロッパ人の魂を嗅ぎつけ、発見した。――彼になんとか**追いつき**、彼を苦しめうっとりさせた謎のいくつかを遅ればせに解くためには、2世代が必要だった。彼は、すばらしいエピクロス主義者で疑問符の人であり、フランス最後の偉大な心理学者だった――）。そしてフランスが優位を主張する第3の点がある。フランス人のなかでは本質的に、北と南がある程度うまい具合に融合しているのだ。その融合のおかげでフランス人は、たくさんのことが理解できるのだし、ほかにもイギリス人には理解できないようなことを、するように命じられる。フランス人は、周期的に南に顔を向けては顔を背ける気質で、ときどきプロヴァンスやリグーリア海岸《リヴィエラ・リーグレ》の血がほとばしる。その気質のおかげで、恐ろしい北の黒ずんだ灰色や、陽が射さない概念の幽霊や貧血から守られている。――趣味の悪い私たちの**ドイツ**病から守られている。ドイツ病がひどくならないように、さしあたり断固たる決意で血と鉄が、つまり「大政策」が処方されていたのだが（これは危険な治療法で、私は大いに期待しているものの、今までのところ望みはなさそうだ――）。今もまだフランスでは、めったに満足しない人たちをあらかじめ理解して歓迎する風潮がある。そういう人たちは、めったにいなくなったが、じつに懐《ふところ》が深いので、なにがしかの祖国びいきで満足することがなく、北にいて南を愛し、南にいて北を愛することができる。――生まれながらの地中海人であり、「良きヨーロッパ人」である。――そういう人たちのために**ビゼー**は音楽を書いた。この最後の天才は、新しい美と誘惑を見た。――**音楽の南**をひとつ発見した。

## 255

ドイツ音楽に対して私は、いろいろ用心が必要だと思っている。仮に誰かが、私が南を愛するように、南を愛しているとしよう。その南とは、もっとも精神的でもっとも官能的なもののなかで、病気が治る学校である。南とは、自分をすばらしいと思い、自分のことを信じている人間存在のうえで太陽が奔放にみなぎって、浄化してくれる場所なのである。さて、そういう人なら、ドイツ音楽にちょっと用心するようになるだろう。なぜならドイツ音楽は、その人の趣味を劣化させることによって、その人の健康もいっしょに劣化させるからだ。そういう南国人が、といっても南国生まれではなく、南国流儀で**考える**人のことだが、もしも音楽の未来について夢見るなら、音楽を北から救い出すことも夢見るにちがいない。そしてその耳のなかでは、より深くて、より力強くて、もしかしたらより邪悪で、より神秘的な音楽の、前奏曲が鳴っているにちがいない。その超ドイツ音楽は、青くて官能的な海や地中海の明るい空が目の前にあっても、ドイツ音楽とはちがって、音が消えていったり、音が黄ばんだり、音が色をなくしたりしない。その超ヨーロッパ音楽は、砂漠に沈む褐色の太陽の前でも自分を失わず、その魂はヤシの木と親戚で、大きくて美しくて孤独な肉食獣たちのなかにいてもブラブラ歩き回ることができる。……私なら、きわめてめずらしい魅力をもった音楽を想像することができるだろう。その魅力は、どこから生まれるのか。その音楽がもはや善悪を知らないから。もしかしたら、なにか船乗りのホームシックが、なにか金色の影や愛らしい弱みが、ときどきその音楽をかすめるように通り過ぎていくからだけかもしれない。その芸術が、はるか遠くから見ているのは、没落しかかっていて、ほとんど理解できなくなっている**モラルの**世界についている色の数々が、こちらに逃げてくるさまだ。そしてその芸術は、そんなふうにして遅れて逃げてくる者たちをもてなし、受け入れる心の深さを十分そなえている。——

**256**

ナショナリズムの妄想によって、ヨーロッパでは民族と民族が病的に疎遠になった。そして今も疎遠である。近視眼的で、せっかちな手つきの政治家たちは今日、ナショナリズムの妄想に助けられて好調だ。そして、自分たちのやっている分離政策が必然的に幕間《インターミッション》の政策でしかありえないことに、まるで気づいていない。——今日まったく口に出せないもろもろのせいで、今、じつに明白な前兆が見落とされ、または勝手にでたらめに解釈し直されている。**ヨーロッパがひとつになろうとしている**、と前兆は語っているのだが。より深く、懐の広い今世紀の人たちの場合みんな、その魂のひそかな仕事が全体として本来めざしていることは、あの新しい**総合**への道を準備して、試みに未来のヨーロッパ人を先取りすることだった。ただ表の世界《フォアグラウンド》にかんしては、つまり高齢などで弱気になったときにだけ、「祖国びいき」になっていた。——自分自身から逃げ出して休むときにだけ、「愛国者」になっていたのだ。私は、ナポレオンや、ゲーテや、ベートーヴェンや、スタンダールや、ハインリヒ・ハイネや、ショーペンハウアーなどの人たちのことを思い出している。ここにリヒャルト・ワーグナーを加えても、悪く思わないでいただきたい。ワーグナーは自分自身を誤解していたので、私たちはその誤解に惑わされてはならない。——ワーグナーのような天才が自分自身を理解する権利をもっていることは、めったにない。今フランスでリヒャルト・ワーグナーに対して起きている不作法な反対や抵抗の雑音にも、もちろん惑わされてはならない。——そんなことにもかかわらず事実として確かなのは、１８４０年代の**フランスの後期ロマン派**とリヒャルト・ワーグナーがきわめて親密な関係にあるということだ。両者は、その欲求のあらゆる高さと深さにおいて親戚である。根っこから親戚なのだ。ヨーロッパとは、ひとつのヨーロッパのことであり、その魂は、両者の多様で激しい芸術を突き抜けて、あこがれながら上へ突進する。——どこへ？　新しい光のなかへ？　新しい太陽に向かって？　しかし、新しい言語手段をもったこれら名匠の誰もがはっきり言い表わせなかったことを、誰が精確に言い表わしたいと思うだろうか？　確かにこれらの名匠は、同じ疾風怒濤に苦しめられ、同じ仕方で**探し求めた**。最後の偉大な探求者だった！　みんなそろって文学に支配されていた。目のなか、耳のなかまで。——世界文学の教養をもった最初の芸術家たちは、——たいていは自分でも文章を書き、詩を作り、いろんな芸術やいろんな感覚を仲介してミックスさえした。（ワーグナーは、音楽家としては画家であり、詩人としては音楽家であり、芸術家としては俳優である）。みんなそろって狂信的で、「どんなことをしても」**表現**しようとした。——この点でワーグナーに一番近い親戚として、私はドラクロワを挙げておこう。——みんなそろって、崇高なもの、また醜くて恐ろしいものの王国での偉大な発見者だった。効果について、展示について、ショーウィンドウのテクニックについては、より偉大な発見者だった。みんなそろって、自分の天才を超えたタレントだった——。どこから見ても名人・巨匠《ヴィルトゥオーゾ》であり、そそのかし、誘惑し、強制し、ひっくり返すすべてのものに通じる不気味な通路をもっていた。論理と直線に対する生まれながらの敵であり、見知らぬもの、エキゾチックなもの、とてつもないもの、曲がったもの、自己矛盾したものをほしがっていた。人間としては意思のタンタロスであり〔ゼウスの子タンタロスは、傲慢だったため地獄に落とされ、永遠の飢えと渇きに苦しむ〕、成り上がりの平民であって、人生や創造の場で自分には高貴なテンポ、つまり遅《レント》くができないことを知っていた。——たとえばバルザックを思い出せばいい。——制御を知らず働き、働くことによって自分をほとんど破壊した。良俗については二律背反で反逆者だった。野心に燃えて貪欲で、バランスや楽しむことを知らなかった。みんなそろって結局、キリスト教の十字架にかかって、壊れて沈んでいく(のだが、それは至極当然のことである。というのも、彼らのうち誰が、**反キリスト**の哲学に達するほどの深さと根源をもっていただろうか?——)。全体として彼らは、大胆な勇気があり、派手に力ずくで、高く跳び、高いところへ拐《さら》っていくような、より高い人間であって、彼らは自分たちの世紀に——それは**群衆**の世紀なのだ!——「より高い人間」という概念をはじめて教える必要があった。……………ドイツ人でリヒャルト・ワーグナーのファンは、どうか胸に手を当てて考えてもらいたい。ワーグナーの芸術には、まさしくドイツ的なものがあるのかどうか。または、**超ドイツ的な**泉と推進力から生まれていることが、まさにワーグナー芸術を際立たせているのではないか。これを考えるとき、過小評価してもらっては困ることがある。もっとも決定的な時期にその本能の深さがワーグナーにパリを熱望させたのだが、ワーグナーのようなタイプの人間の形成には、まさにそのパリが不可欠だったのだ。それから、ワーグナーが自分を使徒にして登場させるという流儀は、フランスの社会主義者たちというお手本を目にしてはじめて完成させることができたのだ。もしかすると、もっと細かく比較すれば、ドイツ人リヒャルト・ワーグナーの名誉に気がつくかもしれない。つまりワーグナーはすべての点において、19世紀のフランス人がやれる以上に強く、大胆に、厳しく、高いレベルで仕事をしたのである。——それは、私たちドイツ人のほうがフランス人より野蛮に近いという事情のおかげだ。——もしかしたら、リヒャルト・ワーグナーが創造したもののなかでもっとも注目すべきものでさえ、ずっと後代のラテン人種には、永遠に、つまり今日だけでなく、近づくことができず、感じることができず、真似することができないかもしれない。たとえば〔楽劇『ニーベルングの指環』の英雄〕ジークフリート、あの**非常に自由な**人間の姿を思い浮かべてみるといい。年を取って、もろくなった文化民族の趣味からすれば、ジークフリートは実際、あまりにも自由すぎ、厳しすぎ、上機嫌すぎ、健康すぎ、**反カトリック**すぎるのかもしれない。それどころかロマン主義に反する罪であったのかもしれない。この反ロマンス語系のジークフリートは。ところでワーグナーがこの〔ジークフリートという〕罪をたっぷり清算したのは、年を取って陰鬱な日々を過ごしていたときだ。ワーグナーは――そうこうするうちに政策になっていた、ある趣味を先取りして――、ワーグナー自身の宗教的な激しさをもって、**ローマへの道を**、歩きはじめたわけではないが、説教しはじめたのだ。――こんなふうに書いたせいで私が誤解されては困るので、乱暴だが力強く韻を踏んだ数行に助けてもらうことにする。あまり繊細でない耳にもこの数行で、私が何を望んでいるのか、見当がつくだろう。――「最後のワーグナー」とその〔清き愚か者（パルジファル）を主人公にした最後の楽劇で、ワーグナーが「舞台神聖祝祭劇」と呼んでいた〕『パルジファル』の音楽に**反対して**、私が何を望んでいるのか。

――これはまだドイツ的？――
ドイツの胸から出てきたのが、この暑苦しい金切り声？

ドイツの体が、こうやって自分で自分の肉を切り離す?

こうやって司祭が両手を広げることが、ドイツ的?

こうやって香煙をただよわせて官能を刺激することが?

そしてこうやって息を詰まらせ、転び、よろめくことが、
こうやって曖昧にドーンドーンと鐘が鳴るのが、ドイツ的?

この尼僧の目配せで、アヴェ・マリアの鐘が鳴ることが、
こんなふうにうっとりしたふりをして天上の天をながめることが?

——これがまだドイツ的?——

じっくり考えてもらいたい! まだ君たちは小さな門扉のところに立っている。——

君たちが聞くのは、**ローマ**なのだから。——**ローマの無言の信仰**なのだから!

# 第9部　高貴とは何か？

## 257

どんなものであれ、「人間」というタイプのレベルアップが、これまで貴族社会の仕事だった。——そしてこれからもずっとそうだろう。貴族社会とは、人間と人間のあいだには長いハシゴのように序列の秩序と価値の違いがあると考え、ある意味では奴隷制を必要とする社会のことである。**距離のパトス**は、身分の違いが体に染みついていたり、支配カーストが下の者や道具をいつも見渡して見下していたり、同様にいつも命令と服従をくり返し、抑えつけ遠ざけたりすることによって生まれる。この距離のパトスがなければ、あの、もっと不思議な別のパトスも生まれることなどないだろう。別のパトスとは、魂そのものの内側で、どんどん新しく距離を広げたいという気持ちのことだ。ますます高く、ますますめずらしく、ますます遠く、ますますピンと張った、ますますボリュームのある状態をもたらすこと。要するに、まさにタイプ「人間」のレベルアップである。モラルを超えた意味でモラルの公式を使えば、たえず「人間が自分を克服すること」である。もちろん、貴族社会の（ということは、あのタイプ「人間」レベルアップの前提の、ということになるわけだが――）成立の歴史についてヒューマンな勘違いにふけることは禁物だ。真実は冷酷である。どこの文化であれ、これまで地上ではレベルの高い文化がどのように**始まった**のか、情け容赦なく自分に言って聞かせようではないか！　まだ自然の本性をもっている人間が、言葉のあらゆる恐ろしい意味での野蛮人が、まだ折れていない意思の力と権力欲をもっている略奪人間が、より弱くて、より行儀がよくて、より平和な、もしかしたら商業や牧畜を営んでいる人種に襲いかかった。あるいは、まさにその最後の生命力が精神と退廃の輝かしい花火となって燃えつきようとしている、古くてもろくなった文化に襲いかかった。高貴なカーストは、最初はいつも野蛮人のカーストだった。しかも最初に優位だったのは、体の力ではなく、魂の力だった。――つまり、**より完全な**人間だったのだ（ということは、どの段階においても、「より完全な野獣」だった、という意味にもなるわけだが――）。

## 258

腐敗とは、本能の内部にアナーキーが忍び寄っていて、「生」と呼ばれる情動の土台が揺さぶられていることを表わしている。腐敗は、腐敗が現われる生の形態によって、根本的に違ってくる。たとえば貴族階級が、革命当初のフランスの貴族階級のように、崇高な吐き気をもよおしながら自分たちの特権を放棄して、度を越した自分たちのモラルの感情の犠牲になるなら、それが腐敗である。——それは実際、何世紀もつづいたあの腐敗の終幕にすぎなかった。その腐敗のせいでフランスの貴族階級は一歩ずつ、自分たちの支配者としての権限を引き渡して、王制の**関数**に（最後は王制の装飾品や逸品にまで）落ちぶれていったのである。ところで、健康ですぐれた貴族階級の本質とは、自分のことを（王制のであれ、共同体のであれ）**関数**として感じるの**ではなく**、制度の**意味**として、制度を正当化する最高のものとして感じることなのだ。——だから貴族階級は、無数の人間が犠牲になっても、良心のやましさを感じることなく受け入れる。無数の人間が、不完全な人間や、奴隷や、道具へと貶められ、格下げされてしまうのは、**自己責任**なのだ。貴族階級は根本的に、まさにこう考えているにちがいない。社会の存在が許されるのは、社会のためでは**なく**、下部構造や足場としてにすぎない。選ばれた人間が、その足場に立って、レベルの高い課題へ、そして一般にレベルの高い**存在**へと自分を高めることができるのだ、と。そういう人間は、ジャワにある、太陽が大好きなあのツル植物に似ている。——シポ・マタドールと呼ばれている——その植物は、腕を長く何度も伸ばして、オークの木に巻きついて、ついにオークより高く、けれどもオークに支えられて、光をたっぷり浴びて、樹冠をひろげて、自分の幸せを見てもらえるようになる。——

## 259

おたがいに傷つけたり、暴力をふるったり、搾取したりすることは控え、自分の意思を他人の意思と同等にあつかう。それは、大雑把な意味では個人と個人のあいだでは良俗になる可能性がある。もしもそのための条件が整っていれば（つまり、個人と個人の力量と価値の尺度が実際に似たものであり、個人と個人が同じひとつの団体に属しているのなら）。けれどもこの原理を拡大解釈して、あわよくば**社会の基本原理**にまでしようとすると、たちまち化けの皮が剝がれるだろう。つまりその正体は、生を**否定**しようとする意思であり、解体と衰退の原理なのだ。ここでは徹底的にその理由を考えて、感傷的に弱気になどならないようにする必要がある。生きるということ自体、**本質的には**、他者や弱者を自分のものにし、傷つけ、打ち負かすことである。抑圧することであり、冷酷であることであり、自分の流儀を押しつけることであり、飲み込むことであり、少なくとも、どんなに穏やかに言おうとも、搾取することである。──昔から誹謗中傷の意図が刻まれている言葉の行列だが、しかしまたどうして、よりにもよって、いつもこんな言葉を使うことになるのだろう？　さっき想定したように、──健康なすべての貴族階級で行なわれていることだが──個人が同等にあつかわれるような団体でも、もしもその団体が生きていて、死にかけているのでなければ、個人がその団体のなかではおたがいに控えていることを全部、他の団体に対しては自分からするにちがいない。その団体は、力への意思の化身であるにちがいないのだろう。成長しようとし、広がろうとし、自分のものにしようとし、優位になろうとするだろう。——そうするのは、なにかしらのモラルとかインモラルによるのではなく、その団体が**生きている**からである。そして生きることが、まさに力への意思**である**から。ところがヨーロッパ人の共通意識は、それを教えられることを何よりも嫌悪しているのだ。今はいたるところで、科学で変装までして、来たるべき社会のあり方について夢中で語られている。「搾取する人物」は退場すべし、というわけだ。——その言葉は私の耳には、まるで、あらゆる有機的な機能を断念した生を発明しますよ、と約束しているかのように聞こえるのだ。「搾取」は、堕落した社会、または不完全な未開社会のものではない。生きている者の**本質**なのだ。有機的な基本機能として、本来の「力への意思」の結果なのだ。力への意思は、まさに生の意思である。——仮に、これが理論として革新的であるとしても、——現実としては、これはすべての歴史の**原ファクト**なのだ。ともかくこれを認める程度には、自分に対して誠実であろう！

## 260

これまで地上を支配したモラルや、今も支配しているモラルは、細かいもの雑なものなど数多くあるが、それらを歩き回ってみて私は、いくつかの特徴が規則的に、いっしょにくり返し現われていたり、くっついていることに気づいた。そしてついに私には2つの基本タイプが明らかになり、その基本的な違いがくっきり見えた。**主人のモラル**と**奴隷のモラル**があるのだ。——急いでつけ加えておくが、すべての高度な混合文化において、2つのモラルを調停しようとする試みも姿を見せている。それよりよく目につくのは、2つのモラルが入り乱れて、おたがいに相手を誤解していることだが、ときには2つのモラルが頑固に共存していることもある。——それも、ひとりの人間のなかで、ひとつの心の内側で。モラルの価値の区別は、ふたつの流儀で生まれた。ひとつは、支配する側の流儀で、支配される側に対する自分たちの違いを気持ちよく意識していた。——もうひとつは、支配される側の流儀で、奴隷や、程度に関係なく依存している者の流儀である。前者の場合、支配する側が「善」の概念を定めるので、自分がレッテルを貼って序列の秩序を決めているのだと感じるのが、誇らしく高揚した魂の状態だ。このように誇らしく高ぶった状態とは反対の状態の人間を、高貴な人間は自分から切り離す。軽蔑するのである。すぐ気づいてもらいたいのだが、この最初の種類のモラルでは、「良い〔gut〕」と「粗末な〔schlecht〕」の対立は、「高貴な」と「軽蔑すべき」の対立と同じ意味なのだ。——「善い〔gut〕」と「**悪い**〔böse〕」の対立は、別のところで生まれる。軽蔑されるのは、臆病者、心配性の人間、目先の利益しか考えない小物である。同様に、狭い視野で疑い深い人間も、へり下る者も、犬のように虐待される人間も、物乞いするようにへつらう人間も。そしてとりわけ、嘘つきが軽蔑される。——平俗な民衆は嘘つきである、というのがすべての貴族たちの基本信念だ。「私たち正直者は」——と、古代ギリシャで貴族に生まれた者は自分で言っていた。明らかに、モラルの価値のレッテルは、どこでも最初は**人間**に貼られ、そこからようやく派生して、後になって**行動**に貼られたのである。だから、もしもモラルの歴史学者が、「なぜ同情の行動がほめられたのか？」という問いから出発すれば、その選択は低劣な誤りである。高貴な人間は、価値を決めるのは**自分だ**と感じている。是認されることを必要としない。「私にとって有害なものは、もともと有害なものなのだ」と判断する。ものごとにそもそも最初に名誉をあたえるのが自分であることを知っている。**価値を創造する**者なのだ。自分で見分けて知っているものすべてを尊重する。このようなモラルは、自分をすばらしいとほめるモラルだ。表の世界《フォアグラウンド》にあるのは、いっぱいであるという感情、あふれようとする力の感情である。高い緊張の幸せである。贈りたい、渡したいという富の意識である。——高貴な人間も不幸な人を助けるけれど、それは同情からではない。または、同情からではほとんどない。むしろ、力があふれて生まれる衝動によって助けるのだ。高貴な人間は、自分のなかにいる、力のある者を尊重する。また、自分自身に対して力をもっている者をも尊重する。語ることと黙ることを心得ている者をも尊重する。喜んで自分に対して厳しいことや冷酷なことをし、あらゆる厳しいことや冷酷なことを尊重する者をも、尊重する。「冷酷な心をヴォータンは私の胸に置いた」と、古いスカンジナビアのサガに書かれている。こうやって冷酷な心は、誇り高いバイキングの魂から生まれて、もちろん詩になっている〔ヴォータンは、北欧神話の主神「オーディン」のこと。北欧神話をベースにしたワーグナーの楽劇『ニーベルングの指環』にも登場する〕。そのような種類の人間がまさに誇りにしていることは、自分が同情するようには作られて**いない**ということだ。だからサガの英雄は、警告するようにこうつけ加える。「若いときから冷酷な心をもっていない者は、けっして冷酷な心にはならない」。そういうふうに考える高貴で勇敢な人間は、まさに同情とか、他人のために行動することとか、無私無欲《デザンテレスマン》とかをモラルの標識だと考える、あのモラルから一番離れた場所にいる。自分自身を信じること、自分自身を誇りに思うこと、「無私」に対して根っからの敵意とイロニーをもっていることは、共感や「温かい心」をちょっと軽蔑して用心することと同様に、まったく確実に高貴なモラルなのだ。——力の強い者たちは、尊重することを**心得ている**。それが彼らの技術であり、彼らの発明の王国である。老年に対する深い畏敬と、由来に対する深い畏敬——法のすべてはこの二重の畏敬にもとづいている。——祖先には有利に、子孫には不利に、と考える先入観が、力の強い者たちのモラルでは典型的なものだ。そして逆に、「モダンの考え方」の人たちがほとんど本能的に「進歩」や「未来」を信じていて、「老年」に対する敬意をどんどん欠くようになっているなら、もうそれだけで十分に「モダンの考え方」の高貴でないお里が知れる。けれどもたいていの場合、支配する側のモラルは、当世の趣味からすれば、なじみがなく苦痛である。その原則が厳しいからだ。つまり「人は、自分と同等の者に対してのみ義務がある」。「人は、下等の存在に対しては、なじみのないすべての者に対しては、自由裁量で、あるいは「心のおもむくままに」行動してもよい。いずれにしても「善悪の彼岸で」行動してもよい」——善悪の彼岸に、同情のようなものが属しているのかもしれない。長いあいだ感謝し、長いあいだ復讐する能力と義務——このふたつは同等の者のあいだけの話だが――、繊細な報復、洗練された概念の友情、必然のように敵をもつこと（いわばそれは、嫉妬・闘争欲・傲慢といった情動の排水溝である。――要するに、良い**友達**であることを可能にするためのものだ）。これらすべては、高貴なモラルの典型的な特徴である。高貴なモラルは、示唆したように、「モダンの考え方」のモラルではない。だから今日では同じように感じることはむずかしいし、掘り出して明らかにすることもむずかしい。――これと違うのが、第2のタイプのモラル、**奴隷のモラル**だ。仮に、無理強いされた者、押さえつけられた者、苦しんでいる者、不自由な者、自分自身に確信がもてない者、疲れた者がモラルを説くとすれば、彼らのモラルの価値評価の共通点は何だろう？　たぶん、人間が置かれている状況まるごとに対する悲観的な猜疑心が表に出てくるだろう。もしかすると人間には、人間の状況ともども、有罪判決が下されるかもしれない。奴隷の視線は、強者の徳に悪意をもっている。疑いと不信感をもっている。強者の徳が尊重する「善」すべてに対する不信感は**鋭敏**だ。――「強者の徳が説く幸せそのものが、本物の幸せではないのだ」と、自分に言い聞かせたがっている。逆に、苦しみ悩む者たちの生を楽にしてくれるような特性が、引き立てられて光をそそがれる。同情や、好意で人助けをしようとする手や、温かい心や、我慢や、勤勉や、謙虚や、親切が、尊敬の対象となる。――というのもこれらが、生の圧力に負けないためには、もっとも有用な特性であり、ほとんど唯一の手段なのだから。奴隷のモラルは本質的に有用性のモラルである。この有用性が、あの有名な「善い〔gut〕」と「**悪い**〔böse〕」の対立が生まれる竈《かまど》なのだ。――悪いと感じられるのは、力や危険性。軽蔑を寄せつけない、ある種の恐ろしさや繊細さや強さも、悪いと感じられる。奴隷のモラルによれば、だから「悪人」は恐怖を感じさせる。主人のモラルによれば、恐怖を感じさせる者、感じさせようとする者が、まさに「善人」なのであって、「できの悪い〔schlecht〕」人間は、軽蔑すべき者と感じられる。この対立がピークに達するのは、いつか。奴隷のモラルの当然の帰結として、最終的には奴隷のモラルにおける「善人」に対してまで、——好意的でちょっとした軽蔑かもしれないが——軽蔑の気配が漂うときである。なぜなら善人は、奴隷の思考回路においては、いずれにしても**危険でない**人間にちがいないのだから。善人は、気立てがよく、だまされやすく、もしかしたらちょっと愚かで、お人好し《アン・ボノム》なのである。奴隷のモラルが優勢な場所ではどこでも、「よい」という言葉と「おろか」という言葉をくっつけようとする言語の傾向が見られる。——最後に、基本的な違いをもうひとつ。**自由**に対する欲求、幸せを求める本能、自由の感情のニュアンスは、必然的に奴隷のモラル、奴隷のモラル性に属するのだが、それと同様に、畏敬とか、献身とかに見られる技術と熱狂は、貴族が考えたり査定したりするとき規則的に見せる症状なのである。——このことからすぐに理解できることがある。なぜ**情熱《パシオーン》としての**愛——これは私たちヨーロッパの特産物である——が、まさしく高貴な由来であるにちがいないのか、ということだ。よく知られているように、この愛を発明したのはプロヴァンスの騎士詩人《トルバドゥール》、あの華麗なアイデアに富んだ「愉快な知恵《ゲ・サベール》」の人たちだ。彼らにヨーロッパは、非常に多くのものを、そしてほとんど自分自身を負っている。——

## 261

高貴な人間にとって、もしかしたら一番理解しにくいことのひとつは、虚栄である。ほかの種類の人間なら両手で虚栄をつかまえていると思っている場面でも、高貴な人間は、虚栄を否定したい誘惑にかられているだろう。彼が想像して問題だと思うのは、自分たちが手にしていない――だから自分たちが「値する」ことのない――評判を手に入れようとして、その後その評判を自分でも**信じて**しまう人たちがいることである。高貴な人間にとってそういうことは、半分は、とても悪趣味で、本人にとっても不名誉なことだと思えるし、また半分は、とてもいびつで無分別なことに思えるので、虚栄は例外的なものだと考えたくなる。そして虚栄について語られるときは、たいていそれを疑う。高貴な人間は、たとえばこう言うだろう。「私はですね、私の価値を勘違いしてるかもしれません。ですがその半面、私の価値をですよ、自分が思っているまま他の人にも認めてもらいたいんです。――でも、これって虚栄じゃないですよね（思い上がりというか、もっとよくあるケースでは、「謙虚」とか、「謙遜」と呼ばれるものですよね）」。あるいは、またこう言うだろう。「他の人から聞こえてくる私の評判、たくさん理由があるけれど、うれしいですね。もしかしたら、私がその人たちを尊敬していて、大好きで、その人たちみんなが喜んでいるのを私が喜んでいるからかもしれません。もしかしたら、また、他の人が立ててくれる評判が、私自身が信じている私の評判を裏書きして、確かなものにしてくれるからかもしれません。もしかしたら、他の人が立ててくれる評判が、私がそれに値しない場合でも、私の役に立つかもしれないし、役に立つことを約束してくれるかもしれないからです。——でも、これって、どれも虚栄じゃないですよね」。高貴な人間なら、強制されてはじめて、とくに歴史に助けられてはじめて、思い浮かべる必要のあることだが、太古の昔から、どんな社会であれ従属階層では、下の人間は、その人が他人に**そうだと思われている**者で**しかなかった**のだ。——自分で価値を決めることにはまったく慣れていないので、ご主人様にあてがわれた価値とは別の価値を、自分にもあてがうことはなかった（価値を創造するのは、そもそも**ご主人様の権利**なのである）。以下のことは、ものすごい隔世遺伝をした結果だと理解すればいい。つまり、普通の人間は今でも、最初に自分についての評価を**待って**いて、下された評価に本能的に従っている。しかも、たんに「よい」評価だけではなく、ひどい不当な評価にまで従っている。（たとえば、信心深い女性たちが聴罪師から感じ取る、そして一般に、信心深いクリスチャンが教会から感じ取る、自分についての評価や過小評価の大部分の場合を考えればいい）。実際のところ今や、ものごとの民主的な秩序がゆっくり現われてくるにつれて（そしてそのきっかけである、主人と奴隷の混血に呼応するようにして）、自分自身に自分から価値を書き込み、自分のことを「よいと考え」ようとする、本来めったにお目にかからない高貴な衝動が、ますます元気になって広がっていくようになるだろう。けれどもその衝動にはいつも、自分に反対するという傾向が身に染みついており、それは、もっと以前からの、もっと幅広い、もっと根本的な傾向なのである。——そして「虚栄」が現象しているとき、この古い傾向が若い傾向を支配するようになる。虚栄心のある者は、自分について評判がいいと、**どんな評判でも喜ぶ**（その評判が役に立つかどうか、という視点にはまるで関係なく。同様に、その評判が当たっているかいないか、も無視して）。けれどもまた同様に、ひどい評判なら、どんなものでも悩む。というのも、虚栄心のある者は、いい評判にも、ひどい評判にも屈服しているのだから。自分は両方の評判に屈服していると**感じている**のだ。それは、あの屈従という最古の本能が、虚栄心のある者の体で爆発しているからである。——自分についていい評判を**誘導し**ようとする者、それは、虚栄心のある者の血のなかにある「奴隷」である。奴隷の悪賢さの名残りである。——そしてどれくらいの「奴隷」が、たとえば今なお、女のなかに残っていることか！——その評判の前で、その評判を呼んだのは自分ではないかのような顔をして、後ですぐ自分からひざまずく者も、同様に奴隷である。——ではもう一度言っておこう。虚栄は隔世遺伝なのだ。

## 262

ひとつの**種**が発生し、ひとつのタイプが固まって強くなるのは、根本的に似ている**不都合な**条件との長い闘いにおいてである。これとは逆に、飼育や栽培をやった人たちの経験からわかっていることだが、豊かすぎる栄養をあたえられたり、一般に過保護や過干渉を受けた種は、すぐにタイプがじつに激しい変異を起こしやすくなり、驚くべきものや奇形が（それから奇形のような悪徳が）たくさん生まれる。ここで、たとえば古代ギリシャのポリスやヴェネツィアのような、貴族の共同体をじっくり見てもらいたい。自発的であるか、自発的でないかはともかく、**育成**を目的にした組織である。そこでは人間が、自分たちの種を残そうとして、おたがいに頼り合い、自分を頼りにしている。それはたいてい、自分たちを残す**必要がある**からで、残さなければ、絶滅するという恐ろしい危険を冒すことになるからだ。貴族の共同体には、変異をうながす、あの都合も、あの過剰も、あの保護もない。この種は、自分を種として必要としている。この種は、自分の硬度、同型、シンプルな形のおかげで自分を失うことなく持続させることができるものとして、自分を必要としている。そしてたえず隣人たちと闘ったり、抑圧された者たちの反乱や、反乱の気配と闘っている。この種は、あらゆる神々や人間たちに逆らって、まだ存在しているし、あいかわらず勝利を収めてきたが、それがとくにどんな特性のおかげなのか、多様な経験から学んでいる。それらの特性のことをこの種は徳と呼ぶ。それらの徳だけをこの種は大きく育成する。この種は厳しく育成する。そう、この種は厳しさを欲している。どんな貴族のモラルも、寛容ではない。青年の教育において、女たちの扱いにおいて、結婚の風習において、老人と若者の関係において、刑法において（刑法だけが、劣化した者を視野に入れている）。——この種は、非寛容までを徳のひとつだと数えている。その徳の名前は「正義」だ。数は少ないけれど非常に強い特徴をそなえたタイプが、強くて好戦的で利口で寡黙な、閉鎖的で打ち解けない（で、おまけに社交の魅力とニュアンスに対する繊細な感覚をそなえた）人たちの種が、こんなふうにして世代の入れ替わりを超えて確認される。いつも似たような**不都合な**条件とたえず闘うことは、すでに述べたように、ひとつのタイプが固まって強くなることの動因なのだ。けれどもとうとう幸福な状況になり、ものすごい緊張がゆるむ。もしかしたら隣人たちのなかに敵はいないかもしれない。生活の手段が、生活を楽しむ手段さえもが、たっぷりある。一撃のもとに、それまでの育成の束縛と強制が引きちぎられる。その種はもはや自分を、必要だとも、生存の条件だとも感じない。──その種が存続を望むなら、**贅沢**の形式として、**擬古趣味**として存続することしかできないだろう。変異が、（より高く、より繊細で、よりめずらしいものへの）変種としてであれ、退化や奇形としてであれ、突然、ものすごく豊かに派手に舞台に登場する。それぞれ個人が勇気を出して個人であろうとし、自分を際立たせようとする。この歴史の転回点において、すばらしく多様な原生林のように、おたがいに並び合い、しばしば入り乱れて絡み合いながら、成長して上に伸びようとする。この成長競争は**熱帯みたいな**テンポになり、没落と自分への没落宣告がものすごくなる。エゴイズムが、いわば爆発して、おたがいワイルドに対抗し合うからだ。エゴイズムは、「太陽と光を求めて」おたがいに争い、これまでのモラルからは、もはや境界ということも、抑制ということも、思いやりということも読み取ることができない。弓をそんなふうに恐ろしいまでに引いてきた力を、ものすごく蓄積しているのが、そのモラルそのものだった。──今、そのモラルが「時代遅れ」なのである。今、「時代遅れ」になる。危険で不気味なポイントに達して、より大きくて、より多様で、よりボリュームのある生が、以前のモラル**を超えて生きている**。「個人」がそこに立っている。自前で法を定めなければならず、自分を維持し、自分を高め、自分を救い出すための技術と策略を用意しなければならないのだが。あるのは、新しい「何のために」ばかり、新しい「何によって」ばかり。もはや共通の公式はない。おたがい相手に対する誤解と軽蔑が手を結んでいる。衰退と腐敗と最高の欲望がもつれ合っている。人種の天才が良いものとひどいものの豊穣《コルヌコピア》の角からあふれ出てくる。春と秋が、新しい魅力とベールをたっぷりまとって宿命みたいに同居している。新しい魅力とベールは、若くて、まだ汲みつくされておらず、まだ疲れていない堕落に特有のものなのだが。ふたたび危険がそこにある。モラルの母が、大きな危険が、それが今度は個人のなかに移されている。一番親しい友人のなかに、街路のうえに、自分の子どものなかに、自分の心のなかに、自分だけの一番の秘密のあらゆる願いと意思のなかに移されている。こんな時代に出てくるモラルの哲学者たちは、今、何を説教することがあるのだろうか？　彼らが発見するのは、この鋭い観察者で傍観者の彼らが発見するのは、この事態はすぐに終わるということ。彼らのまわりのすべてのものが腐敗し、腐敗させるということ。何ひとつとして明後日まで残らないこと。ただし、ある種の人間、つまりどうしようもなく**凡庸な人間**は別である、ということだ。凡庸な人間だけが、存続する見込み、子孫を残す見込みがある。——未来の人間なのだ。生き残る唯一の人間なのだ。「凡庸な人間のようであれ！　凡庸になれ！」と、今になって言うのは、まだ意味をもっていて、まだ耳を傾けてくれる人がいる唯一のモラルだ。

――けれどもこれを説教するのはむずかしい。この凡庸のモラルを！――なにしろ凡庸のモラルとしては、自分が何であるか、何を欲しているのかを、はっきり口にすることは許されていないからだ！　節度と、品位と、義務と、隣人愛について語る必要があるのだから、――**そのイロニーを隠す**のに苦労するだろうから！――

## 263

**序列を感じる本能**というものがある。何にもましてそれだけで、**高い**序列があるという前兆だ。畏敬のニュアンスを**楽しむ**ということがある。畏敬が高貴な由来や習慣を推測させてくれるからだ。魂の繊細さ・よさ・高さが危険なテストにさらされるのは、第一級の序列ながら、厚かましい扱いや不作法からは恐ろしい権威によってまだ守られていない者が、目立たず、発見されておらず、試すように、もしかしたらわざと変装して身を隠し、生きた試金石のように道を歩いてきて、その魂のそばを通り過ぎるときだ。いろんな魂を探り出すことが課題であり、その練習をする必要がある者なら、まさにこの技術をさまざまな形で使って、魂の究極の価値を、魂に生まれつきそなわっている不動の序列の秩序を確定しようとするだろう。彼は魂を、魂がもっている**畏敬の本能**にもとづいてテストするだろう。違いが憎しみを生む《ディフェランス・アンジャンドル・エヌ》。いくつかの本性がもっている下品さが突然、汚れた水のように噴き出すのは、密閉された櫃《チェスト》から、聖なる器とか貴重品が持ち出されたり、大きな運命のしるしが書かれている書物が運び出されるときだ。そしてその一方では、思わず黙り込んだり、目が泳いでいたり、身ぶりがすっかり止まったりすることがある。それでわかるのは、もっとも尊敬に値するものが近くにあることを魂が**感じている**ということだ。それでわかるのは、もっとのところヨーロッパでは**聖書**に対する畏敬の念がきちんと保たれているが、もしかしたらそのスタイルこそ、ヨーロッパがキリスト教に負っている、規律と洗練の最高のマナーかもしれない。聖書のように深さと究極の重要さをそなえた書物を守るには、外からの権威の専制が必要である。書物に書かれていることをしっかり汲んで、しっかり推測するのに必要な、あの何千年も**つづく**時間を確保するためには。どんなものにも触っていいというわけではありません。聖なる体験というものがあるのですから、その前では靴を脱ぎましょう。不潔な手は近づけないでおきましょう。こういう感情を、大規模な群衆に（あらゆる種類の薄っぺらで、すぐにわかったつもりになる連中に）なんとか植えつけることができれば、多くのことが達成されたことになる。——ほとんどそれは、群衆の人間性を最高に高めたことになる。逆に、教養人、「モダンの考え方」の信奉者にとって、群衆に恥が欠けていることや、群衆が目の前にあるどんなものでも気楽に厚かましく目と手で触れたり、なめたり、なでたりすることほど、もしかしたら吐き気をもよおすものはないかもしれない。そして今日では、民衆のほうが、下の民衆のほうが、とくに農民のほうが、新聞を読む精神の娼婦、つまり教養人よりも、依然として趣味は**相対的に**高貴だし、畏敬の感覚も細やかであると考えることができる。

**264**

人間の魂からぬぐい去ることができないのが、祖先がもっとも好んでいつもやっていたことだ。たとえば祖先が、ものすごいケチで、机や金庫の付属品みたいな人間で、欲望といっても市民のように慎ましく、徳もまた慎ましいものであったとしても。また祖先が、朝から晩まで命令する生活に慣れていて、粗野な娯楽が好きなだけでなく、もしかしたらもっと粗野な義務や責任も好きだったとしても。また祖先が、自分の信仰のために――自分の「神」のために――生きようとして、結局いつか、家柄や財産というそれまでの特権を投げ出していたとしても。その祖先は、仮借ない優しい良心をもっていたので、どんな調停を提案されても顔を赤くする人間だった。人間が体のなかに両親や祖先の特性や偏愛をもって**いない**ということは、まったくありえない。どんなに外見がそれに反対するとしても。これは人種の問題である。仮に、両親と面識があって両親のことを少し知っているなら、その子どものことを推し量ってもかまわない。どこか不快なほど節度がない。どこかいじけて嫉妬深い。ぶざまに自分を正当化する。――この３つがそろうと、どの時代でも本物の賤民タイプができあがったものだが。――このような性格は、堕落した血と同じで、絶対に確実に子どもに伝わる。そして最高の教育と教養に助けてもらっても、せいぜいできるのは、そういう遺伝を**ごまかす**ことぐらいだろう。――そして今日、教育と教養はほかに何を望むというのか！

私たちの非常に大衆的な、いわば賤民の時代、「教育」と「教養」の本質は、ごまかす技術に**ちがいない**。——素性を、心も体も賤民が遺伝していることを、ごまかす技術なのだ。教育者なら、今日、何よりも「誠実であれ」と説教し、そして懲役囚たちにはいつも「嘘はダメだ！ 自然のままに！ あるがままに！」と叫ぶことだろう。——このように徳があって純真なロバでさえ、しばらくするとホラティウスのあの熊手《フルカ》を手にするようになるだろう。自然をかき出す《ナトゥーラム・エクスペレレ》ために。でもその結果は？「賤民」はいつもそこに残っている《ウスクエ・レクレット》。——

## 265

エゴイズムは、高貴な魂には付き物である。無邪気な人の耳には不快に思われる心配もあるが、私はこう言っておこう。つまり、「私たちのような」人間に対して、他の人間は生まれつき従順であるにちがいなく、犠牲になる必要がある、という不動の信念のことである。高貴な魂は、自分のエゴイズムという事実を、どんな疑問符もつけずに受け入れる。非情だとか、強制的だとか、勝手だとか感じることなどなく、むしろ、ものごとの根本法則に根ざしているようなこととして受け入れている。——高貴な魂がこのことに名前をつけるなら、「正義そのものだ」と言うかもしれない。高貴な魂は、事情によっては最初はためらいながら、自分と同じ権利をもっている者がいることを自分でも認める。この序列の問題がすっきりするとすぐに、高貴な魂は、恥じらいと細やかな畏敬の念をもって、自分と似た者や自分と同じ権利をもつ者のあいだで、自分自身とつき合うときと同じ自信をもって振る舞うのだ。――すべての星が生まれつきもっていて習得している天体のメカニズムに従って。自分と似た者とのつき合いで、そんなふうに繊細で自分を抑制することは、高貴な魂のエゴイズムの**もうひとつの**側面である。――どんな星も、そんな具合のエゴイストなのだ。――高貴な魂は、自分と似た者のなかで、そして自分が自分と似た者にあたえた権利のなかで、**自分を**尊敬する。尊敬と権利のやりとりが、すべてのつき合いの**本質**として、ものごとの自然に即した状態に同様に属していることを、高貴な魂は疑ったりしない。高貴な魂は、自分の根底にある情熱的で神経過敏な報復本能によって、取ることもするが、与えることもする。「恩恵」という概念は、同等の者のあいだで《インテル・パーレス》は意味がないし、いい匂いもしない。上からの贈り物をいわば頭のうえから垂らしてもらい、滴《しずく》のようにごくごく飲み干すという高尚なやり方があるかもしれない。けれども高貴な魂は、そういう芸当や姿勢がまったくできない。エゴイズムがその邪魔をするのだ。高貴な魂は、そもそも「上」を見ることを好まない。――好むのは、自分の**前を**、水平にゆっくり見るか、見おろすかだ。――**自分が高いところにいることを知っているのだから。**――

## 266

「本当に尊敬できるのは、自分のことを自分で**探し**たりしない人だけだからね」――ゲーテが〔友人で帝室〕顧問官シュロッサーに。

**267**

中国には、母親がかならず子どもに教えることわざがある。小心《シャオシン》、つまり「心を**小さく**しなさい〔＝用心しなさい〕！」だ。これは文明末期に実際に見られる基本的な傾向である。古代ギリシャ人が今日の私たちヨーロッパ人を見るとすれば、きっと最初に気づくことは、私たちが自分を小さくしているということだろう。――もうそれだけで私たちはきっと、古代ギリシャ人とは「趣味が合わない」だろう。――

**268**

共通・平俗〔Gemeinheit〕とは、結局どういうことだろうか？――言葉は、概念を表わす音符である。そして概念は、しばしばくり返され一緒に現われる感覚たち、つまり感覚のグループを、多少とも規定して表わすイメージの記号である。おたがいに理解し合うためには、同じ言葉が使われるだけでは不十分である。同じ言葉が、同じジャンルの内的体験にも使われる必要がある。結局、経験が**共有**〔gemein〕されている必要がある。だから、たとえ同じ言語を使っているとしても、異なった民族に属している者よりも、ひとつの民族の人たち同士のほうがうまく理解し合う。あるいはむしろ、人びとが長いあいだ（気候、土地、危険、欲求、仕事など）似たような条件で、一緒に暮らしていると、そこから**生まれる**のが、「おたがいに理解し合う」もの、ひとつの民族である。みんなの魂のなかでは、同じ数だけ何度もくり返される体験のほうが、めったにしない体験よりも優位になる。その体験にもとづいて理解し合う速度が、速くなる。どんどん速くなる。――言語の歴史は、短縮プロセスの歴史なのだ。――速い理解にもとづいて人びとの結びつきが、密になる。どんどん密になる。危険が大きくなればなるほど、なすべきことについて速く簡単に合意する必要がますます大きくなる。危険なときにはおたがいに誤解がないこと。これが、人と人の交流において絶対に欠かせないことである。どんな友情や恋愛においても、このことがテストされる。ふたりのうちの一方が、同じ言葉なのに、もう一方とは別なふうに感じたり、思ったり、嗅ぎつけたり、願ったり、恐れたりすることがわかったときには、ふたりの関係はすぐに終わるのだ。（「永遠の誤解」を恐れること。これこそが、あの好意的な守護神になってくれる。異なる性の人間は、性欲と気持ちにそそのかされてせっかちに結びつこうとするのだが、それを非常にしばしば守護神が思いとどまらせてくれる。――その守護神は、ショーペンハウアーが言うような「種の守護神」なんかでは**ない**――！）。どのような感覚のグループが魂のなかで最速で目覚め、言葉を捕まえて、命令するのか。そのことが、魂の価値の序列の全体の秩序を決めて、最後に魂の財産目録を定めることになる。ある人がする価値評価から、その人の魂の**構造**がちょっと見えてくる。そして、その魂が何を生きる条件だと考えているのか、本当は何に困窮しているのかも、見えてくる。さて仮に、似たような記号によって、似たような欲求、似たような体験をほのめかすことができる人たちをたがいに近づけたのが、昔からそのような困窮だけだったとしてみよう。すると大体こういうことが言える。困窮は簡単に**伝えることができる**ということ、つまり最終的には、**みんながするような**〔gemein〕平均的な体験を体験すること、それこそが、これまで人間を支配してきたあらゆる力のうちで、もっとも強く支配する力であったにちがいないのだ。誰にでも似ている、ごく普通の人たちのほうが、いつも有利だったし、今も有利である。より選び抜かれた者、より繊細な者、より珍しい者、より理解されにくい者は、ひとりのままになりやすく、孤立しているので事故に遭いやすく、めったに繁殖することがない。自然な、あまりにも自然な、この似たものへの前進《プローグレス・イン・シミレ》を妨害するためには、人間を似たものに、普通のものに、平均的なものに、畜群のようなものに、——**平俗な**もの〔das Gemeine〕に！——育て上げることを妨害するためには、ものすごい抵抗力に助けを求めるしかないのだ。

**269**

心理学者が——運命により、生まれつきの心理学者にして魂の解読者が——、より選び抜かれた症例や人間に目を向ければ向けるほど、同情で彼が窒息する危険はますます大きくなる。ほかの人間より冷酷で陽気であることが**必要**だ。なぜなら、より高い人間が、より異質の魂が、ダメになり破滅するのは、世の常だから。そんな世の常をいつも目にするのは恐ろしい。心理学者は、そういう破滅を発見した。物語の全体を通して、より高い人間のその心の「救いのなさ」のすべてを、あらゆる意味でその永遠の「遅すぎた！」を、はじめて発見してから、**ほとんど**くり返し発見している。何度も味わわされる拷問が――もしかしたら誘因になって、ある日、心理学者は自分の運命に憤激して、自分を破壊しようとするかもしれない。――自分で「ダメになる」かもしれないのだ。ほとんどの心理学者を観察しても気づくと思うが、心理学者は、平凡で律儀な人たちとつき合うとき、裏切ることが大好きで楽しんでいる。それでわかることだが、心理学者は、救われることをいつも必要としている。心理学者は、彼の洞察と切開が、彼の「手仕事」が彼に負わせたものから、ある意味で逃げることと忘れることを必要としている。自分の記憶に対する恐れは、心理学者に特有のもの。心理学者は、ほかの人間の判断が目の前にあると、すぐ黙り込む。自分が**見た**ことのあるものについて、どんな具合に尊敬され、すばらしいと思われ、愛され、美化されるのか、表情を変えずに耳を傾ける。――あるいは、ちょっとした表面的な意見にはっきり同意することによって、自分が黙り込んでいることを隠す。もしかしたら心理学者の状況は、ぞっとするようなパラドックスにまでなっているのかもしれない。彼がものすごく軽蔑するだけでなく、ものすごく同情を覚えることについて、群衆や教養人や感激屋のほうは、ものすごく尊敬するようになっているのだ。――「すごい人物」や怪物を尊敬するために、みんなは祖国を、大地を、人類の尊厳を、自分自身を祝福し、敬っているのだし、そういう人物を目標にして若者を教育している。……しかしこれまですべての大事件では、まさに同じようなことが起きたのではなかったのか。群衆は、ある神を崇拝していたが、――その「神」は、生贄《いけにえ》に捧げられる哀れな動物にすぎなかった！　成功というものは、いつも最大の嘘つきだった。――そして「仕事」そのものが、ひとつの成功なのだ。大政治家も、征服者も、発見者も、やった仕事に変装してしまっているので、その姿は見分けられない。「仕事」、芸術家の仕事、哲学者の仕事がまず先にあって、その仕事をやった者、その仕事をやったと言われる者をつくり出すのだ。みんなに尊敬されるような「すごい人物」は、あとから創作された、ちっぽけで粗末なもの。歴史的な価値という世界で**支配している**のは、贋金造りなのだ。たとえばこれらの大詩人、バイロンや、ミュッセや、ポーや、レオパルディや、クライストや、ゴーゴリなどは、――ともかく彼らはそうであり、もしかしたらそうであるにちがいないのだが、瞬間の人間であり、熱狂的で、官能的で、子どもっぽく、軽率に突然、疑ったり信じたりする。たいていは、なんらかの割れ目を隠すべき魂をもっている。しばしば、心で感じた汚名には自分の作品で復讐する。しばしば、あまりにも忠実な記憶を忘れようとして急におしまいにする。しばしば、泥のなかに迷い込んで、ほとんど夢中になり、沼のまわりをふわふわ漂っている鬼火のようになり、星になった**ふりをする**。――そんなとき民衆には理想主義者と呼ばれるのだろう。――しばしば、長い吐き気と闘い、くり返し戻ってくる不信の幽霊と闘う。不信のせいで寒くはなるし、仕方なく栄光《グローリア》にあこがれることになり、うっとりしているお世辞屋の手から「自分を信じること」を食わされることになる。これらの大芸術家や、そもそもレベルの高い人間たちが、彼らの正体を言い当てた者にとって、どんな**拷問**になることか！　非常にわかりやすい話だが、**彼らは**、まさに女から——女は、同情の世界では炯眼であり、残念なことに自分の力以上に助けたくて救いたくて仕方がないわけだが——際限のない、じつに献身的な、あの**同情**の爆発に非常に見舞われやすいのだ。その爆発を群衆は、とくに彼らを崇拝する群衆は理解しておらず、好奇心に満ちた自分勝手な解釈を積み上げる。そういう同情はかならず自分の力を勘違いする。愛は**あらゆること**ができる、と女は信じたがる。——それは女ならではの**信念**だ。心のことを知っている者が、こう言い当てている。最高のもっとも深い愛でさえ、どんなに貧しくて、愚かで、頼りなく、うぬぼれ屋で、まちがいやすく、救うより壊すのが得意なのか、ということを！——イエスの生涯の聖なる寓話や変装のなかには、**愛についての知**の殉教についてもっとも痛ましいケースのひとつが隠されていると考えることができる。それは、もっとも無垢でもっとも熱望する心の殉教である。その心は、どんな人間の愛にもこれまで満足したことがなく、愛と、愛されること以外、なにも**望ま**なかった。そしてその心の愛を拒んだ者たちに対しては、非情と、狂気と、恐ろしい爆発をもって振る舞った。愛に満足することも飽きることもしなかった哀れな男の物語だ。その男は、その男を愛**そうとし**なかった者たちを送るために、地獄をつくり出すしかなかった。——そしてその男は、結局、人間の愛について知るようになって、神をつくり出すしかなかった。愛そのものであり、愛することが**できる**ことそのものである神を。——その神が人間の愛を憐れんだのは、人間の愛がまるでもって貧しく、まるでもって無知だからだ！　このように感じる者は、こんな具合に愛のことを**知っている**者は——、死を**求める**。——しかしなぜ、このような痛ましい話にこだわるのか？　仮に、そんな必要がないならば。——

## 270

深く悩んだ人間なら誰でも、精神が、高慢になって吐き気を感じている。——**どれくらい**深く人間が悩むことができるのかによって、序列の秩序がほとんど定められる。——深く悩んだ人間は、ぞっとするような確信にどっぷり浸かり、その色に染まっている。俺は悩んだおかげで、どんなに利口でどんなに賢い人間よりも**多くを知っている**んだ。「**お前たち**には見当もつかない！」遠くの恐ろしい数多くの世界で、俺は顔が売れてて、「わが家」も同然みたいに住んでたこともあるんだ。……悩む者の精神は、黙ってはいるがこんなふうに高慢なのだ。認識にかけては選ばれた者であり、「聖別された者」であり、ほとんど生贄《いけにえ》にされた者なのだ。このような誇りや高慢は、あらゆる形式の変装が必要である。お節介に同情してくる手に触られないためには。そしてそもそも彼の痛みとは違う痛みをもっている者すべてから身を守るために。深い悩みは人を高貴にする。人を切り離す。もっとも洗練された変装の形式のひとつは、エピクロス主義であり、ある意味、事後は趣味の勇敢さをひけらかすことである。つまり、悩みを軽く薄く受け取って、あらゆる悲しいこと、深いことに抵抗するのだ。「陽気な人たち」がいる。彼らが陽気さを使うのは、陽気を装おうことによって誤解してもらえるからだ。──彼らは、誤解されていることを**望んでいる**。「科学的な人たち」がいる。彼らが科学を使うのは、科学が陽気な印象をあたえてくれるからだ。そして科学的であれば、その人も表面的なのだろうと推測してもらえるからだ。──彼らは、間違った結論に誘導することを**望んでいる**。自由で厚かましい精神の持ち主がいる。彼らは、自分の心がぼろぼろで、プライドが高く、治しようがないことを隠しておきたい、そして否定したいのだ。そしてときには、道化のような馬鹿さ加減そのものが、不吉な、あまりにも確かなことを知っていることを隠す仮面になる。──これらのことからわかるように、「仮面には」畏敬の念をもち、間違った場面で心理学や好奇心を動員しないことが、より繊細な人間らしい態度なのだ。

## 271

２人の人間をもっとも深く分けるのは、「きれい」の意味とその度合についての見解の違いだ。どんなに行儀よく振る舞い、おたがいに役に立っているとしても、何にもならない。おたがいに好意をもっていても、何にもならない。結局は、あいかわらず──「おたがいに鼻持ちならない！」のままである。「きれい」の最高の本能はその持ち主を、ものすごくすばらしい、ものすごく危険な孤立に追いやる。聖人にしてしまうのだ。というのも、まさに

「きれい」は「聖」なのだから。——「きれい」の本能の最高の精神化なのだから。入浴して幸せになり、言いようない充実感を味わっているのを、なんとなく関知する。なんらかの発情や渇望によって、魂がずっと、夜から朝へ駆り立てられ、暗さや「苦しみ」から、明るいものへ、輝くものへ、深いものへ、繊細なものへと駆り立てられる。——このような傾向は、まさに人を非常に**際立たせる**のだが、——これは高貴な傾向だが——、人を**分ける**こともする。——聖人の同情は、人間的な、あまりに人間的なものの**汚れ**に対する同情である。そして同情そのものが、聖人の手による非「きれい」化であり、汚れだと感じられるわけだが、その感じ方の程度や高さはいろいろである。……

**272**

高貴であることの目印。私たちの義務をみんなのための義務に格下げしようなどと考えないこと。自分の責任を譲渡しようとせず、分割・分配しようとしないこと。自分の特権とその行使を自分の**義務**だと考えること。

**273**

偉大なことをなしとげようとする人間は、その途中で出会う人のことを誰であれ、手段と見なすか、足を引っ張る邪魔物だと見なす。——または、ちょっと休憩するときのベッドだと見なす。自分以外の人間に対する彼ならではの気高い**善意**を見せることができるのは、彼が彼の考える高みに立って支配するようになってからである。それまではいつも喜劇を演じる宿命なのだと意識して、いらいらしているので——というのも戦争でさえ喜劇であり、どんな手段でも目的を隠しているように、その目的を隠しているのだから——、彼には、どんなつき合いもダメになるのだ。この種の人間は孤独というものを知っている。そして、孤独がどんな猛毒をもっているのか、ということも。

## 274

**待っている者たちの問題**。——レベルの高い人間の内部には、問題の解決策が眠っているのだが、その人間がタイミングを逃さず行動する——「爆発する」とも言えるが——には、幸運と多くの予測不能なことが必要である。平均すると、そういうことは起こら**ない**。そして地上のあらゆる片隅には、すわって待っている者がいるのだが、彼らは、どのくらい待つものなのか、ほとんど知らない。待っても無駄だということは、もっと知らない。ときには実際、目を覚ませと呼ぶ声が聞こえるのだが、つまり、行動の「許可」をあたえてくれるあの偶然がやってくるのだが、遅すぎる。——そのときにはもう、行動するには最高の若さと力が、じっとすわっていたため使い果たされている。そして、まさに「飛び上がった」ときには、自分の足腰が眠りこんでいて言うことを聞かず、自分の精神がもう重くなりすぎていることに気づいて、愕然とする者がいるのだ！「遅すぎたな」——と、つぶやく。自分のことが信じられなくなり、今やすっかり使い物にならなくなっている。——天才の王国で、「手のないラファエロ」は、言葉のもっとも広い意味で理解するとして、もしかすると例外ではなく、よくある話ではないだろうか？——天才は、もしかすると、そんなにめったにない存在ではないのかもしれない。けれども、天才が必要とする５００本の**手**は、めったにない。カイロスを、「好機」を——有無を言わせずつかまえるためには、偶然の女神の前髪をつかまえるためには！

## 275

相手の程度の高さを見る**気が**ないなら、そのぶんその相手の程度の低さや表の顔《フォアグラウンド》に厳しい目を向けるようになる。——そして、そうやって見ている自分の本性を現わすことになる。

## 276

どんなふうに傷つき、どんなふうに失っても、より低く、よりがさつな魂のほうが、より高貴な魂よりうまく対応できる。より高貴な魂の危険のほうが大きいにちがいない。不幸になって破滅する確率は、より高貴な魂の生活条件が複雑であるだけに、ものすごく大きい。——トカゲなら尻尾が切れても生えてくるが、ヒトはそうはいかない。——

**277**

——ああ、ひどいな！　よくある話だよ、また！　家を建て終わってから気づくのは、まさに——建てる前に——知っておく**べき**だったことを、今ごろになって知ったということだ。永遠にくり返される残念な「**遅すぎた！**」——**できあがったもの**すべてがもっているメランコリー！……

**278**

——旅人よ、君は誰？　君は自分の道を歩いているんだね。あざけりもせず、愛もなく、私には言い当てることのできない目をして。測鉛のように湿っていて悲しげだ。あらゆる深さを測ったが満足できないまま、ふたたび光の届くところに戻ってきたわけか。——深いところで測鉛は何を探していたのかな？——胸はため息をつかず、唇は吐き気を隠し、手はゆっくり伸びようとしているだけ。君は誰？　何をしたの？　ここでゆっくり休むといい。ここはどんな人でも歓迎して、もてなす場所なんだよ。――休んで元気になるといい！　君が誰であろうと。今、何がほしい？　何があれば元気になれる？　さあ言って。ここにあるものは、何でも提供するよ！――「休んで元気になるために？　元気になるために？　ああ、物好きな方ですね。何をおっしゃるやら！　でも、じゃあ、ください。お願いしよう――」。何を？　何を？　遠慮せず、言って！――「もうひとつ仮面を！　ふたつ目の仮面を！」……

**279**

深い悲しみをもっている人たちは、幸せなときに自分の本性を現わす。幸せをつかむとき、嫉妬のあまり、幸せを押さえつけて窒息させたいかのようにする。――ああ、幸せが逃げていくことをあまりにもよく知っている！

**280**

「ひどい！　ひどい！　どうして？　後ずさりしてないか――あいつ？」――そうさ！しかしそんなことで嘆くようじゃ、お粗末だね、君たち。あいつのこと、わかっちゃいない。後ずさりは、みんなと同じ。大きなジャンプしようとすれば、誰だって後ずさりするだろ。

――――

## 281

――「ぼくが言ってること、信じてもらえるのだろうか？　ぼくとしては、信じられることを望んでるんだけど。ぼくのことは、ぼくについては、いつもろくに考えたことがない。ただごくたまに、強制されたときだけ、いつも「問題に対する」喜びなんてなく、「ぼく」から離れようとして、いつも結果なんて信じずに。それはさ、自分を認識することが**できる**とは、どうしても信じられなかったから。その不信感のせいで、理論家があえてやっている「直接認識」っていう概念にさえ、形容矛盾《コントラディクチオ・イン・アドイエクト》を感じる始末なんだ。――以上の事実すべてが、ぼくがぼくについてわかっている、ほぼ一番確実なこと。ぼくのなかにはね、反感みたいなものがきっとあって、ぼくについて確かなことを**信じること**ができないんだ。――そこに、もしかしたら謎があるかもしれない？　たぶん。でも幸い、ぼくには歯が立たない謎だな。――もしかしたらその謎、ぼくが属してる種《スペキエス》を教えてくれるものかもしれない？――でも、ぼくには教えてくれない？　ぼく自身、そのほうがうれしいけど。――」

**282**

「おや、どうしたんだい？」――「わからないんだよ」と、ためらいながら彼は言った。「もしかしたら、ぼくのテーブルのうえを女面鳥身の怪物《ハルピュイアイ》が飛んでいったのかも」――今日ときおり起きることだが、穏やかで節度のある控えめな人間が、突然、逆上して、皿を割り、テーブルをひっくり返し、叫んで、暴れて、みんなの気分を悪くする。――そしてようやく恥ずかしそうに、自分に腹を立てながら、いなくなる。――どこへ？　何のために？　みんなのいないところで飢え死にするために？　やったことを思い出して窒息するために？――好みのうるさい、高い魂の欲求をもっているのに、ごくまれにしか自分のテーブルが用意されず、自分の食事が並べられないなら、その人間に迫る危険は、どんな時代でも大きいだろう。しかし今日ではその危険が異常に大きい。騒々しい賤民の時代に投げ込まれると、そんな時代と一緒にひとつのボウルで食べたいと思わないので、すぐに飢えや渇きのせいで破滅するだろう。あるいは、ようやくボウルに「手を伸ばした」としても――突然、吐き気に襲われて破滅するだろう。――たぶん私たちはみんな、私たちにはふさわしくないテーブルに、すでについていたのだ。そして、私たちのなかで食事に一番苦労している、まさにもっとも精神的な人間は、あの危険な消化不良《ディスペシア》を知っている。自分の食べている物、テーブルの隣にすわっている者に突然気がついて、がっかりしたときに見舞われる消化不良《ディスペシア》だ。――

**吐き気がデザート**なのだ。

## 283

仮に、ともかくほめようとする場合、いつも、自分が同意し**ない**ところでだけほめるのは、繊細であると同時に高貴な自己抑制である。――そうしないなら、自分自身をほめることになってしまうだろうし、それは良い趣味に反することだ。――もちろん自己抑制は、たえず**誤解**されるためのいいきっかけをあたえてくれるものだが。この本当に贅沢な趣味とモラルを自分に許してやるためには、薄のろ精神の持ち主たちのあいだで暮らすのではなく、むしろ、誤解や失敗をそのすばらしさゆえにおもしろがってくれる人たちのあいだで暮らす必要がある。――でないと、きっと高い代償を払うことになるだろう！――「あの人は私のことをほめている。**だから**私のことを正しいと認めているんだ」――このようなロバみたいな推論が、私たち隠者の半生をダメにしてくれる。というのも、私たちのご近所やお仲間のところにロバを連れてくるのだから。

## 284

誇り高くものすごく落ち着いて生きる。いつも彼岸で――。自分の情動を、自分の賛成と反対を、随意でもち、そして随意でもたない。数時間、気の向くまま自分の情動に身をまかせる。自分の情動に**乗る**。ウマに乗るように、しばしばロバに乗るように。――なぜなら、自分の愚かさをほとんど自分の情熱と同じように使う心得が必要だからだ。自分の３００の表《フォアグラウンド》の顔を保つ。黒眼鏡も保つ。というのは、私たちの目を誰にも見せてはならない場合があるから。それ以上に私たちの「心の底《ほんね》」を見せてはならない場合があるから。そして、あのいたずらっ子のような陽気な悪徳を、つまり礼儀正しさを、つき合う相手に選ぶ。そして自分の４つの徳、つまり勇気、洞察、共感、孤独の主人になる。というのも孤独は、私たちのところでは徳なのだから。それは、「きれいで、混じり気がない」崇高な傾向と衝動である。その傾向と衝動によって明らかになるわけだが、人と人が触れ合えば――「社会では」――避けようもなく「きれいで、混じり気がない」状態ではなくなってしまう。どんな共同体《ゲマインシャフト》も、なんらかの仕方で、どこかで、いつか――人間を「平俗《ゲマイン》」にしてしまう。

**285**

一番すばらしい出来事と思想は――ところで一番すばらしい思想は一番すばらしい出来事なのだが――理解されるのに、一番時間がかかる。同時代に生きている世代は、そういう出来事を**体験し**ないで、――それとは知らないまま暮らしている。星の王国で起きるようなことが起きているのだ。一番遠くの星の光は、人間に届くのが一番遅くなる。その光が到着する前に、人間は、そんなところに――星が存在していることを**否定する**。「ある精神が理解されるためには、何世紀が必要なのか？」――これもまたひとつの尺度であり、それによってつくり出されるのが、今も使われている着席順位札《エチケット》・礼儀作法である。精神と星のための。――

**286**

「ここだと見晴らしがよくて、精神も高められている」――それなのに逆のタイプの人間がいる。高いところにいて、見晴らしもいいのに、――**下を**見ているのだ。

**287**

――高貴とは何か？　今日の私たちにとって「高貴」という言葉は、まだ何を意味しているのか？　始まりつつある賤民支配が重く垂れ込めたこの空のせいで、すべてのものが不透明で鉛色になっているが、何を手がかりに高貴な人間を見つけ、何を手がかりに知ればいいのか？――高貴な人間であることを証明するのは、行動ではない。――行動はいつも多義的で、いつも説明がつかない。――「仕事」も同様だ。今日、芸術家や学者のなかには、どんなに高貴なものへの深い欲望に駆り立てられているか、その仕事を通して漏らしている者が、けっこう多い。けれども、まさにそんなふうにして高貴なもの**を手に入れようとする**欲求と、高貴な魂そのものが欲求しているものとは、根本から違う。手に入れようとすること自体、まさに高貴な魂が欠けていることをよく物語る危険な指標である。仕事ではないのだ。ここで決定的なのは、古い宗教用語を新しくて、より深い意味で採用するなら、ここで序列の秩序を確定するのは、**信仰**なのである。高貴な魂が自分自身についてもっている根本的な確信のようなものなのである。求められることも、見つけられることも、もしかしたら失われることもない何かなのである。——**高貴な魂は自分に対して畏敬の念をもっているのだ**。——

## 288

どうしても避けられずに精神をもっている人たちがいる。彼らは思うがままに体をねじり、向きを変えることだろう。そして本心を漏らしてしまう目は隠すようにして、手をかざすことだろう（——まるで手なら、本心を漏らすことがないかのようだ！——）。だが結局、いつもバレてしまう。彼らには隠しているものがあるということが。精神を隠しているのだ。少なくともできるだけ長くだまし、首尾よく実際よりも自分を馬鹿に見せるための、もっともうまい手段のひとつは、——日常生活ではしばしば雨傘と同じくらい望ましいものだが——**感激すること**である。そこには、それにふさわしいもの、たとえば徳が加算されている。というのも、それを知っているにちがいなかった〔神父《アベ》〕ガリアーニ〔啓蒙期イタリアの外交官・経済学者・作家〕が言うように、徳とは感激すること《ヴェルテュ・エ・アントゥジャスム》であるのだから。

## 289

隠者の書いたものからはいつも、さびしい荒野のこだまのようなものまでが聞こえてくる。孤独がささやいて、おずおずまわりを見回している気配のようなものまでが聞こえてくる。隠者のもっとも強い言葉から、その叫びそのものから、さらに新しくて、もっと危険な種類の沈黙、黙秘が響いてくる。年々歳々、昼も夜も、自分の魂とふたりだけですわって、親密に反目し合い対話を重ねている者。自分のほら穴で――ほら穴は迷宮かもしれないが、金鉱かもしれない――、ほら穴の熊になったり、宝探し人になったり、宝を守る龍になったりした者。そういう者がもっている概念そのものは、結局、独特の夕暮れの色を帯び、腐敗物のような深みの臭いがする。伝えがたく嫌な感じのするものが、通り過ぎる者すべてに冷たく吹きつける。隠者なら、「これまで哲学者が――仮に、とりあえず哲学者がいつも隠者だったとしてですが――、自分本来の最終的な意見を本に書いたことがある」なんて信じない。そもそも本を書くのは、自分が大事にしているものを隠すためではないか？――それどころか隠者なら、疑うだろう。「哲学者がですよ、「最終的な本来の」意見なんて**もてる**ものですか」と。「哲学者にはですね、どんなほら穴の後ろにも、それより深いほら穴があるのではないのでしょうか。必要ないのでしょうか。——表面のうえにですね、もっとボリュームがあって、もっと見たことのない、もっと豊かな世界があるのではないでしょうか。理由となるどんな土台の向こうにも、どんな「理由づけ」の向こうにも、理由を超えた奈落があるのではないでしょうかね」と。どんな哲学も表の世界《フォアグラウンド》の哲学である。——というのが、隠者の判断だ。「哲学者がここで立ち止まって、後ろを見て、まわりを見回したこと。哲学者が**ここで**それ以上は深く掘らず、シャベルから手を離したこと。そこには恣意が働いていますね。——やっぱりちょっと信用できませんね」。どんな哲学も、もうひとつの哲学を**隠している**。どんな意見も、隠れ場になる。どんな言葉も、仮面になる。

## 290

深い思想家なら誰でも、誤解されることより、理解されることを恐れている。誤解されて苦しむのは、もしかしたら思想家の虚栄心かもしれない。理解されて苦しむのは、思想家の心である。思想家は共感して、いつもこう言う。「ああ、どうして**君たち**、ぼくと同じように深刻に考えようとするのかな？」

## 291

人間は、複雑で、嘘つきで、作為的で、不透明な動物だ。他の動物に対しては、力ではなく策略と利口さによって不気味な存在である。自分の魂をともかく**単純なもの**として享受するために、やましくない良心というものをつくり出した。だからモラルは全体として、長期にわたる大胆な偽造である。その偽造のおかげで、魂を見て享受することがそもそも可能になるのだ。その視点に立てば、もしかしたら、私たちが普通に思っている以上に非常に多くのことが、「芸術」という概念に含まれているのかもしれない。

## 292

哲学者というのは、異常なことをいつも体験し、見、聞き、邪推し、望み、夢見る人間である。まるで外から、まるで上や下から、**彼**特有の事件や落雷に撃たれるように、自分の思想に撃たれる人間である。哲学者自身、もしかしたら、新しい稲妻をはらんだ雷雨かもしれない。宿命の人間で、そのまわりではいつも雷鳴がとどろき、ぶんぶんうなり、割れ目ができ、不気味な気配がする。哲学者というのは、ああ、しばしば自分を置いて逃げ出し、しばしば自分を恐れる生き物だ。——けれども好奇心が強すぎて、くり返し「自分のところに戻ってくる」。……

## 293

「気に入った。俺のものにしよう。大事にして、誰にも渡さないぞ」と言う男。あることをやり、決心したことを実行し、思想には忠実であり、女を手放さず、向こう見ずな人間を罰してやっつけることができる男。自分の怒りと自分の剣をもっていて、弱い者や、悩む者や、苦しめられている者や、動物にまで慕われ、誘いもしないのに寄ってこられる男。要するに、**主人**に生まれついた男。――もしもそんな男が同情すれば、たしかに！ **その**同情には価値がある！ けれども、悩んでいる人間が！同情したとしても、また、同情なんてものを説く人間が！同情したとしても、何の意味があるだろう！ 今日、ヨーロッパのほとんどどこでも、痛みに対して病的に感じやすく神経過敏である。同様に、嘆くことには不快なほど節度がない。自分を甘やかして、宗教とか、哲学のガラクタとかで飾って、自分をより高い人間に見せたがっている。――苦悩が文字通り崇拝されている。このような熱狂の輪のなかで「同情」という洗礼名をもらった者は、**男らしくない**。その男らしくないところが、どうやらいつも真っ先に、目に飛び込んでくるのだ。――この最新の悪趣味を力ずくで徹底的に追放する必要がある。最後にお願いしたいことがある。その悪趣味から身を守るために、「ゲ・サベール」というすばらしいお守りを胸と首にかけてもらいたい。――ドイツ人のためにこの言葉を翻訳すると、「楽しい学問」だ。

**294**

**オリュンポスの悪徳。**――ものを考えるすべての人の頭のなかに、笑いの悪評を立てようとした生粋のイギリス人の哲学者がいる。――「笑いは、人間の本性としては悪意のある欠陥である。考える頭をもっているなら誰でも、それを克服しようと努めるだろう」（ホッブズ）――この哲学者に逆らって、私はあえて、笑いの序列によって――**黄金の**大笑いができる者をトップにする――哲学者の序列を考えてみよう。そして仮に、神々も哲学をするとすれば――すでに私はいくつかの推論により、そう仮定するように迫られているわけだが――、私は疑うことなくこう思う。神々も哲学をするときには、超人のような新しい笑い方をするのだ。――しかも、まじめなことなどすべて犠牲にしてでも！　神々は、からかうのが大好きである。聖なる行為をするときでさえ、笑いを手放せないようだ。

**295**

あの偉大な隠れた者がもっているような、心の天才。隠れた者とは、誘惑する神であり、生まれながらの「良心のネズミ取り」。その声は、あらゆる魂の地下世界にまで降りていくことができる。その、どの言葉、どの視線にも、誘惑してやろうという気持ちが織り込まれている。自分の見せ方を心得ているという点でも名人である。――それも、ありのままの自分を見せるのではない。自分の追っかけ《ファン》には、強制力**をプラスして**見せるのである。自分には、ますます近くまで押し寄せるようにさせ、ますます心の底から従うようにさせるのだ。――心の天才は、声が大きいうぬぼれ屋をみんな黙らせ、耳を傾けることを教える。ざらざらした魂をなめらかにして、新しい欲求を味わわせてやる。――鏡のように静かに横になっていると、お前たちの上に深い大空が映るんだよ、と。――心の天才は、不器用でせっかちな手にためらうことを教え、もっと優雅につかむことを教える。心の天才は、隠され忘れられていた宝が、善意と甘美な精神性の滴《しずく》が、濁った厚い氷のしたにあることを言い当てる。長いあいだ大量の泥と砂の地下牢に埋まっていた、どんな金の粒も探知する占い棒なのだ。心の天才に触れると、誰もが前より豊かになって立ち去っていく。恵みをもたらされたわけでも、驚かされたわけでもない。見知らぬ富を恵まれて落胆したようなわけでもない。自分自身が以前より豊かになって、新しい自分になって立ち去っていくのだ。開かれて、雪解けの風に吹かれて心の中を探られて、もしかしたら以前より自信をなくしたかもしれず、より優しく、より壊れやすく、より砕けて。けれども、まだ名前のない希望にあふれて、新しい意思と流動にあふれて、新しい憤懣と逆流にあふれて。……だが、友よ、私は何をしているんだろう？　誰の話をしているのかな？　夢中になりすぎて、その名前すら言わなかったのかな？　この怪しげな精神をもった神は、こんな具合に**ほめられ**っぱなしで満足しているが、それが誰なのか、君たちがもう勝手に見当をつけているのではないか。というのも、子どもの時分から旅をしていて異国にいた者なら誰でも経験するように、私も、危険でなくはなく珍しい精神の持ち主には何人か出会ったことがある。とくに私がついさっき話題にして、くり返し出会ったのが、ほかならぬ神**ディオニュソス**だ。両義的な存在で誘惑者である、あの偉大な神だ。この神に私は、かつて、君たちも知っているように、誰にも内緒で畏敬の念をたっぷりこめて私の処女作〔『悲劇の誕生』など〕をささげた。――ディオニュソスに**犠牲**をささげたのは、どうやら、私が最後である。というのも、何を私が当時やったのか、理解した者に私は出会ったことがないのだから。そうこうしているうちに私は、この神ディオニュソスの哲学について、さらに多くのことを、あまりにも多くのことを学んだ。それも、すでに述べたように、口伝えで。――私は、神ディオニュソスの最後の弟子にして最後の消息通《インサイダー》なのだ。そしてそろそろ私も、私に許されている範囲でだが、友よ、君たちに、この哲学を少し味わってもらいはじめてもよさそうではないか？　もちろん、声をひそめて。というのも、この哲学が問題にしているのは、いろんな秘密、新しいこと、見知らぬこと、不思議なこと、不気味なことだから。ディオニュソスが哲学者であり、だから神々だって哲学をするということからして、私には耳新しいものに思えるので、このことにひっかかりがないわけではなく、もしかしたら、まさに哲学者のあいだでは不信感を呼び起こすかもしれない。――君たちのあいだでは、友よ、もうほとんど抵抗はないはずだ。このことがあまりにも時代遅れで、季節はずれでないのなら。というのも、君たちは今日、漏れ伝わるところによると、神や神々のことを信じるのを好んでいないのだから。もしかしたら私はまた、君たちの耳の厳格な習慣にとっていつもの心地よさを超えて、大胆な私の物語をもっと先に進める必要があるかもしれない？　たしかにこの神ディオニュソスは、このような対話のときには、先まで、非常に先まで進んで、いつも私より何歩も先にいたのだ。……おお、許されるものなら、人間の習慣にしたがって私は、ディオニュソスに、美しくて厳かな豪華で徳のある称号をあたえなければならないかもしれない。その探求者にして発見者の勇気をほめたたえ、その勇敢な誠実さ、真実を求めようとする姿勢、知恵への愛をほめたたえなければならないかもしれない。しかしそんなうやうやしい豪華なガラクタに、ディオニュソスのような神は知らんぷり。「そんなものはね」と、ディオニュソスは言うだろう。「お前や、お前の同類や、そんなものが必要な者のために取っておくがいい！　私はさ、──私の裸を隠す必要なんてないんだよ！」──察するに、この種の神や哲学者には、もしかしたら、恥ずかしいという気持ちがないのかもしれない？──というわけで、あるときディオニュソスはこう言った。「場合によっては俺も、人間を愛するんだよ」──そのときディオニュソスは、その場に居合わせたアリアドネのことを暗に指していた〔アリアドネは、英雄テセウスに糸玉をあたえ、テセウスが怪物ミノタウロスを退治してから迷宮を脱出する手助けをする。後にアリアドネはディオニュソスに愛されて妻になる〕。──「人間って、感じがよくて、勇敢で、アイデアに富む動物だよね。そんな動物、地上では人間だけだ。どんな迷宮でも迷ったりしない。俺は人間が好きだ。しばしばこんなことを考えるんだよ。俺がさ、人間をもっと前に連れていくんだ。今よりも、もっと強く、もっと悪く、もっと深くしてやるのさ」――「もっと強く、もっと悪く、もっと深く？」と、私は驚いてたずねた。「ああ」と、ディオニュソスはもう一度言った。「もっと強く、もっと悪く、もっと深く。それに、もっと美しく」――そしてそう言って、誘惑者であるこの神は、波風のない穏やかな微笑でほほえんだ。感じのいい魅力的なことを言ったかのように。ここで同時に見てとれるのだが、この神に欠けているのは、恥ずかしいという気持ちだけでない。――だから、いくつかの点では、神々もみんなそろって私たち人間の学校に行ってもよいのだ、と推測する理由が、そもそも十分にあるのだ。私たち人間のほうが、――人間らしいのだから。……

## 296

ああ、お前たちは何者なんだ、書かれて描かれた私の思想よ！　お前たちがまだ、あんなにカラフルで、若くて、意地悪で、棘と秘密の香辛料だらけで、私をくしゃみさせ、笑わせたのは、そんなに昔のことではない。――そして今は？　もうお前たちは、お前たちの新味を脱ぎ捨てている。お前たちのうち何人かは、気がかりなことに、喜んで真理になろうとしている。すでに、すっかり不死であるように、胸が張り裂けるほどすっかり正直であるように、すっかり退屈であるように見える！　しかし昔はそうではなかった？　どんな問題を私たちは書き写し、描き写しているのだろう？　私たちは、筆を手にしている（そして役所の公用語で書く」中国の高官《マンダリン》だ。私たちは、書かれ**うる**事物を永遠のものにする者だ。何を私たちは、私たちだけで描き写すことができるのだろう？　ああ、いつも描き写されるのは、まさに枯れようとして、匂わなくなりはじめているものだけ！　ああ、いつも描き写されるのは、疲れ果てて遠ざかっていく雷雨や、黄色い晩年の感情だけ！　ああ、いつも描き写されるのは、飛び疲れて、方角がわからなくなり、手で——**私たちの**手で——捕まえられる鳥たちだけ！　私たちが永遠のものにするのは、もう長くは生きることも飛ぶこともできないもの、疲れて脆《もろ》くなったものだけなのだ！　そして、お前たち、書かれて描かれた私の思想よ、お前たちの**午後**のためにだけ、そのためにだけ私は色をもっている。もしかしたら、たくさん色をもっているかもしれない。たくさんのカラフルな抱擁《ハグ》と50の黄と茶と緑と赤を。——けれどもそれなのに誰も言い当ててくれないのだ。お前たちの朝にお前たちが、どんなふうに見えたのかを。お前たちは、私の孤独から突然生まれた奇蹟の火花、お前たちは、私が昔から愛している——ひどい思想だ！

＊　＊　＊

# 高い山々から——後歌

おお、人生の正午！　厳粛な時間！
　おお、夏の庭！
落ち着かないが幸せだ。立って、様子をうかがい、待っていると——
友を俺は待ちわびている。昼も夜も、今か今かと。
友よ、今どこだ？　早く来い！　もう来てもいい時間だ！　もう来てもいい時間だ！

氷河の灰色が、今日、バラで飾られている。
　君たちのためじゃなかったのかな？
君たちを小川が探している。あこがれて風と雲が
今日は、より高く青空に迫って、ぶつかっている。
はるか遠くまで見える鳥の目で、君たちの様子をうかがおうとして。

一番高いところで君たちのために俺のテーブルが用意された。——
　星たちのそんな近くに

住んでるのは誰？　深淵で一番灰色になって遠くに住んでるのは、誰？
そこにあるのは俺の王国。──これより遠くまで手足を伸ばしたのは、どこの王国？
そして俺の蜂蜜もあるぞ。──これを味わったのは、誰？……

──お、**来たね**、友よ！──ああ、だが**俺は**、もう、
　君たちが会おうと思った俺じゃない？
ためらってるね、驚いてるね──ああ、むしろ君たちは恨めばいい！
俺は、──もう俺ではない？　手も、歩き方も、顔も、別人みたい？
そして**今のこの**俺は、友の君たちには──俺じゃない？

別人になってしまったのか、俺は？　俺自身も知らない奴に？
　俺自身から逃げ出して？
何度も何度も俺自身に勝ったレスラーになったのか？
何度も何度も自分の力に抵抗して、
自分の勝ちに傷つき、邪魔された奴になったのか？

俺は探した。風が一番きびしいのはどこだ？
　俺は住むようになった。

誰も住まないところに、荒涼としたホッキョクグマ地帯に住むことを。

俺は、人間と神を、呪いと祈りを、忘れた？

俺は、氷河を越えていく幽霊になった？


——懐かしい友だ、君たちは！　ほら！　でも青ざめた目で見ているね。

　愛と戦慄にみちた目で！

ダメだ、帰って！　怒らないで！　ここは——**君たちの**住めるところじゃない。

ここは、はるか遠くの氷の王国と岩の王国にはさまれている。——

ここでは狩人になり、カモシカみたいになる必要がある。


**ひどい**狩人に俺はなった！——ほら、俺の弓は、
　こんなに険しく引きしぼられている！

一番強い者が、こんな引き方をした。——

だが、ああ、悲しい！　危険なのは、**この**弓だ。

これほど危険な弓は、**ない**。——ここから立ち去るんだ！　君たちの安全のために！


……

帰るんだね、君たちは？——おお、心よ、お前はよく耐えた。

　お前は強く望みつづけた。
**新しい**友には、お前のドアを開けておくんだ！
古い友は帰らせろ！　思い出は手放せ！
昔、お前は若かった。今も――お前は、若いほうがいい！

以前、俺たちを結んでくれたもの、ひとつの希望のリボン、――
　今、誰がその記号を読むのか、
昔、愛が書きつけたその記号は、色褪せているが？
そのリボンは羊皮紙に似ている。手に持つのが
**はばかられる**。――羊皮紙みたいに日焼けして、茶ばんでいる。

もう友じゃない。そいつは――何と呼んだものか？――
　友の幽霊にすぎない！
そいつは今でも夜になると、俺の胸と窓をたたいているのだろう。
俺をじっと見て、言う。「友**だった**じゃないか？」――
――おお、枯れた言葉だ。昔はバラの匂いがしたけれど！
おお、若い日のあこがれは、自分を誤解していた！

**俺が**熱くあこがれた者たち、俺とは親威で、俺に合わせて変わってくれた、と俺には思えた者たちは、**年寄り**になったため、追放されてしまった。自分を変える者だけが、俺の親威でありつづける。

おお、人生の正午！　2度目の青春の時間！
　おお、夏の庭！
落ち着かないが幸せだ。立って、様子をうかがい、待っていると！——
友を俺は待ちわびている。昼も夜も、今か今かと。
**新しい**友を！　早く来い！　もう来てもいい時間だ！　もう来てもいい時間だ！

＊　＊　＊

**この**歌は終わった。——甘美に叫ぶあこがれは
　口のなかで消えていった。
魔法使いの仕業だった。友がタイミングよく、
正午の友が、——いや、ちがう！　誰なのかは、聞かないでくれ。——

ちょうど正午だった。そのとき1が2になった……
さあ、祝おうじゃないか。力を合わせた勝利を確信して、
　祭りのなかの祭りを。
友の**ツァラトゥストラ**が来たぞ。客人のなかの客人だ！
さあ、世界が笑い、ぞっとするような幕が引きちぎられる。
光と闇の結婚式がはじまった……

# 訳者あとがき

この本は、ニーチェの*Jenseits von Gut und Böse. Vorspiel einer Philosophie der Zukunft*（1886）の翻訳です。（この訳者あとがきでは、『善悪の彼岸』からの引用だけ、JGB22のように、アフォリズム番号も添えて住所を書くことにします）。

＊

強い者に忖度しても、弱い者には忖度しない。弱い者と喧嘩しても、強い者とは喧嘩しない。ニーチェの時代も、今の時代も、りっぱな畜群社会だ。

ペンを剣にして、ニーチェの時代、「畜群社会」や、「キリスト教の道徳」や、「神」や、「真理」と戦った。つまり、既得権益である〈モダン〉を根っこから批判した。だが、書いたものは、自分が望んでいたようには理解されず、〈モダン〉の既得権益からはもちろん、多くの人に認められることもなかった。巨大な敵を相手に、ひとりで戦った。病気がちだったのに、いつも晴れやかな文章を書いた。

「人間だろ、元気だせよ」。畜群動物に向けて応援歌を書きつづけた。ニーチェを読むと、元気がでる。《老いぼれの文献学者》JGB22 ニーチェは、今でもばりばりの現役だ。

健康への意思、生への意思から、ニーチェは、自分の哲学をつくりだした。病気で家畜のようになっている人間を健康にするにはどうしたらいいか。病気である世界（「世界」とはヨーロッパのことだが）を健康にするにはどうしたらいいか？

「神」は「生」の反対概念として発明された。「今ここ」を無価値にするために、「天国」や「真の世界」が考え出された。「魂」や「霊」や「精神」をでっち上げたのは、体を軽蔑するため、体を病気にするため。《人生で真剣に考えられるべきすべてのこと、つまり栄養、住居、精神の食餌《ダイエット》、病気の治療、清潔、天気の問題を、身の毛もよだつほど軽率に扱わせるためである！》そうニーチェは考えた。

パースペクティブを切り替えれば、これまでとは別の問題が見えてくる。その問題を考えることによって価値が価値転換される。Nowhere から Now Here へ。この交通整理をするためにニーチェは旗をふりつづけた。

＊

ニーチェは小さいときからピアノが得意で、作曲もした。音楽が大好きだった。晩年、精神が壊れてイエナの精神科に収容されたときも、手はペンを持たなかったが、毎日2時間、鍵盤を叩いていた。1861年、16歳のとき『トリスタンとイゾルデ』（初演1865年）をピアノ・スコアで知り、それ以来、ワーグナーに心酔する。『トリスタン』はニーチェにとって、《ワーグナーの至高の作品《ノン・プルス・ウルトラ》》である。『善悪の彼岸』のサブタイトルは、「未来の哲学の前奏曲」。もちろん『トリスタン』の前奏曲を意識していただろう（「前奏曲（Vorspiel）」なのに、Wikipedia 日本語版の『善悪の彼岸』では、2024年8月現在、サブタイトルが「将来の哲学への序曲」と紹介されている。「序曲」はドイツ語では、フランス語由来の Ouvertüre なのだが）。

《人類への最大の贈り物》、《ドイツ語で書かれた最も深い作品》とニーチェが自負した『ツァラトゥストラ』は、別格の仕事だ。だがそれは《玄関ホール》であって、《これから5年間は、私の『哲学』を仕上げようと決心したところです》と、信頼する年上の友人フランツ・オーヴァーベックに手紙（1884年4月7日）を書いている。その《私の『哲学』》の「前奏曲」として書かれたのが『善悪の彼岸』だ。

『善悪の彼岸』は、1886年、ライプツィヒのナウマン書店から出た。ニーチェの自費出版。執筆は、おもに1884年から1885年にかけて。遺された断片（1886年の夏／秋）によると、《『善悪の彼岸（Jenseits von Gut und Böse）』を補足・説明した続巻『優劣の彼岸（Jenseits von Gut und Schlecht）？』を書くつもりだった》。続巻は実現しなかったが、遺されているその「**はじめに　そして　おわりに**」を読むと、ニーチェが自分の著作のなかで『善悪の彼岸』をどう位置づけていたのか、よくわかる。

《そういうわけだから確かにこの「未来の哲学の前奏曲」も、ツァラトゥストラの説教の注釈ではないし、注釈であってはならない。むしろ、もしかしたら、ある種の暫定的な用語集かもしれない。この用語集では、あのツァラトゥストラの本——つまり、あらゆる文学において手本も、前例も、比喩も存在しない、あの事件——に書かれている、概念と価値のもっとも重要な刷新が、どこかに一度は顔を出していて、名前をつけられているのだ》。

『この人を見よ』は、1888年、ニーチェ44歳の誕生日に書きはじめられた。その頃、ニーチェはすっかり精神が壊れてしまっていた。出版は、ニーチェが死んで8年後の1908年。この遺作は、ニーチェの晴れやかで痛快な自伝であり、結果的には、本人にそのつもりがなかったとしても、遺言でもある。

なぜキリスト教の道徳を攻撃するのか。なぜギリシャの神ディオニュソスに肩入れするのか……。この自伝から、ニーチェの体幹が読める。『この人を見よ』は、最良のニーチェ公式ガイドブックだ。ニーチェによる、ニーチェのための、ニーチェ入門。

当時のニーチェは、現在のようなスーパースターではなかった。本人が望んでいたようには理解されず、〈モダン〉の既得権益からはもちろん、多くの人に認められてもいなかった。だから、『この人を見よ』を書いて、世間に訴える必要があった。《**私の言葉に耳を傾けてくれ！　私はこれこれの者であるのだから。どうか、私のことを勘違いしないでもらいたい！**》『この人を見よ』でニーチェは、世間をしっかり意識して、サービス精神たっぷりに大道芸を披露している。ニーチェの本のなかでは一番コンパクトで、おもしろくて、読みやすい。

『善悪の彼岸』を『この人を見よ』は、こんなふうに紹介している。

> この本（1886年）は、あらゆる本質的なことについて**〈モダン〉を批判**したものだ。そこには、モダンの科学、モダンの芸術、さらにはモダンの政治までもが含まれる。それに並行してこの本は、可能なかぎりモダンでないという逆のタイプ、つまり、高貴で、「よし」と言うタイプのことも視野に入れている。後者の意味でこの本は、**ジェントルマン《ジャンティヨム》の学校**である。ジェントルマン《ジャンティヨム》という概念を、従来**よりも**精神的で、**ラディカルなものと**考えてもらいたい。この概念に耐えるためだけでも、体には勇気が必要である。怖れを学習しておく必要はない。……この時代が誇りにしているあらゆることは、このタイプとは反対のものとして、ほとんど無作法に感じられる。たとえば、例の有名な「客観性」や、「すべての悩めるものに対する共感」や、未知の趣味に対してうやうやしく頭を下げ、瑣末な事実の前に這《は》いつくばる「歴史感覚」や、「科学性」のことがそうだ。

＊

『善悪の彼岸』は、キリスト教の道徳、プラトニズム、畜群社会などなどを槍玉にあげていく。《危険な公式「善悪の彼岸」》JGB44 が肩をもつのは、奴隷のモラルではなく主人のモラルであり、善悪ではなく優劣であり、真理ではなく見かけであり、《理想の》ではなく《人間的な》であり、大衆ではなく貴族であり、びっくりするような女性蔑視であり……。

『善悪の彼岸』は、《概念と価値のもっとも重要な刷新が、どこかに一度は顔を出していて、名前をつけられている》《暫定的な用語集》。ニーチェ料理を楽しむには、コースよりはアラカルト。論文のように通読してコアを求めるのではなく、カタログみたいにあちこち読んでいくうちに、コアは見えてくるだろう。子どもが母語を、体系として学ぶのではなく、実際の場面で試行錯誤しながら身につけていくように。

《論文なんて、私は書かない》と言ったニーチェは、研究室や書斎を嫌った。《書斎は私を病気にする》。アフォリズムで仕事をした。

『ツァラトゥストラ』の《**永遠回帰の思想**》がひらめいたのは、スイスのシルヴァプラーナの湖のほとりの森を散歩していて、ピラミッドのようにそびえている大きな岩のそばに立ち止まったとき。森を散歩していた、に注目しよう。デフォルト・モード・ネットワーク(DMN)。意識を働かせていないときのほうが、つまり、寝ているときや、ボーッとしているとき、緑のなかにいるとき、体を動かしているときのほうが、机に向かっているときよりも、脳が活発に働いて、必要な記憶を整理してくれている。このデフォルト・モード・ネットワークが働いているときに、「永遠回帰」の思想がひらめいたのだろう。

ツァラトゥストラはニーチェがつくったのではない。《ツァラトゥストラその人が**私を襲**

**ったのだ**》とニーチェは言う。《思想が来るのは、「思想」が望んだときであって、「私」が望んだときではない、ということだ。だから、主語の「ich（私は）」が述語「denke（考える）」の条件である、と言うことは、事実の**偽造**である》JGB17。

ひらめきに襲われ、それを一気に書けば、ワン・パラグラフになる。カフカも一気に書くことが多かった。カフカの名刺のような作品『掟の前で』も、改行なしのワン・パラグラフで書かれている。

『ツァラトゥストラ』は思想詩なので、改行がたくさんある。またデビュー作の『悲劇の誕生』も、1つの章のなかに改行がある。だがそれ以外の本は、『人間的な、あまりに人間的な』も、『朝焼け（＝曙光）』も、『楽しい学問（＝楽しい知恵）』も、『善悪の彼岸』も、『道徳の系譜』も、『偶像の黄昏』も、『この人を見よ』も、1つの章には、1行のものから、数ページにわたるものまであるが、どれも改行がない。ワン・パラグラフで書かれた章には、番号がつけられている。『道徳の系譜』は3つの論文（！）からなっているが、アフォリズムの体裁はくずしていない。スタイリストのニーチェは、アフォリズムで仕事をした。すぐれた物書きは、思想の体系なんかより、テキストの体形を大事にする。

＊

「君はね、文献学の論文までも、パリの小説家のように——馬鹿におもしろく構想するんですね」。ニーチェは、恩師リチュルからこんな指摘をされた。「何を言っているのか」だけでなく、「どう言っているのか」にもニーチェの魅力があふれている。ニーチェの文章には、想像力をくすぐる力がある。たとえばJGB71やJGB187の書きっぷりから、どんなにカントを小馬鹿にしているのか、伝わってくる。

世界はカオス。でないとしても、体系には、こぼれ落ちるものがある。まとめには、ウソと無理がつきものだ。体系をでっち上げるな、とニーチェは言う。《パスカルを読むのではなく、**愛している**》ニーチェにとって、そのアフォリズム集『パンセ』は、深くて汲みつくせない。ヴィトゲンシュタインもアフォリズムで仕事をした。後期の主著『哲学探究』の「はじめに」で、こう書いている。《私の書いたものによって、ほかの人が考えなくてすむようになることは望まない。できることなら、読んだ人が刺激され、自分の頭で考えるようになってほしい》。

学校の課題や世間では、コアをつかめと要求されることが多い。だがアフォリズムに刺激されて、自分の頭で考えて脱線するのも悪くない。円の接線が、円の中心に向かわず、円には一度触れるだけで、ずっと遠くに伸びていくみたいに。コアに集中するのではなく、分散・自律する。

ニーチェの入門書や解説書を読むと、(例外もあるが)たいていの場合、むなしくなる。《それは解釈であって、テキストではない》JGB22からだ。《**テキストが解釈に埋もれて姿を消したのだ**》JGB38。上から目線で「ニーチェの哲学ってさ……」と語る人に出会うと、私はうつむき、《もっと用心深くなろう。「非哲学的に」なろう》JGB19とつぶやきながら、逃げることにしている。《もっと強く、もっと悪く、もっと深く。それに、もっと美しく》JGB295をめざす『善悪の彼岸』に、早わかりや倍速はなじまない。

ニーチェが織った「テキスト」には、「解釈」に還元されない力と華がある。楽劇『トリスタンとイゾルデ』だって、ピーチクパーチク言葉で講釈されるより、数分でもいいから音楽を実際に聴くほうがいい。ていねいなつまみ食いが、おすすめだ。

＊

偉そうにしゃべるのはニーチェの芸風である。だからといってニーチェを、いかめしく深刻に読む必要があるだろうか。いかめしくて深刻なニーチェは、従来の、いかめしくて深刻な日本語訳や、偉そうなニーチェ論によって味つけされたニーチェ像ではないか。

ニーチェはドイツを嫌った。ワーグナーを評価したのは、**《超ドイツ的》**JGB256であったから。ドイツ的になってしまったワーグナーとは訣別して、ビゼーを愛するようになる。ニーチェは、《自分をすばらしいと思い、自分のことを信じている人間存在のうえで太陽が奔放にみなぎって、浄化してくれる場所》《病気が治る学校》《南》JGB255が大好きなのだ。《ドイツ語のあつかいにかけて、ハイネと私がとびきり第一級の名手だった》とニーチェは自慢している。けれどもニーチェのドイツ語を読んでいると、ニーチェって、ドイツの哲学者というよりは、おしゃべりな地中海の哲学者なんだよな、と思えることがある。

《私たちの良心には音楽があり、私たちの精神にはダンスがある。それに合わせて、どんなピューリタンの連禱も、どんなモラルの説教や愚直な小市民根性も、響こうとはしない》JGB216。ニーチェの代理人ツァラトゥストラは、よく笑い、よくダンスをする。私が翻訳した『ツァラトゥストラ』には、「ダンス」が72回、「笑」という漢字が227回でてくる。《筋肉の力を抜き、意思の馬具をはずして》、晴れやかで、おしゃべりなニーチェには、《「さらりと、軽やかで、でたらめであれ」》JGB59がよく似合う。

『ツァラトゥストラ』を訳すとき、Willeの訳語でずいぶん迷った。「意思」にするか、「意志」にするか。両者の違いは国語辞典で説明されているが、辞典は辞典にすぎない。結局、ツァラトゥストラの大袈裟な芝居に敬意を表して、「意志」にした。けれども『この人を見よ』では「意思」にした。そして今回の『善悪の彼岸』でも「意思」にした。

誰に何と言われようと、俺はやるぞ。そんな固いココロザシが「意志」には感じられる。だが《ツァラトゥストラその人が**私を襲ったのだ**》。ニーチェにとって、「精神は小さな理性、体は大きな理性」なのである。《思想が来るのは、「思想」が望んだときであって、「私」が望んだときではない、ということだ。だから、主語の「ich（私は）」が述語「denke（考える）」の条件である、と言うことは、事実の**偽造**である》JGB17。

ニーチェが批判した近代《モダン》では、精神や意思が偉くて、「脳が一方通行ですべてに指令のメッセージを出す」と考えられてきた。しかし体には神経のネットワークが張りめぐらされている。現代では臓器もメッセージを出していることがわかり、脳の中央集権が修正されはじめている。ニーチェは19世紀の人だが、生理学に興味があり、生理学のセンスがあった。というようなわけで私は、ココロザシの強い「意志」ではなく、ソフトな感じの「意思」にした。身構えてニーチェを読むのは、そろそろ卒業したい。

＊

モラルは、共同体の維持のために必要な装置だ。でも、《危険な公式「善悪の彼岸」》JGB44を駆使したアフォリズムは、「みんながそうしているから」「みんながそう思うだろうから」という思考停止（奴隷のモラル）を笑い飛ばす。せつない畜群社会に生きる私たちは、向こう岸にまでジャンプして、たとえば民主主義のディストピアという、やるせない難問を考えるようになるだろう。『善悪の彼岸』の翻訳をしながら、私はあらためて思った。俺って、畜群動物なんだよな。

『善悪の彼岸』を翻訳しませんか。講談社の編集部の岡林彩子さんに声をかけられて、ふたつ返事で引き受けた。ニーチェは好きだし、想像力をくすぐるニーチェの文章に触れて、畜群動物が元気になれたらいいな、と思ったからだ。岡林さんには編集も担当していただきました。翻訳モニターを西津朝子さんにお願いしました。ありがとうございました。

２０２４年８月　丘沢静也

KODANSHA

＊本書は、学術文庫のための新訳です。

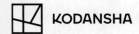

フリードリヒ・ニーチェ

1844-1900年。ドイツの哲学者。著書に『ツァラトゥストラはこう言った』(1885年)，『善悪の彼岸』(1886年)，『道徳の系譜』(1887年)，『この人を見よ』(1908年)など。

丘沢静也（おかざわ　しずや）

1947年生まれ。ドイツ文学者。著書に『マンネリズムのすすめ』，『恋愛の授業』ほか。訳書にカフカ，ヴィトゲンシュタイン，ニーチェなど。

講談社学術文庫

定価はカバーに表示してあります。

善悪《ぜんあく》の彼岸《ひがん》

フリードリヒ・ニーチェ

丘沢静也《おかざわしずや》 訳

2024年10月8日　第1刷発行

発行者　篠木和久
発行所　株式会社講談社
東京都文京区音羽2-12-21 〒112-8001
電話　編集（03）5395-3512
販売（03）5395-5817
業務（03）5395-3615
装　幀　蟹江征治
印　刷　株式会社広済堂ネクスト
製　本　株式会社国宝社
本文データ制作　講談社デジタル製作



ISBN978-4-06-537320-0

#「講談社学術文庫」の刊行に当たって

これは、学術をポケットに入れることをモットーとして生まれた文庫である。学術は少年の心を養い、成年の心を満たす。その学術がポケットにはいる形で、万人のものになることは、生涯教育をうたう現代の理想である。

こうした考え方は、学術を巨大な城のように見る世間の常識に反するかもしれない。また、一部の人たちからは、学術の権威をおとすものと非難されるかもしれない。しかし、それはいずれも学術の新しい在り方を解しないものといわざるをえない。

学術は、まず魔術への挑戦から始まった。やがて、いわゆる常識をつぎつぎに改めていった。学術の権威は、幾百年、幾千年にわたる、苦しい戦いの成果である。こうしてきずきあげられた城が、一見して近づきがたいものにうつるのは、そのためである。しかし、学術の権威を、その形の上だけで判断してはならない。その生成のあとをかえりみれば、その根は常に人々の生活の中にあった。学術が大きな力たりうるのはそのためであって、生活をはなれた学術は、どこにもない。

開かれた社会といわれる現代にとって、これはまったく自明である。生活と学術との間に、もし距離があるとすれば、何をおいてもこれを埋めねばならない。もしこの距離が形の上の迷信からきているとすれば、その迷信をうち破らねばならぬ。

学術文庫は、内外の迷信を打破し、学術のために新しい天地をひらく意図をもって生まれた。文庫という小さい形と、学術という壮大な城とが、完全に両立するためには、なおいくらかの時を必要とするであろう。しかし、学術をポケットにした社会が、人間の生活にとってより豊かな社会であることは、たしかである。そうした社会の実現のために、文庫の世界に新しいジャンルを加えることができれば幸いである。

一九七六年六月

野間省一

## 哲学・思想・心理

2369
E・B・ド・コンディヤック著／山口裕之訳
**論理学** 考える技術の初歩

ロックやニュートンなどの経験論をフランスに輸入・発展させた十八世紀の哲学者が最晩年に記した、若者たちのための最良の教科書。これを読めば、難解な書物も的確に、すばやく読むことができる。本邦初訳。

電P

2385
互《たがい》 盛央《もりお》著（解説・國分功一郎）
**エスの系譜** 沈黙の西洋思想史

ニーチェやフロイトは沈黙する「エス＝それ」の淵源を見出したのか。「人」「言語」あるいは「普遍的なもの」とも呼ばれるものをめぐり、「私」を疑い「人間」を探って格闘した者たちを描く近代思想史の冒険。

電P

2394
山上浩嗣著
**パスカル『パンセ』を楽しむ** 名句案内40章

四十日で『パンセ』を制覇！　この作品は一見近づきやすそうだが、実際に手にすると意外に読みにくい。そこで第一級のパスカル研究者が、その魅力を味わい尽くすために書き下ろした。最高の読書体験を約束！

電P

2402
ジャック・ラカン著／藤田博史・片山文保訳
**テレヴィジオン**

精神分析中興の祖ラカンが一九七三年に出演したテレヴィ番組の貴重な記録。高弟J＝A・ミレールが問いかけ、一般視聴者に語られる師の答えは、比類なき明晰さをそなえている。唯一にして最良のラカン入門！

2406
フリードリヒ・ニーチェ著／森　一郎訳
**愉しい学問**

『ツァラトゥストラはこう言った』と並ぶニーチェの主著。随所で笑いを誘うアフォリズムの連なりから「永遠回帰」の思想が立ち上がり、「神は死んだ」という鮮烈な宣言がなされる。第一人者による待望の新訳。

電P

2408
プラトン著／三嶋輝夫訳
**アルキビアデス　クレイトポン**

ソクラテス哲学の根幹に関わる二篇。野心家アルキビアデスにソクラテスは自己認識と徳の不可欠性を説く（アルキビアデス）。他方、クレイトポンは徳の内実と修得法を教えるようソクラテスに迫る（クレイトポン）。

電P

2429・2430
**荘子（上）（下）全現代語訳**
池田知久訳

「無」からの宇宙生成、無用の用、胡蝶の夢……。宇宙論から人間の生き方、処世から芸事まで。幅広い思想を展開した、汲めども尽きぬ面白さをもった『荘子』を達意の訳文でお届けする『荘子 全訳注』の簡易版。電P

2436
**ゼノン 4つの逆理** アキレスはなぜ亀に追いつけないか
山川偉也著

「飛矢は動かない」「アキレスは亀に追いつけない」。紀元前五世紀の哲学者ゼノンが提示した難解パラドクスはその後の人類を大いに悩ませた。その真の意図とそれが思想史に及ぼした深い影響を読み解く。電P

2457
**言語起源論**
ヨハン・ゴットフリート・ヘルダー著／宮谷尚実訳

神が創り給うたのか？ それとも、人間が発明したのか？――古代より数多の人々を悩ませてきた難問に果敢に挑み、大胆な論を提示して後世に決定的な影響を与えた名著。初の自筆草稿に基づいた決定版新訳！電P

2459
**リュシス 恋がたき**
プラトン著／田中伸司・三嶋輝夫訳

美少年リュシスとその友人を相手にプラトンが「友愛」とは何かを論じる『リュシス』。そして、「知を愛すること」としての「哲学」という主題を扱った『恋がたき』。「愛すること」で貫かれた名対話篇、待望の新訳。電P

2460
**メタサイコロジー論**
ジークムント・フロイト著／十川幸司訳

「抑圧」、「無意識」、「夢」など、精神分析の基本概念を刷新するべく企図された幻の書『メタサイコロジー序説』に収録されるはずだった論文のうち、現存する六篇すべてを集成する。第一級の分析家、渾身の新訳！電P

2463
**道徳を基礎づける** 孟子vs.カント、ルソー、ニーチェ
フランソワ・ジュリアン著／中島隆博・志野好伸訳

井戸に落ちそうな子供を助けようとするのはなぜか。道徳のもっとも根源的な問いから、孟子と西欧哲学を自在に往還しつつ普遍に迫る、現代フランス哲学の旗手の主著、待望の文庫化！ 東浩紀氏絶賛の快著！

## 哲学・思想・心理

2564
### ペルシア人の手紙
シャルル＝ルイ・ド・モンテスキュー著／田口卓臣訳

二人のペルシア貴族がヨーロッパを旅してパリに滞在している間、世界各地の知人たちとやり取りした虚構の書簡集。刊行（一七二一年）直後から大反響を巻き起こした異形の書、気鋭の研究者による画期的新訳。電P

2566
### 全体性と無限
エマニュエル・レヴィナス著／藤岡俊博訳

特異な哲学者の燦然と輝く主著、気鋭の研究者による渾身の新訳。二種を数える既訳を凌駕するべく、原書のあらゆる版を参照し、訳語も再検討しながら臨む。次代に受け継がれるスタンダードがここにある。電P

2567
### レヴィナス 「顔」と形而上学のはざまで
佐藤義之著

唯一無二の哲学者レヴィナスの二冊の主著『全体性と無限』（一九六一年）と『存在とは別様に、あるいは存在することの彼方へ』（一九七四年）を解説し、さらに「ケア」という現代の問題につなぐ定評ある一冊。電P

2568
### イマジネール 想像力の現象学的心理学
ジャン＝ポール・サルトル著／澤田　直・水野浩二訳

「イメージ」と「想像力」をめぐる豊饒なる考察——ブランショ、レヴィナス、ロラン・バルト、ドゥルーズなどの幾多の思想家に刺激を与え続けてきた一九四〇年刊の重要著作を第一級の研究者が渾身の新訳！電P

2603
### ドゥルーズ　流動の哲学［増補改訂］
宇野邦一著

二〇世紀後半の哲学を牽引した思想家の生涯をたどりつつ主要著作を読み解く、定評ある一冊に加筆・訂正を施した決定版が完成。初期の著作から『差異と反復』、『アンチ・オイディプス』、『シネマ』までの全容。電P

2615
### ミシェル・フーコー［増補改訂］
内田隆三著

言葉を、狂気を、監獄を語るフーコーの視線はどこに到達したのか。新たに長大な序文を加え、エピステーメーの変貌と思考の臨界点を探究した「知の考古学者」の全貌に迫る。電P

## 西洋の古典

2566
**全体性と無限**
エマニュエル・レヴィナス著／藤岡俊博訳
特異な哲学者の燦然と輝く主著、気鋭の研究者による渾身の新訳。二種を数える既訳を凌駕するべく、原書のあらゆる版を参照し、訳語も再検討しながら臨む。次代に受け継がれるスタンダードがここにある。
電P

2568
**イマジネール**
想像力の現象学的心理学
ジャン＝ポール・サルトル著／澤田　直・水野浩二訳
「イメージ」と「想像力」をめぐる豊饒なる考察——ブランショ、レヴィナス、ロラン・バルト、ドゥルーズなどの幾多の思想家に刺激を与え続けてきた一九四〇年刊の重要著作を第一級の研究者が渾身の新訳！

2569
**ルイ・ボナパルトのブリュメール18日**
カール・マルクス著／丘沢静也訳
一八四八年の二月革命から三年後のクーデタまでの展開を報告した名著。ジャーナリストとしてのマルクスの舌鋒鋭くもウィットに富んだ筆致を、実力者が達意の日本語にした、これまでになかった新訳。
電P

2570
**レイシズム**
R・ベネディクト著／阿部大樹訳
レイシズムは科学を装った迷信である。人種の優劣や純粋な民族など、存在しない——ナチスが台頭しファシズムが世界に吹き荒れた一九四〇年代、『菊と刀』で知られるアメリカの文化文類学者が鳴らした警鐘。
電P

2596
**イミタチオ・クリスティ**
キリストにならいて
トマス・ア・ケンピス著／呉　茂一・永野藤夫訳
十五世紀の修道士が著した本書は、『聖書』について多くの読者を獲得したと言われる。読み易く的確な論しに満ちた文章が、悩み多き我々に安らぎを与え深い瞑想へと誘う。温かくまた厳しい言葉の数々。
電P

2677
**我と汝**
マルティン・ブーバー著／野口啓祐訳（解説・佐藤貴史）
経験と利用に覆われた世界の軛から解放されるには、全身全霊をかけて相対する〈なんじ〉と出会わねばならない。その時、わたしは初めて真の〈われ〉となるのだ——。「対話の思想家」が遺した普遍的名著！
電P

## 西洋の古典

2700
**方法叙説**
ルネ・デカルト著／小泉義之訳

われわれは、この新訳を待っていた――デカルトから出発した孤高の研究者が満を持してみずからの原点に再び挑む。『方法序説』という従来の邦題を再検討に付すなど、細部に至るまで行き届いた最良の訳が誕生！ 電P

2701
**永遠の平和のために**
イマヌエル・カント著／丘沢静也訳

哲学者は、現実離れした理想を語るのではなく、目の前の事実から出発していかに「永遠の平和」を実現できるのかを考え、そのための設計図を描いた――従来の邦訳が与えるイメージを一新した問答無用の決定版新訳。 電P

2702
**国民とは何か**
エルネスト・ルナン著／長谷川一年訳

「国民の存在は日々の人民投票である」という言葉で知られる古典を、初めての文庫版で新訳する。逆説的にもグローバリズムの中で存在感を増している国民国家の本質とは？ 世界の行く末を考える上で必携の書！ 電P

2703
**個性という幻想**
ハリー・スタック・サリヴァン著／阿部大樹編訳

対人関係が精神疾患を生み出すメカニズムを解明し、いま注目の精神医学の古典。人種差別、徴兵と戦争、プロパガンダ、国際政治などを論じ、社会科学の中に精神医学を位置づける。本邦初訳の論考を中心に新編集。 電P

2704
**人間の条件**
ハンナ・アレント著／牧野雅彦訳

「労働」「仕事」「行為」の三分類で知られ、その絡み合いの中で「世界からの疎外」がもたらされるさまを描き出した古典。はてしない科学と技術の進歩の中、人間はいかにして「人間」でありうるのか――待望の新訳！ P

2749
**宗教哲学講義**
G・W・F・ヘーゲル著／山﨑　純訳

ドイツ観念論の代表的哲学者ヘーゲル。彼の講義は人気を博し、後世まで語り継がれた。西洋から東洋までの宗教を体系的に講じた一八二七年の講義に、一八三一年の講義の要約を付す。ヘーゲル最晩年の到達点！